21世纪电子商务与现代物流管理系列教材

网络广告实务
（第二版）

主　编　冯　晖

副主编　费明胜

中国水利水电出版社
www.waterpub.com.cn

内 容 提 要

本书根据网络广告和网络营销发展的实际状况，采用最新的案例和数据，全面介绍国内外网络广告的历史和现状，生动地描述多个网络广告的成功案例。此外，本书还介绍了网络广告的最新种类和技术及网络广告的收费模式和效果测定方法，总结了网络广告的各种策划方法。全书共分 8 章，主要内容包括网络广告的定义及分类、网络广告的策划、网络广告创意、网络广告设计、网络广告的费用与预算、网络广告的收费方式、网络广告效果测定以及网络广告的监管。

本书结构严谨、数据翔实、内容新颖，可作为电子商务专业、信息管理和信息系统专业、经济与管理专业及其他相关专业的教科书和参考书，也可作为网络广告经营者的参考手册。

本书配有电子教案，读者可以从中国水利水电出版社网站以及万水书苑上免费下载，网址为：http://www.waterpub.com.cn/softdown 或 http://www.wsbookshow.com/。

图书在版编目（CIP）数据

网络广告实务 / 冯晖主编. -- 2版. -- 北京 : 中国水利水电出版社, 2015.7 (2022.1重印)
 21世纪电子商务与现代物流管理系列教材
 ISBN 978-7-5170-3387-5

Ⅰ. ①网… Ⅱ. ①冯… Ⅲ. ①互联网络-广告学-高等学校-教材 Ⅳ. ①F713.8

中国版本图书馆CIP数据核字(2015)第163058号

策划编辑：宋俊娥　责任编辑：宋俊娥　加工编辑：夏雪丽　封面设计：李 佳

书　名	21世纪电子商务与现代物流管理系列教材 网络广告实务（第二版）
作　者	主　编　冯　晖 副主编　费明胜
出版发行	中国水利水电出版社 （北京市海淀区玉渊潭南路1号D座　100038） 网址：www.waterpub.com.cn E-mail：mchannel@263.net（万水） 　　　　sales@waterpub.com.cn 电话：（010）68367658（营销中心）、82562819（万水）
经　售	全国各地新华书店和相关出版物销售网点
排　版	北京万水电子信息有限公司
印　刷	三河市德贤弘印务有限公司
规　格	184mm×260mm　16开本　13印张　317千字
版　次	2009年4月第1版　2009年4月第1次印刷 2015年7月第2版　2022年1月第4次印刷
印　数	7001—8000 册
定　价	27.00元

凡购买我社图书，如有缺页、倒页、脱页的，本社营销中心负责调换
版权所有·侵权必究

第二版前言

1994年10月27日，美国著名的Wired杂志推出了网络版的Hotwired，并首次在网站上推出了网络广告，同时吸引了AT&T等14个客户在其主页上发布广告Banner，这标志着网络广告的正式诞生。1997年3月，中国的第一个网络广告出现在ChinaByte网站。直到1999年中国的网络广告才略有规模并在短时间内迅速发展起来。自网络广告产生以来，就显现出极大的优势：它的传播范围更广、与广告受众之间有强烈的互动性、制作成本低于传统广告、有精准的广告效果统计。这些优势开创了崭新的广告领域，并且表现出巨大的市场潜力和发展前景。据iResearch咨询发布的2014年度中国网络广告核心数据，国内网络广告市场规模达到1540亿元，2015年第一季度，中国网络广告市场规模为378.7亿元，同比增长36.6%。预计到2018年，市场规模有望增加到3930亿左右。

网络广告市场的不断发展，离不开广告理论的支撑，鉴于此，我们组织一线教师借鉴国内外网络广告的成果，在2009年编写了《网络广告实务》一书，由于网络广告发展的实际状况，于今很多案例和数据都已经发生了变化，因此我们在原书的基础上，进行了修订，修订后的《网络广告实务》（第二版），案例更加多样，数据更加丰富，并且将新兴的网络广告类型补充完善，逐一详述。

本书是一本全面论述网络广告的专业书籍，针对当前网络广告蓬勃发展的现状，从广告案例入手，对网络广告的理论和实践问题进行了深入的探讨，力求在阐述网络广告理论体系的同时，对实际应用和操作技巧给予读者具体的指导。本书共分为8个章节，主要内容包括：网络广告的定义与分类、网络广告的策划、网络广告的创意、网络广告设计、网络广告的费用与预算、网络广告的收费方式、网络广告效果测定以及网络广告的监管。

本书结构严谨，数据翔实，可以作为电子商务专业、信息管理和信息系统专业、市场营销专业以及其他相关专业的教科书和参考书，也可作为相关从业人员的参考手册。

本书由华南师范大学经济与管理学院副教授冯晖主编，各章节的编写人员如下：第1、6、7章由冯晖编写，第2、3章由樊建锋编写，第4章由宗乾进编写，第5章由费明胜编写，第8章由徐樱华编写。

本书希望尽量反映最新的理论与实践，然而由于网络广告的日新月异，加之编者知识水平与实践经验的不足，书中疏漏与错误在所难免，敬请各位读者批评指正。

编 者
2015年5月

第一版前言

1994年10月14日,美国Wired杂志在其网络版www.hotwired.com上首次发布AT&T等14个客户的网络广告。1995年4月,马云创办中国黄页,在中国开始推广网络广告理念。作为一种新的促销手段,网络广告经历了一个从无到有、从少到多、从弱到强的急速发展过程。尽管在起初的几年发展并不顺利,但从1998年上网用户数量井喷开始,近十年间网络广告迅速崛起并取得了极大发展,它开创了一片崭新的广告领域,并且表现出巨大的市场潜力和广阔的发展前景。中国互联网协会2008年1月发布的《Netguide2008中国网络广告市场调查研究报告》显示,2007年中国网络广告整体市场规模达76.8亿元,较2006年增长54.2%,预计2008年将增长至约121.7亿元。根据Zenith Optimedia最新的预计,2008年全球网络广告市场规模将达到446亿美元,2010年将达到609亿美元,超过所有杂志的广告投放。

飞速发展、前景灿烂的网络广告行业,不仅需要大量的新的网络广告理论作为支撑,更需要大量的网络广告专业人才加盟。正是基于这种背景,我们组织一线教师,借鉴国内外网络广告的最新成果,结合最新的实际情况,编写了这本书。本书根据网络广告和网络营销发展的实际状况,采用最新的案例和数据,全面介绍国内外网络广告的历史和现状,生动地描述多个网络广告的成功案例。此外,本书还介绍了网络广告的最新种类和技术及网络广告的收费模式和效果测定方法,总结了网络广告的各种策划方法。全书共分8章,主要内容包括网络广告的定义及分类、网络广告的策划、网络广告创意、网络广告设计、网络广告的费用与预算、网络广告的收费方式、网络广告效果测定以及网络广告的监管。

本书结构严谨、数据翔实、内容新颖,可以作为电子商务专业、信息管理和信息系统专业、经济与管理专业及其他相关专业的教科书和参考书,也可作为网络广告经营者的参考手册。

本书由华南师范大学经济与管理学院副教授冯晖和教育部高等学校电子商务专业教学指导委员会委员、华南师大邓顺国教授总体设计,本书的编写分工情况如下:第1、5章由徐樱华编写,第2、4章由樊建锋编写,第3章由樊建锋和邓顺国编写,第6章由宗乾进和冯晖编写,第7、8章由赵玉龙、费明胜编写。全书最后由冯晖和五邑大学的费明胜、樊建锋统稿。

尽管作者从体系到内容注意到尽量反映最新的理论和实践,但鉴于网络广告业的日新月异,加之编者知识水平和实践经验的不足,书中疏漏及错误之处在所难免,敬请各位读者批评指正。

编　者

2009年1月

目　录

第二版前言
第一版前言

第1章　网络广告的定义及分类 ············ 1
 1.1　网络广告的定义及要素 ··············· 1
  1.1.1　网络广告的定义 ················· 1
  1.1.2　网络广告的要素 ················· 2
 1.2　网络广告的特点 ·························· 8
  1.2.1　网络广告传播时空广、信息容量大 ··· 8
  1.2.2　网络广告传播技术先进，形式多样化 ··· 8
  1.2.3　网络广告具有指向性和互动性 ··· 9
  1.2.4　网络广告数据便于统计和检索 ··· 10
  1.2.5　网络广告成本低廉，计费灵活 ··· 10
  1.2.6　网络广告的缺点 ················ 11
 1.3　网络广告的发展历程 ·················· 11
  1.3.1　初生的快速发展期
    （1994.10～2000.6） ············· 11
  1.3.2　世纪初的下降调整期
    （2000.7～2002.6） ············· 13
  1.3.3　复苏上升期（2002.7～2003） ··· 13
  1.3.4　高速发展期（2004年至今） ··· 14
 1.4　网络广告的分类 ························ 18
  1.4.1　品牌网络广告 ··················· 18
  1.4.2　搜索引擎广告 ··················· 32
  1.4.3　新型的网络广告 ··············· 37
 小结 ··· 41
 习题 ··· 42

第2章　网络广告的策划 ···················· 44
 2.1　网络广告策划的概述 ·················· 44
  2.1.1　网络广告策划的特点 ··········· 44
  2.1.2　网络广告策划的原则 ··········· 45
 2.2　网络广告策划的内容与程序 ········ 48
  2.2.1　网络广告策划的内容 ··········· 48
  2.2.2　网络广告策划的程序 ··········· 54
 2.3　网络广告消费者心理研究 ··········· 56

  2.3.1　我国上网顾客的概貌 ··········· 56
  2.3.2　网络消费者的购买行为模式 ··· 63
  2.3.3　影响网络消费者行为的因素 ··· 64
  2.3.4　网络消费者购买心理特征分析 ··· 68
  2.3.5　网络消费者的购买过程 ······· 69
 小结 ··· 71
 习题 ··· 72

第3章　网络广告创意 ······················· 73
 3.1　网络广告创意的概述 ·················· 73
  3.1.1　创意的含义 ····················· 73
  3.1.2　网络广告创意的基础和前提 ··· 75
  3.1.3　网络广告创意的原则 ··········· 78
 3.2　网络广告创意的方法 ·················· 79
  3.2.1　激发网络广告创意的方法 ····· 79
  3.2.2　网络广告的创意策略 ··········· 80
  3.2.3　网络广告的诉求方法 ··········· 82
  3.2.4　网络广告创意的程序 ··········· 83
 3.3　网络广告文案写作 ····················· 84
  3.3.1　网络广告文案的特点 ··········· 84
  3.3.2　网络广告文案的写作 ··········· 85
 小结 ··· 89
 习题 ··· 91

第4章　网络广告设计 ······················· 92
 4.1　网络广告设计概述 ····················· 92
  4.1.1　网络广告的构成要素 ··········· 93
  4.1.2　网络广告的展示形式 ··········· 95
 4.2　网络广告设计的色彩原理 ··········· 95
  4.2.1　色彩的基本概念 ··············· 95
  4.2.2　色彩的心理效应 ··············· 96
  4.2.3　色彩的搭配 ····················· 99
 4.3　网络广告图像的格式 ················ 101
 4.4　网络广告中的文字设计 ············ 103

4.4.1 网络广告文字设计的要求 ………… 103
4.4.2 网络广告文字设计的原则 ………… 105
4.5 网络广告中的编排设计 ………………… 107
4.5.1 网络广告编排设计的概述 ………… 107
4.5.2 网络广告编排的视觉流程 ………… 108
4.5.3 网络广告编排的构图类型 ………… 109
4.6 网络广告制作与审查 ……………………… 111
4.6.1 网络广告制作的一般流程 ………… 111
4.6.2 网络广告的审查 …………………… 112
小结 …………………………………………… 113
习题 …………………………………………… 113

第5章 网络广告的费用与预算 …………… 115
5.1 网络广告费用 ……………………………… 115
5.1.1 广告费用的定义和分类 …………… 115
5.1.2 网络广告定价的影响因素 ………… 116
5.1.3 网络广告常用的收费模式 ………… 118
5.1.4 网络广告收费模式的比较 ………… 123
5.1.5 网络广告收费存在的问题 ………… 123
5.2 网络广告预算 ……………………………… 124
5.2.1 网络广告预算的意义 ……………… 124
5.2.2 影响网络广告预算的因素 ………… 125
5.2.3 网络广告预算的定制过程 ………… 126
5.2.4 网络广告预算的编制方法 ………… 127
5.2.5 网络广告预算的分配与控制 ……… 128
小结 …………………………………………… 130
习题 …………………………………………… 130

第6章 网络广告的收费方式 ……………… 132
6.1 CPM 千人印象成本收费模式 …………… 133
6.2 CPC 每千次点击成本 …………………… 134
6.2.1 CPC 广告的发布模式 ……………… 134
6.2.2 CPC 广告的优点 …………………… 136
6.2.3 CPC 广告的劣势 …………………… 136
6.3 CPA 每行动成本收费模式 ……………… 137
6.3.1 CPL 每引导注册收费模式 ………… 137
6.3.2 CPS 每销售收费模式 ……………… 139
6.4 PPC 每呼叫收费模式 …………………… 140
6.4.1 PPC 的广告发布模式 ……………… 140

6.4.2 PPC 的优点 ………………………… 141
6.4.3 PPC 的缺点 ………………………… 142
6.5 其他收费模式 ……………………………… 142
习题 …………………………………………… 143

第7章 网络广告效果测定 ………………… 144
7.1 网络广告效果概述 ………………………… 144
7.1.1 广告效果 …………………………… 144
7.1.2 网络广告效果 ……………………… 145
7.2 网络广告效果测定 ………………………… 148
7.2.1 网络广告效果测定概述 …………… 148
7.2.2 网络广告效果测定的意义与原则 … 152
7.3 网络广告效果测定的内容与方法 ……… 154
7.3.1 网络广告效果测定的内容及指标 … 154
7.3.2 网络广告效果测定方法 …………… 158
小结 …………………………………………… 160
习题 …………………………………………… 162

第8章 网络广告的监管 …………………… 164
8.1 网络广告中现存的法律问题 …………… 164
8.1.1 网络广告中现存的法律问题 ……… 164
8.1.2 违法网络广告的特点 ……………… 169
8.1.3 违法网络广告出现的原因 ………… 170
8.2 网络广告的法律法规 …………………… 171
8.2.1 网络广告监管的必要性 …………… 171
8.2.2 我国广告法制体系简介 …………… 172
8.2.3 国内针对网络广告的法律规范及
　　　《广告法》的适用与完善 ………… 173
8.3 网络广告的监管机构 …………………… 176
8.3.1 我国广告业监管主体 ……………… 176
8.3.2 网络广告监管机构的管辖权界定 … 177
8.3.3 网络广告监管机构的职责 ………… 177
8.4 网络广告的监管原则与措施 …………… 178
8.4.1 网络广告的监管原则 ……………… 178
8.4.2 网络广告的监管措施 ……………… 179
小结 …………………………………………… 182
习题 …………………………………………… 185

附录A 网络广告基本专业术语 …………… 186
附录B 网络广告相关法律法规 …………… 188

第1章 网络广告的定义及分类

【本章导读】

本章首先介绍当前网络广告的概况,给出网络广告的定义以及组成要素、网络广告的特点;然后,简要介绍网络广告的发展历程;最后对网络广告的分类进行详细讲述,如品牌网络广告、搜索引擎广告等。

【本章要点】

- 广告的定义以及组成要素
- 网络广告的特点
- 网络广告的发展历程
- 网络广告的分类

互联网诞生于20世纪80年代,短短二十几年间,全球互联网用户以爆炸性的速度递增,到2007年6月,全球互联网用户数量已达11.5亿,预计年底将会达到13.5亿。其中,中国的网民数量仅次于美国,上升至世界第二位,达到了1.62亿人。[①]在网上海量信息的浏览和搜索过程中,越来越多的人开始意识到互联网作为媒体的强大功能。1998年5月,联合国新闻委员会正式提出:互联网已成为继报纸、广播、电视之后的"第四媒体"。除了具有大众传播和人际传播功能外,互联网还有其他三大媒体所不具备的诸多功能:电子商务、信息检索、网络游戏等。这些使企业家们看到了作为一个具有无限发展潜力的新媒体,互联网存在着巨大的商机,网络广告也因此应运而生。

1994年10月14日,美国Wired杂志在其网络版(www.hotwired.com)上首次发布网络广告,IBM、P&G等知名企业是最早的14家客户。1995年4月,马云创办中国黄页,在中国开始推广网络广告理念。作为一种新的促销手段,网络广告在起初的几年发展并不顺利,但从1998年上网用户数量井喷开始,近十年间网络广告迅速崛起并取得了极大发展,它开创了一片崭新的广告领域,并且表现出巨大的市场潜力和广阔的发展前景。

1.1 网络广告的定义及要素

1.1.1 网络广告的定义

广告(Advertising,AD),汉语字面意思是"广而告之",即向公众通知某一件事,或劝告大众遵守某一规定。广告学中,广告的定义是"一种有偿的、经由大众媒介的、目的在于

---

① 互联网应用发展的趋势. http://blog.sina.com.cn/s/print_4945191d01000bxb.html.

劝服的意图。"① "一种由广告主付出某种代价的，通过传播媒介将经过科学提炼和艺术加工的特定信息传达给目标受众，以达到改变或强化人们观念和行为的目的的、公开的、非面对面的信息传播活动。"② 广告有广义和狭义之分。广义的广告，包括经济广告和非经济广告。经济广告又称商业广告，它所登载的是有关促进商品或劳务销售的经济信息，尽管内容多样，表现手法不一，但都是为经济利益服务的。非经济广告，是指除了经济广告以外的各种广告，如公益广告、各社会团体的公告、启事、声明、寻人广告、征婚启事等。③

网络广告作为一种新兴的广告形式，与传统广告在很多方面都是类似的，最主要的区别在于广告载体的不同。它以互联网为传播媒介，因此英语中一般称之为 Net AD、Internet AD 或 Online AD。网络广告不仅仅是单纯意义上的网络和传统广告的结合，它是一种新的广告模式，是基于网络的一种复合型的广告形式。网络广告也有广义和狭义之分。从广义上讲，网络广告是一切基于网络技术传播信息的过程与方法。从狭义上讲，网络广告可以从法律层面和技术层面两方面来定义。

从法律层面看，中国第一个对网络广告做出具体界定的是 2001 年 4 月北京市工商局颁布的《北京市网络广告管理暂行办法》，它的第二条规定："本办法所称网络广告，是指互联网信息服务提供者通过因特网在网站或网页上以旗帜、按钮、文字链接、电子邮件等形式发布的广告。"这个定义将几种具体形式发布的广告归属于网络广告，其主要目的是为了制定相应的监督管理办法，完善网络监管机制和立法执法，更好地保护消费者和经营者的合法权益。

从技术层面考察，网络广告是指以数字代码为载体，采用先进的电子多媒体技术设计制作，通过因特网广泛传播，具有良好的交互功能的广告形式。④ 在绝大多数的网页中，都有非常醒目的各种图标：或是静态的文字和图片，或是悬浮飘动的小窗口，或是不时弹出的视频等。它们色彩鲜艳，具有强烈的视觉吸引力，不停地引诱上网的网民进行点击。一旦被点击到，早已与它建立了超文本链接的一个网页就会适时弹出，浏览者就可以看到广告主想要发布的信息和内容，哪怕只有短短几秒钟，也会留下一定的印象，这样图标设置者就达到了宣传网址和广告信息的目的。这个过程就是网络广告实现的具体形式。

1.1.2 网络广告的要素

1. 广告主（Ad Sponsor）

广告主是需要发布广告信息的组织或个人。《中华人民共和国广告法》中指出："广告主，是指为推销商品或者提供服务，自行或者委托他人设计、制作、发布广告的法人、其他经济组织或者个人；广告经营者，是指受委托提供广告设计、制作、代理服务的法人、其他经济组织或者个人；广告发布者，是指为广告主或者广告主委托的广告经营者发布广告的法人或者其他经济组织。"这三者也一起被界定为广告主体，广告经营者和广告发布者通常被称为广告代理商。

在网络广告的初生期，虽然 IBM、P&G 等知名企业是最早的一批客户，但大多数传统企

---

① 托马斯·C·奥吉斯，克里斯·T·艾伦. 广告学. 北京：机械工业出版社，2002.
② 陈培爱. 广告学概论. 北京：高等教育出版社，2004.
③ 陈培爱. 广告学概论. 北京：高等教育出版社，2004.
④ 杨坚争，李大鹏，周杨. 网络广告学. 北京：电子工业出版社，2007.

业对于在网络上做广告会收到多大的效益一直持怀疑态度,所以在最初几年中,网络广告的广告主几乎都是清一色的 IT 行业企业或互联网站。在这个时期,广告主、广告经营者和广告发布者常常是重合的。随着网络的兴起和发展,越来越多的企业开始关注网络媒体在广告信息发布中的优势,加大了对网络广告的投入力度,专门代理网络广告制作和发布的企业及网站开始大量出现,网络广告的费用逐渐提升。由于优质网络广告的位置是有限的,一些企业已不满足于通过代理的方式发布网络广告,他们开始建立自己的网站,并在上面免费发布广告,这使广告发布的门槛大大降低。但是,广告被关注的机会和程度相对也降低了。因此,雅虎、搜狐、网易等门户网站仍是网络广告发布的主流平台。

　　艾瑞网(iResearch)数据显示,2014 年中国互联网广告市场规模超过 1500 亿元,较 2012 年增长了 36.8%,与 2013 年持平。①同时易观智库研究发现,新技术的发展将驱动整体互联网广告市场的持续发展,尤其是 DSP 和 RTB 的概念自 2012 年进入中国,经过一年的教育市场,广告主和媒体开始逐渐提升对于新型资源整理方式的接受程度,这种新型广告形式开始进入快速发展期,从而将驱动整体互联网广告市场的发展(见图 1-1)。广告主的类型主要集中在快消、零售服务、汽车、房地产以及家居等行业。2013 年 11 月,广告市场整体投放金额超过 775 亿元,同比增长 10%,环比增长 2%。同比方面,九个行业投放量实现增长,其中饮料、食品、汽车及有关产品、房地产、家居用品的增长在 10%以上,家居用品更以 26%的同比涨幅一马当先;仅服装及饰品一项呈现下降趋势,为 10%。环比方面,前十行业多呈现增长趋势,其中零售及服务行业以 20%的涨幅位列第一,家居用品和汽车及有关产品分别以 15%和 13%紧随其后,与之形成对比的是化妆品/个人卫生用品,继上月 5%之后再次迎来 14%的降幅,饮料和商业/工业/农业也有一定幅度的下降,均为 4%(见表 1-1)。②

图 1-1　2012~2018 年中国互联网广告市场规模及预测

---

① 艾瑞:2014 年网络广告营收超过 1500 亿元,同比增长 40%. http://report.iresearch.cn/html/20150201/245911.shtml.
② 尼尔森网联:2013 年 11 月份广告投放重点行业和品牌概览.

表1-1 2013年11月广告投放费用最高前十行业

（百万元 RMB）	11月	同比	环比
整体市场	77,510	10%	2%
化妆品/个人卫生用品	12,333	7%	-14%
药品及健康产品	10,185	8%	5%
饮料	9,282	12%	-4%
食品	8,938	23%	6%
商业/工业/农业	6,888	1%	-4%
零售及服务	4,706	9%	20%
汽车及有关产品	4,302	15%	13%
房地产	4,050	12%	9%
家居用品	3,873	26%	15%
服装及饰品	2,150	-10%	0%

数据来源：尼尔森网联AIS全媒体广告监测服务
监测媒体范围：电视、平面、电台

2. 广告媒体（Ad Media）

广告媒体是广告信息的传输渠道或通道，是将经过编码的信息传达给受众的载体，是广告的发布者。[①]从广义上讲，任何物品都可以作为广告媒体。一个杯子、一辆汽车、一座建筑物，都可以喷绘上广告信息传达给广告受众，从而成为广告媒体。在互联网诞生前，最大的主流媒体是报纸、广播、电视。互联网崛起后，1998年5月，联合国新闻委员会正式提出：互联网已成为继三者之后的"第四媒体"。网络广告的媒体就是互联网，具体而言是互联网中各种大大小小、形态和功能各异的网站。2014年5月在China Webmaster网站排行的门户网站排行榜中显示：综合统计得分最高的五个门户网站依次是新华（4833）、腾讯（4312）、新浪（4312）、网易（4312）和搜狐（4311）。[②]

作为网络广告的媒体，互联网的属性决定了网络广告主、广告受众、广告效果等和以往出现的广告形式不同。因此，网络广告需要适应网络媒体的特点确定其发展模式。作为各大门户网站早期的主要营利模式，网络广告取得了不错的收益。据美联社与《华盛顿邮报》报道，根据IAB报告，网络广告收入在2013年增长了17%，创下428亿美元纪录，2013年无线电视广告收入则为401亿美元。美国网络广告局主席Greg Stuart说："网络广告已经成功地跨入主流媒体行列，成为了整合营销战略中一个再也不能被忽略的媒介。"[③]普华永道的广告服务顾问Pete Petrusky说："网络是唯一采用全球标准来测量印象数的媒介，网络广告的未来趋势使购买和销售的流程会更加简化。因此，市场营销人员将会继续加大对网络广告的投放预算，网络已经成为有效传播品牌的重要的媒介工具。"[④]

[①] 陈培爱. 广告学概论. 北京：高等教育出版社，2004.
[②] ChinaZ.com：门户网站排行榜. http://top.chinaz.com/list.aspx?t=247.
[③] 网络广告跨入主流媒体行列. http://emarketing.163.com/netease_today/today.phpomID=239.
[④] 网络广告跨入主流媒体行列. http://emarketing.163.com/netease_today/today.phpomID=239.

但仅仅依靠网络广告不足以支撑网站的发展。所以在过去的几年中，各大网站努力通过其他多种营利模式保证网站的正常运行，以期减少对网络广告的依赖，也取得了较好的效果。在中国，新浪、搜狐、网易等门户网站通过收费邮箱、短信、网络游戏等方面的收入实现了盈利，从而减弱了对网络广告的依赖，这是一个可喜的进步。[①]但从长远的角度来看，走多元化经营之路是网站，特别是大型网站经营的趋势。广告的收入还将占据这些网站预期收益的很大一部分。在网络广告投放总量逐年攀创新高的同时，争夺广告资源的网络媒体也越来越多，相对于有限的市场来说显然是僧多粥少。因此，在今后网络的激烈竞争中，媒体之间的竞争将达到白热化，竞争格局会不断变化，新的网络广告媒体形式也会不断涌现。2006年9月20日，北京新智视界网络技术有限公司推出了新型网络广告媒体平台——"网络回声"。通过这个平台，用户可以实名注册，通过观看视频广告获取相应的报酬。这样，投放者可以以更为精确的传播形式，有针对性地展现广告，从而达到精准销售的目的，平衡广告主和网民的利益。

3. 广告受众（Ad Audience）

广告受众是广告所指向的对象，广告信息的接受者。网络广告的受众在广义上是所有网民，即经常上网活动的人们。这就是说，有多少网民就有多少网络广告受众；在狭义上是对网络广告感兴趣的网民，即网络广告的实效受众。一切广告活动都是广告主向广告对象传递广告信息的过程。广告对象是哪一部分人，他们有什么特点，他们如何接受和处理广告信息，是直接关系到广告效果的关键问题。只要是接触网络的人，都有意或无意地以不同方式接触到各式各样的网络广告。不管愿不愿意，几乎全程的上网时间都被网络广告不断地打扰。打开浏览器，扑面而来的是一个接一个的弹出式窗口；浏览网页时，各式图片文字不停地游动闪烁；打开QQ，系统消息夹杂着广告让你不看不行；下载链接文件，要先阅读或观看广告……这一切意味着接触网络就必须接触网络广告。

但是，与传统单向传播模式不同的是，网络广告受众有着更多的自主权：手中的鼠标给与他们选择看或不看的权利，下载众多的广告屏蔽软件也可以将媒体精心发布的广告挡在浏览界面之外。而对于广告主来说，广告出现在受众面前只是万里长征的第一步，引起受众注意继而点击，将受众引入到广告指向的链接信息内容才是网络广告的初衷。因此，网络广告在对受众进行"推""拉"结合的基础上更重视"拉"的战术：将网络广告制作得更加精美，标题更吸引眼球，提供更多的优惠内容……但是，这些网络广告往往因为针对性不强，花费了大量制作费用却得不到预期的效果。网络广告媒体需要根据企业的市场营销策略确定细分市场，并对网络用户的上网习惯、消费习惯、男女比例、地域分配、学历情况、收入情况、年龄段分布等情况进行调查，进一步准确锁定受众群，在制作和发布网络广告时做到有的放矢。Adworld（2007）的研究显示，以消费价值观、消费体验、生活态度为基准的细分变量，优于以简单人口特征为基准的细分变量，更有利于调研、认知、预测用户的行为。DCCI互联网数据中心通过基于消费价值观测量表，利用因子分析和聚类分析得出：9类互联网消费者用户中，虚荣前卫型消费者所占比例最多，为20.6%，其次是品牌虚荣型消费者，为11.5%，两者合计占互联网用户比率达到3成左右。[②]各类用户所占比例如图1-2所示。

---

① 不同模式都带来赢利 三大门户网站各奔钱程. http://www.chinalabs.com/view.aspid=01000YIR.
② Adworld（2007）：中国互联网用户市场细分构成. http://tech.sina.com.cn/i/2007-09-26/15511764-358.shtml.

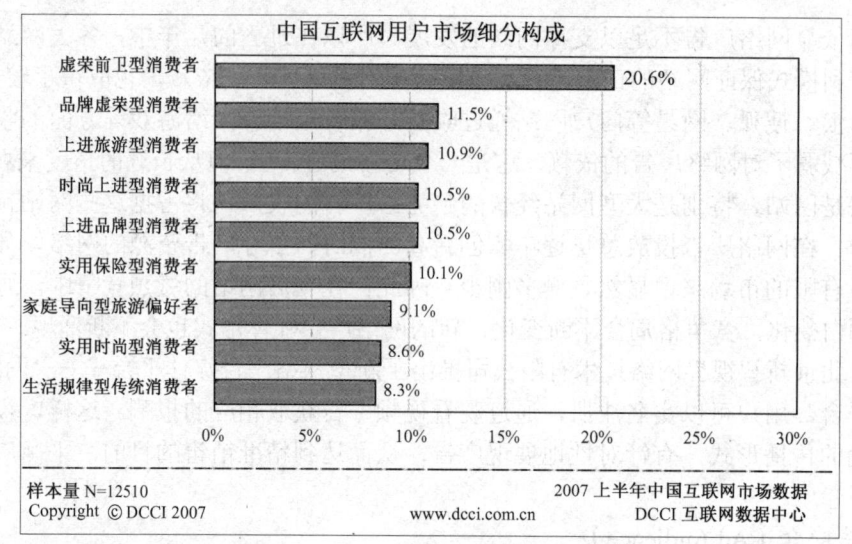

图 1-2　中国互联网用户市场细分构成

统计结果说明了目前中国广告受众的消费心理特征是：32.1%的互联网用户有虚荣心消费倾向；22%的互联网用户有品牌消费倾向，会偏向于某个品牌；19.1%的互联网用户有时尚消费倾向；20%的互联网用户有旅游爱好；18.7%的互联网用户的消费行为基于实用主义消费价值观。因此，广告主在品牌传播时，应根据用户的价值需求进行相应的价值传递。互联网企业应根据自己网站的用户细分情况，对比网站原有定位，调整网络广告推广策略和投放计划。

4. 广告信息（Ad Message）

广告信息是广告的主要内容，包括广告所要传达的具体企业、产品和劳务信息。网络广告是商家网上促销的主要方式，同时也是商家与消费者进行信息交流的主要渠道。网络广告的信息隐藏在广告之中，通过广告的表现向用户反复传送，从而达到促成购买、增加品牌知名度和好感度等目的。在概念上，网络广告与传统广告的信息内涵相同。不过，由于网络广告的传播媒体——互联网的特殊性，使网络广告信息的表现形式比传统媒体更加丰富多彩。借助于多媒体技术，网络广告的表现形式多种多样，有立体感很强的弹出式窗口广告（Pop-up Window），有旗帜式的网幅广告（Banner），有在网页中飞来飞去的图标广告（Moving icon），还有制作成短片的视频广告（Video）等。网络广告可以集合文字、图片、图像、声音等多种表达形式，使呈现出的内容更加生动、逼真，从而使产品所具有的功能、特点更完整地表现出来，以此达到吸引广告受众眼球、提高点击率的效果。受众点击之后，超级链接的巨大信息量使他们可以全方位地了解产品信息、公司情况、售后服务等方面的内容，从而更好地提升广告效果。

5. 广告费用（Ad Cost）

商业广告的发布都需要支付一定的费用，在网上发布广告同样需要资金投入。但网络广告的收费模式与传统媒体有根本性的不同：网络广告根据受众的流量确定广告费用的多少。利用传统媒体投放广告，很难精确地知道有多少人接收到广告信息，而在 Internet 上可以通过权威、公正的访客流量统计系统，精确统计出每个广告的受众数，以及这些受众查阅的时间和地域分布。这样，借助分析工具，广告行为收益可以准确计量，广告费用可以根据收益情况作适时调整。

在目前的状况下，国内门户网站广告收费相对较高，选择在门户网站上做广告的往往都是大型的知名企业，中小企业一般运用搜索引擎进行广告投放；同时，网络广告主要集中在房地产、通信、汽车、化妆品、金融类、零售以及服务类行业（见图 1-3）。从投放的广告形式来看，主要集中在展示广告、搜索广告、社会化营销、EDM 几个类型（见图 1-4）。iResearch 艾瑞咨询根据网络广告监测系统 iAdTracker 的最新数据研究发现，2015 年 1 月，交通类投放费用达 5.6 亿元，位居第一；食品饮料类投放费用达 3.4 亿元，位居第二；房地产类投放费用达 3.1 亿元，位居第三。随着网络的全面普及，网民数量的飞速增长，网络广告还将有很大的发展前景。

排名	行业	投放预估费用 万元	排名变化
1	交通类	55989	→
2	食品饮料类	33753	↑
3	房地产类	31327	↓
4	网络服务类	30801	→
5	化妆浴室用品类	26502	→
6	金融服务类	22089	→
7	IT产品类	14956	→
8	通讯服务类	11980	→
9	娱乐及消闲类	11131	→
10	零售及服务类	8528	↑

图 1-3 2015 年 1 月中国网络品牌广告主投放费用 TOP10

图 1-4 2007～2014 中国主要网络广告市场结构

1.2 网络广告的特点

由于网络广告的传播媒体是互联网，所以它结合了众多计算机、通信和数码的新技术。也因此，网络广告呈现出一些不同于传统媒体的新特点，其中既有其他媒体无法比拟的优点，也有一些阻碍它快速发展的缺点。

1.2.1 网络广告传播时空广、信息容量大

网络广告运用了现代卫星通信技术、光缆通信技术，把电话、无线电通信、有线网和商业网连接在一起，形成了一个全方位立体化的全球网络，把广告信息24小时不间断地传播到世界各地。只要具备上网条件，任何人、在任何地点都可以查看阅读。这是传统媒体无法达到的。

传统的广告传播媒体包括广播、电视、报纸、杂志等，往往局限于在某一特定区域内传播。要想把在本国刊播的广告转为在国外发布，则涉及当地政府批准、在当地寻找合适的广告代理、洽谈购买当地媒体广告时间等一系列复杂的工作。同时，广告刊播时间受购物时段或刊期的限制，目标受众很容易错过广告信息，并且广告信息难以保留，广告主不得不频繁地刊播广告以保证本公司的广告不被消费者遗忘。

另外，受资金、时间等条件的影响，广告主还会想方设法浓缩版面，试图用最简练的语言、画面给客户留下震动性的效应及影响，以起到劝诱消费的作用，然而巨额的广告费用往往收不到期望的效果。相比之下，网络广告可以不受时间、版面的限制与约束，它能够以图文并茂的方式，加上良好的音响效果，将企业的基本情况、产品外观、价格、性能、技术指标等对客户有用的信息在网上反映出来；企业和产品主页可以大幅度扩展，重要内容可以采用多重超链接进行细致描述。网络广告还能够随时提供各种信息，全天候为网民服务。广告信息还可以即时更换，更新的信息可以瞬间传播到全球，使广大受众第一时间接收到最新的资讯。网络广告容量之大，是其他媒体所无法比拟的。另外，网络广告的信息空间在互联网上几乎是无限的，网站的信息承载量足以让广告主用少量的广告费用投入，制作发布比传统广告更富有变化、灵活多样的广告信息以满足不同的广告需求。

1.2.2 网络广告传播技术先进，形式多样化

网络广告建筑在高速信息通信和多媒体技术的基础上，使用多媒体、超文本格式文件、Java语言创造出图、文、声、像等多种形式，将产品的形状、用途、使用方法、价格、购买方法等信息展示在用户面前。网络广告的受众可以通过交互式界面的多重链接对某些感兴趣的产品进行更详细的了解，除了产品的概况介绍之外，还可以有选择地阅读有关详细资料。受众可以身临其境般地体验产品、服务与品牌，并能在网上预订、交易与结算。网络广告除了有常规的标牌广告、条幅广告、按钮广告和主页广告外，还为客户提供可搜索的电子公告板（BBS）。利用网上的导航器、搜索引擎使全球用户都可以在网上浩瀚的信息海洋里找到有关的广告内容。同时，网络广告可以采用其他广告媒体无法实现的主动性目标式电子邮件广告，实现对广告发送对象的可选择性。借助于电子邮件等先进的技术手段，广告阅读者还可以很方便地向厂家请求特殊咨询服务。网络广告先进的技术手段和多样化的表现形式为广告创意

提供了更为广阔的空间，这些都为网络广告吸引消费者的注意力、激发他们的购买欲望奠定了坚实的基础。

1.2.3 网络广告具有指向性和互动性

在现代社会，广告无时无刻不在充斥着人们生活的每个领域。电视台抢尽一切时间插播制作精美的广告画面，收音机时时传出充满诱惑力的广告语，门缝报箱里名目繁多的产品目录，走在大街上铺天盖地的手发传单和宣传图册……然而，大部分广告被受众不假思索地忽略和抛弃，广告效果并不明显。因为传统广告传播一般都是面向大众的单向传播模式，即一对多模式，广告受众只是被动接受媒体提供的"硬性"信息，主动选择的余地和自由不大，广告主短时间内也很难得到受众对广告信息的反馈。同时，因为缺乏精确定向和有效分类技术，传统广告无法准确定位细分市场，大量的广告投入被白白浪费。而网络广告在这方面具有得天独厚的优势，它为广告受众提供了自主选择的功能和空间，使广告主能够获得大量的受众信息并锁定目标顾客群，实现一对一（One to One）的"软性"传播模式。也就是说，广告信息一次只传达给一个有潜在需求的广告受众，从而提高广告的浏览率和广告效果。网络广告的互动性为达成一对一传播模式提供了可能。

网络广告的互动性是指人们通过广告信息和广告主之间产生互动，从而不同程度地参与广告活动。[①]

根据这个定义，互动性可以从以下两个方面理解：第一，互动主要包括两个环节。首先是广告受众与广告信息之间的互动，受众接收到广告信息并做出浏览、选择、评价等活动；接着是广告主和广告受众之间的互动，广告主根据受众的偏好调整信息，提供更符合受众需求的广告信息，受众从接收新的广告信息开始又进入了下一轮的互动。第二，互联网广告的互动性是一种不同程度的参与。不同的媒体、不同的广告互动性不同，受众的参与程度也不同。

网络广告的互动性改变了传统媒体广告的单向性弊端，使广告信息的发布者与接收者之间可以及时沟通。在互动过程中，广告受众可以自主选择和访问广告站点，向广告主询问广告内容，提出自己的意见，说明未满足的需求；广告主可以按照受众的要求对广告信息和产品服务进行补充和调整，更有效地满足顾客需求，从而实现企业的营销目标。这个过程与市场营销中以消费者需求为导向的理念是相同的。

这种互动对受众和广告主都有好处。它不仅可以提高受众对广告品牌的认知度和满意度，也可以使广告主更容易获得受众的详细资料，从而设计定制服务，达成交易，更好地实现广告目标。如今各大电子商务的购物网站，都能依据注册用户的浏览习惯和购买行为，确定用户感兴趣的领域，在网页中推送相关产品的信息，大大提高了广告的点击率与有效到达率。

第一个进行广告定向投放的是中国台湾地区网络数位营销服务提供商 CCMedia（www.ccmedia.com.cn），它耗时 8 年研发出一套精准数位媒体服务，完全可以依据广告主的需要展现消费者有兴趣的广告信息。这意味着当你和朋友点击同一网站时，弹出的广告窗口是不同的，你看到的是最新款的百丽裸踝小靴，她看到的则是今年最 IN 的烟熏妆彩妆新品，更为奇妙的是，这两个弹出的小窗口都正中你和她的心怀，你喜欢靴子，她爱彩妆……最新

---

① Chang-Hoan Cho，John D Leckenby．Interactivity as a Measure of Advertising Effectiveness．http://www.ciadvertising.org/studies/reports/info_process/99AAACHO.html．

的科技将幻想变成了现实。"CCMeida 推出的行为定向广告投放服务（Behavior Targeting Service，简称 BT），是通过广告测试投放发掘潜在需求族群，再到最终的行为定向精准广告投放。"[1]之所以可以做到根据大家的喜好来有针对性地投放广告，基本的一点在于利用 Cookie 而非 IP 进行用户行为分析。通过 Cookie 可以通过跟踪用户在互联网中所有浏览过的网址和相关内容了解顾客的喜好需求。Cookie 的好处就在于跟踪用户的同时并不知道用户的身份隐私，这样就有效地规避了窥探到用户身份隐私的弊端，也打消了用户因为担心隐私而拒绝这一服务的隐患。另外专注于互联网精准定向领域的网络广告公司——悠易互通，拥有行为定向和底层搜索等多项国内顶级技术专利，是国内首家以 CPTM（Cost per Targeted Thousand Impressions）为营销模式的跨媒体精准定向广告平台。

1.2.4 网络广告数据便于统计和检索

利用传统媒体做广告，很难准确统计有多少人接收到广告信息。以报纸为例，虽然报纸的读者是可以统计的，但是刊登在报纸上的广告有多少人阅读过却只能估计推测而不能得到精确数字。至于电视、广播和路牌等广告的受众人数就更难估计了。而在互联网上可通过权威公正的访客流量统计系统精确统计出每个客户的广告被多少个用户看过，以及这些用户查阅的时间分布和地域分布，更为精确的统计软件甚至可以得到用户的公司名称和浏览器版本。这些详细的用户资料有助于广告主正确评估广告效果，审定广告投放策略。

另外，因特网提供极方便的信息检索工具，如用户通过使用网上的搜索引擎，可以方便、快捷地检索到所需的网站及其广告产品，很容易地从网站获得所需要的信息。网络广告由于能够提供庞大的用户跟踪信息库，在用户检索过程中可以找到很多有用的反馈信息，并即时传达给广告主。

1.2.5 网络广告成本低廉，计费灵活

广告提供商的知名度、广告大小和发布位置、网页浏览次数以及关键词排名竞价都是影响网络广告价格的主要因素。除此之外，网络广告的制作和发布会依据企业规模和经济承受能力的大小采取不同的方式，但无论其采取何种形式，与其他传统广告媒体相比，网络广告的成本都是很低廉的。一些规模大、经济实力强的企业不满足于通过广告代理商和门户网站发布网络广告，他们自己购置设备、注册域名，建立企业自己的网站，将企业信息供客户网上浏览，更是大大减少了发布网络广告的成本。资金实力较差的中、小企业通过在一些具有一定知名度的顶级网站或专业网站上租用空间，自行制作或委托他人制作主页后在网上发布广告信息，费用也很低廉。

另外，网络广告计费方式灵活。一般来说，不同的媒体在广告代理中的收费方式各不一样。比如：路边广告大多按占用面积大小、占用时间长短（通常按年/月计算）收费；电视广告按不同时间段的播出、占用时间（通常按分钟或次数计算）收费。网络广告计费方法有类似之处：根据网站的知名度、广告所占版面的大小、在网页上的位置和停放的时间进行计费。在此基础上，网络广告计费方法还有了新发展：根据用户对广告的点击次数、反馈次数或者成交次数计费。这些计费方式在第 6 章中将有详细说明。

---

[1] 互联网周刊：跟着你走的网络广告. http://news.iresearch.cn/0200/20071225/74610.shtml.

1.2.6 网络广告的缺点

尽管网络具有许多传统媒体无法比拟的优势,但并不表明它是一个完美的媒体,在目前的情况下,它存在许多不足,这也是某些广告主和广告代理商不选择网络做广告的原因。

首先是很难对网络广告的效果做出准确的评估。对于传统广告来说,广告效果测评有一整套现成的模式和惯例。由于网络广告发展的时间较短,对其效果测评的指标还存在很大争议,企业在投放广告之前很难有一个准确的效果预测,这在很大程度上降低了企业投放网络广告的决心。在中国,至今尚未有一家公认的第三方机构可以提供量化的评估标准和方法。当一个媒体不具备可评估性的时候,从媒介作业的角度就完全有理由去质疑它的可选用性。目前对网络广告效果的评估主要是基于网站提供的数据,而这些数据的准确性和公证性一直受到某些广告主和代理商的质疑。

其次是网络广告界面限制了广告的创意空间。好的创意设计是引导网民注意的重要条件。目前网络广告最常用的尺寸是468×60(或80)像素,相当于15×2cm左右,要在这样小的广告空间里形成吸引目标消费者的广告创意,其难度可想而知。弹窗式广告的尺寸比较大,但网民对弹窗式广告比较反感,有一些网站和浏览器版本专门设置了弹窗式广告屏蔽系统,故使用起来会受到一定的限制。

另外,网络广告的制作技术还需要不断完善。提高网络广告的动态可追踪性、做出准确的网络效果评估系统、开发定向投放和反馈模式,都是网络广告技术在未来要解决的问题。

1.3 网络广告的发展历程

1.3.1 初生的快速发展期(1994.10~2000.6)

1994年10月14日,美国著名杂志《在线》(Wired)的网络版(www.hotwired.com)上开始出现AT&T、IBM等14个客户的网幅广告(Banner),这是全球第一个网络广告。它成为世界广告发展史上的一个里程碑,标志着网络广告新时代的开启。在接下来的四年中,网络广告在欧美开始流行,并逐渐被人们接受和了解,成为企业进行商业宣传的新方式。1996年,IAB(Internet Advertising Bureau)即美国网络广告局成立,标志着美国的网络广告已渐成气候,也代表着全球网络广告行业步入正轨。接着,有众多广告公司专门成立了"互动媒体部"。同年,美国全年网络广告收入达2.67亿美元。1997年这个数目又取得了几倍的增长,达到9.07亿美元。可以说,网络广告快速发展的势头已初见端倪。但由于当时互联网发展还不成熟,用户数量相对较少,网络广告并没有引起传统行业广告主的关注。因为缺乏资金和技术的支持,整个行业的发展速度不如预期,相对比较缓慢。这个时期网络广告主是清一色的IT业和相关行业的企业。可以说,是IT行业在网络广告初生时期托起了这一新兴事物,并创造了一个行业。

1998年是互联网高速发展取得突破的一年。联合国新闻委员会1998年5月举行的年会正式提出了互联网是"第四媒体"的概念。随后,1998年6月的法国世界杯,互联网全程发布赛况信息,并将大会的主题曲通过网络传向了全世界,引起了众多球迷的兴趣和关注。同年9

月 11 日，美国独立检察官斯塔尔在网上全文发布对克林顿总统性丑闻的调查报告，吸引了全球数以亿计的人们登录互联网进行搜索和阅读。人们发现自己可以畅所欲言并即时得到来自全球各地网民的热烈回应。因此，在这个事件中，互联网以其特有的交互性，第一次压倒报刊、广播、电视等传统媒体，真正确立了第四媒体的地位。互联网的快速发展和网民数量的爆炸性增长，给网络广告的高速发展带来了契机。1998 年美国全年网络广告收入达 20 亿美元，首次超过户外广告的收入额。

网络广告在中国的出现滞后于美国两到三年时间。1996 年 8 月 19 日，《计算机世界》（www.ccw.com.cn）发表《Internet 上的广告现状》一文，第一次将网络广告的概念引入中国。中国的第一个商业性网络广告出现于 1997 年 3 月，是比特网（www.Chinabyte.com）为 Intel 制作的一幅 468×60 像素的动画旗帜广告。1997 年 4 月，Chinabyte.com 由国际授权媒体监测机构 AcNielsen 旗下的专业公司开始站点访问第三方认证。到 1998 年初中国网络广告也有了初步规模。1998 年第二季度，中国国中网在世界杯比赛期间推出世界杯网站，取得了 200 万元广告收入的骄人业绩，这使许多从未做过网络广告的企业有机会领略它的独特魅力，并引起了大量跨国 IT 企业的关注。他们开始测试网络广告的效果，并着手将网络媒体的使用列入其预算之中。1998 年底至 1999 年初，PC 厂商大规模发布网络广告，引起中国网络广告的强力启动。1999 年上半年 IT 和电信以外的广告主开始涉足网络广告，开创了网络广告主多元化的局面。1999 年下半年，第二届中国互联网网络大赛开赛，赞助形式的网络广告模式在这一赛事中出现。同年，网络广告规范性管理意见开始酝酿并提上国家监管司的议事日程。

1999 年第 46 届戛纳国际广告节将网络广告列为继平面广告、影视广告之后的第三类评奖形式，成为三大赛项之一。据 IAB 委托国际著名会计事务所 Price Waterhouse Coopers 所作的调查统计显示，网络广告的全球收入已由 1996 年的 2.67 亿美元激增至 1999 年的 46 亿美元，年均增长率达 159%。[1]

1998 年到 2000 年，整个互联网行业飞速发展，网络广告作为网站收益的重要支撑部分，随之进入了高速发展期。到 2000 年上半年，全球网络广告行业的收入达到了 80 多亿美元，[2] 在任何一个行业的发展史上，这样的速度都堪称奇迹。因此，风险投资对网络发展前景一致看好，投资热情空前高涨，一大批至今仍具有巨大影响力的网络媒体如雨后春笋般急速诞生。充足的投资、计算机网络的普及引发了人们对于网络的强烈关注，一时之间，凡是和网络沾边的事物都成为了热门话题。这一切都使人们对网络广告的发展产生了过于乐观的估计。由于资金来得太过容易，很多网站热衷于"造势""炒作"，而忽视了投资需要回报这一基本常识，疏于对网站的经营管理，而沉醉于自己制造的一个个虚幻的"概念"之中。当风险投资的热潮过去之后，网络泛起的泡沫逐个被戳破，各大股市网络股的股价狂跌。此时，网站的 CEO 们不能只靠一个"概念"来获得大笔的投资，网站不能继续用"烧钱"的方法维持经营。曾经风光无限的众多网站不得不面临生存的问题，很多网络媒体在网络的大潮中销声匿迹。网络广告也在 2000 年下半年开始跌入低谷。[3]

---

[1] 评论：雅虎最近怎么了？http://tech.sina.com.cn/review/media/2000-09-21/37437.shtml.
[2] 2001 年全球网络广告市场概况．http://www.examda.com/ec/zl/fudao/20061129/085939681.html.
[3] 巢乃鹏，杜骏飞．网络广告原理与实务．福州：福建人民出版社，2005．

1.3.2 世纪初的下降调整期（2000.7～2002.6）

2000～2001年是整个世界互联网经济发展历程中最灰暗的时期。纳斯达克股市综合指数在2000年3月10日触摸历史高点——5132点，此后走势急转直下，开始崩盘。2001年4月4日，纳斯达克股市综合指数跌至1619点，网络广告与网络经济一起遭受重创。雅虎由于其90%以上的收入来自广告，其股价从2000年的250美元跌落到2002年的30多美元，2001年元月还发出了收入预警。一些国际知名的网络广告公司的股价缩水90%以上。用户开始对网络广告的效果产生怀疑。原先出手阔绰的企业只选择具有高知名度的门户网站发布广告。调查数据显示，2000年美国50%左右的网络广告收入都流向美国在线和雅虎等知名门户网站。[1]

在中国，网络广告在2000年前三个季度的销售量取得了高速增长，并成为各个主要网站的支撑性收入。以三大门户网站公布的数据为例：7～9月份，新浪广告收入5355万元（包括新浪中国北京、中国香港、中国台北、美国），占到总收入的87.5%，与其他收入的比例为7:1。网易广告收入为1878.5万元，占总收入的86.7%，与其他收入的比例为6.5:1。搜狐广告收入1266.5万元，占总收入的93.1%，与其他收入的比例为13.5:1。三家网站仅仅一个季度的收入就已经超过了北京、上海、广州三地1999年网络广告收入的总和，增长势头极其迅猛。但是，纳斯达克的新经济泡沫很快影响到国内网络媒体的经营，网络广告的发展也开始进入蛰伏期。

2001年，网络广告市场经历了行业发展几年来从未有过的衰落，怀疑和猜测的情绪蔓延，网络广告行业遇到前所未有的挑战。在美国，网络风险投资2001年比2000年同期减少60%，有超过700家网站宣布倒闭，超过10万以上的互联网职员被裁，原价67亿美金的Excite被1000万贱卖给InfoSpace，网络经济在2001年如履薄冰、岌岌可危。据统计，美国网络广告市场2001年前三季度的收入比2000年同比下降8%左右，这是网络广告发展历史上从未有过的。在中国，没有明确盈收模式和资金来源的网络媒体纷纷遇到危机，大量网站被购并或直接倒闭。对于门户网站来说，新浪与阳光的跨媒体策略、网易的停盘风波和管理层的变迁都让行业人士看花了眼。相对稳定的搜狐也面临停牌威胁、股份变更等多个事件。网络媒体企业的并购活动几乎每天都在发生，网络广告业随着混乱的互联网行业陷入了低谷。为了增加盈收，各个网络门户纷纷开始进行业务拓展的尝试，开发出短信服务、收费邮箱、个人主页、搜索引擎注册、在线游戏等多项收费服务，同时开发新的网络广告服务形式，服务质量也不断提升层次。

1.3.3 复苏上升期（2002.7～2003）

2002年初，IAB的统计资料显示，网络广告收入直线下落的状态仍在继续，世界网络广告市场还看不到任何起色。中国最大的几个网站，新浪、搜狐、网易的股票已经到被摘牌的边缘。这种连续下滑的状态一直持续了六个月，直到2002年第三季度才开始逐渐回升，而这在很大程度上归功于付费搜索引擎营销的增长。据IAB的统计，2002年第二季度的关键词检

---

[1] 魏超. 网络广告. 北京：中国轻工业出版社，2007.

索收入为 1.31 亿美元，比 2001 年同期增长了 144%。尽管网络广告市场总体下滑，以关键词检索为代表的搜索引擎营销却节节上升。①在关键词检索迅速发展的同时，大部分用户开始接受付费排名，这为关键词竞价排名提供了基础，也为网络广告企业提供了新的赢利模式。除了关键字检索业务，电子邮件广告也得到了更多的关注与发展。网络广告服务商还不断开发网络广告制作技术，完善网络广告形式，以求广告内容和广告形式得到更完美的结合。可以说，网络广告新模式的出现和旧模式的不断完善，为网络广告的复苏提供了可能，并在 2003 年将网络广告带入了又一个发展的春天。

进入 2003 年，网络广告终于重现生机，进入一个繁荣发展的新阶段。全球网络广告市场形势喜人。普华永道和 IAB 公布的数据显示，随着关键字搜索广告的推行，2003 年全球互联网广告收入较 2002 年上升 21%，达到 73 亿美元。②其中，关键字搜索占了 24 亿美元。2003 年，全美网络广告业关键字广告占了总收入的 35%，与之相比较，备受关注的富媒体广告只占了全部收入的 8%。关键字广告的强劲势头让富媒体广告显得黯然失色。同时，传统的网幅广告、赞助广告所占比例逐步减少，而分类广告、电子邮件广告比例变化不大。根据营销方案供应商 Double Click 公司以及互联网用户监测服务商 Nielsen/Net Ratings 公司发布的 2003 年度市场调查报告显示，2003 年网络广告服务公司在销量上整体提升约 49%。

2003 年，对于中国的网络广告业来讲也是柳暗花明的一年。突如其来的 SARS 给中国带来的不仅有恐惧和灾难，越来越多在 SARS 期间呆在家中上网的网民也给网络媒体带来了更大的发展机遇。据 iResearch 统计，2003 年中国网络广告市场达到了 10.8 亿人民币，比 2002 年的 4.9 亿翻了一番还要多。同时，越来越活跃的中国互联网市场、资本世界对中国网络股的肯定、更多切实可行的网络盈利模式的发现，让 2000 年以前就广泛出现在网络公司商业计划中的网络广告盈利模式开始逐渐变为现实，新浪、搜狐、网易从 2002 年第四季度的财务报表开始，盈利数字每季度不断攀升。

1.3.4 高速发展期（2004 年至今）

从 2004 年开始，网络广告进入了一个高速发展期。互联网用户大幅增加，扩大了网络广告的市场容量。同时，网络广告商也为广告主营销产品和服务提供了多种可能性。传统的网幅广告、电子邮件广告、关键字竞价排名广告和新兴的视频广告相结合，呈现出全方位、立体化的趋势，网络特有的互动性使用户对网络广告的兴趣倍增，广告信息通过游戏、娱乐等方式被更加充分地表达。2004 年我国互联网广告收入较 2003 年增长了 75.9%，中国网络广告市场在追求"广告效果"的行业呼声中快速发展，到了 2013 年，网络广告的规模首次突破千亿大关，同比增长 46.1%，整个网络广告市场保持在高速增长的状态。这一年中，中国网络广告市场的产业形态发展得更加成熟完整，互联网巨头纷纷布局 RTB（RTB 是 "Real Time Bidding" 的缩写，意思就是"实时竞价"，即在每个广告展示曝光的基础上进行实时竞价的新兴广告类型）市场，陆续上线 ADX（AD Exchange，是一种类似于使用美国股票交易平台模式来进行购买广告的形式）与 DSP（Demand Side Platform，需求方平台产品和平台），RTB 产

---

① 网络广告的 2002. http://club.xilu.com/yinyuanhua/msgview-864979-132.html.
② 调查称 2003 全球网络广告达 73 亿美元 增长 21%．http://tech.sina.com.cn/i/w/2004-04-22/1211353019.shtml.

业链逐步完善。广告主在营销诉求方面更加重视效果营销,也在一定程度上促进了 DSP 的市场化。在经过了初期的市场教育阶段,DSP 企业逐渐被广告主认可,他们在并购、融资层面也动作不断,处于活跃上升时期,这将给展示广告带来新的增长动力。

传统行业广告主从 20 世纪 90 年代开始的投石问路的阶段已经结束,投资到网络广告中的行业越来越多元化。越来越多的企业广告主开始在互联网广告方面加大投资。[①]IAB 首席执行官 Randall Rothenberg 说:"由于广告主和广告代理商都认识到互联网是一种独特的媒体,可以影响消费者的行为,使其产生购买欲望,进而进行购买,并保持对产品的忠实度,因此,交互式广告营收仍将会保持强劲的增长。"[②]网络广告发展到2014年,应验了Rothenberg的预言。据艾瑞咨询公布的数字显示,2014 年中国网络广告市场规模达到 1540 亿元,同比增长达到 40.0%。在新的划分口径下,中国网络广告市场中占比最大的为搜索关键字广告(不含联盟),达到 28.5%。份额排名第二的广告形式为电商广告,占比为 26.0%。品牌图形广告份额位居第三,占比为 21.2%。从增长速度来看,门户及社交媒体中的效果广告增长迅速,表现突出。腾讯广点通及新浪微博广告是其中最主要的增长力量。这在一定程度上反映出互联网企业在依靠数据分析和技术驱动,达成更加智能的广告匹配以及更加高效的广告资源配置,实现广告营收的能力进一步提高。该部分增长主要体现在"其他形式广告"中,如图 1-5 所示。除此之外,视频贴片广告继续保持高速增长。2014 年视频贴片广告增长得益于巴西世界杯及综艺节目(《我是歌手》第 2 季、《爸爸去哪儿》第 2 季、《中国好声音》第 3 季等)等热门内容的丰富。此外,大品牌广告主对网络视频青睐,广告预算向网络视频倾斜也成为视频贴片广告持续增长的动力。2014 年中国搜索引擎市场规模达到 599.6 亿,同比增长 51.9%,较去年有较大幅度回升。未来中国搜索引擎市场仍将以较快的幅度增长,到 2018 年市场规模预计将达到 1676.4 亿。2014 年,百度广告营收超过 490 亿元,同比增长为 53.5%,位居第一。淘宝广告营收超过 375 亿元,位居第二。百度与淘宝广告营收占整体网络广告市场营收比重达 56.2%,是中国网络广告市场的中坚力量。在企业营收增速方面,爱奇艺 PPS、奇虎 360 与腾讯表现突出,如图 1-6 所示。

(1)2014 年爱奇艺 PPS 加大优质内容独播版权的投入,继续发力包括大型综艺节目、自制剧、自制栏目等多项自制内容,在移动端商业化逐步深入,实现了广告溢价,广告营收明显增长。

(2)奇虎 360 在搜索方面加强品牌认知与建设,在搜索上继续提高其流量份额。不断发展广告主与渠道商资源,商业化进程持续推进。搜索业务成为奇虎 360 的广告业务核心推动力。

(3)腾讯广点通依托于其大社交系统,通过用户数据挖掘以及广告产品竞价机制实现资源有效配置,时间广告收入快速提升。2015 年微信广告资源的开放以及广点通移动广告联盟的发展,将推动腾讯广告营收进一步提高。[③]

---

① 巢乃鹏,杜骏飞. 网络广告原理与实务. 福州:福建人民出版社,2005.
② 06 年美国互联网广告营收创新高达 169 亿美元. http://it.21cn.com/itnews/hygc/2007/05/24/3252696.shtml.
③ 2014 年网络广告核心数据发布. http://news.iresearch.cn/zt/247057.shtml#a3.

图 1-5 2012~2018 年网络广告市场份额及预测

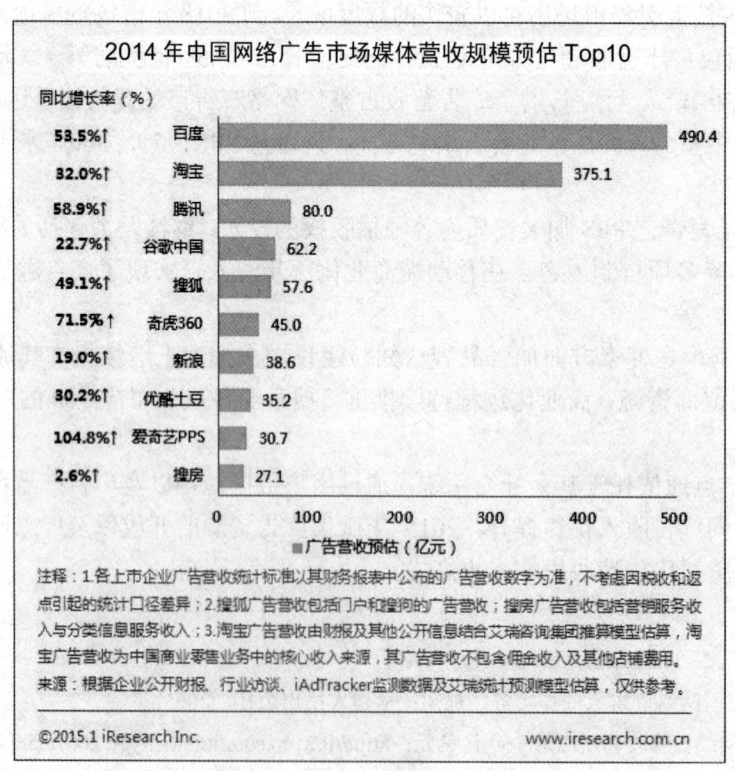

图 1-6 2014 年网络广告市场企业广告营收预估数据

阅读材料：一份关于网络广告起源的历史文档

我们拿到了一份在硅谷被埋藏了数年的手稿。这份手稿记述了一次网络广告创始人之间的谈话，他们是乔（Joe）、柏瑞（Barry）和何比（Herbie）。

——越来越多的人在使用互联网，让我们把它变成一个广告载体吧。

——我们能提供什么样的广告呢，屏幕这么小，而且人们要看的是内容又不是广告。

——我们只要把广告搞得小一点，让它很容易嵌入页面就行了。

——但如果广告小的话，很容易被忽略，而且上面的内容也不容易看清。是不是？

——我们以后再解决这个问题。

——那么怎么定价呢？

——网站可以按照一个固定的千人成本来收费。

——固定的费率？如果广告库存是无限的，卖方怎样保证一个固定的费率呢？广告价格会不会无止境地下跌呢？

——我们以后再解决这个问题吧。

——会不会出现固定的广告形式和技术呢？

——最终会的。

——在最终有一个固定的标准之前会不会有很大的混乱呢？

——我想会的，但只是在最初的五至十年，然后一切就会稳定下来。

——媒介计划人员会对这个新媒体有信心吗？

——我们会给他们准备大量受众数据的提供者。

——大量？会不会产生混淆和模糊呢？

——过一段时间他们自己会解决这个问题。

——媒介计划人员会不会帮助他们正确分析和使用网络工具呢？

——现在还没有，开发这样的工具太贵了。

——你的意思是说媒介计划人员手头只有模糊混淆的受众数字，而且没有任何媒介计划工具来做计划，听起来像是个产生灾难的处方。

——我们只好将来再解决这些问题了。

——对于那些创造网络广告的代理公司，谁来负责服务客户呢？

——是那些刚从学校出来的自信的年轻人吗？

——听起来用"毫无经验"来形容更准确一些。

——他们将从客户的小小的花费中学习受益。

——你怎么知道广告主会对这个新媒体有信心？

——他们用不着对这个有信心。大多数广告将按实际表现来收费，比如按照看到广告的人数或者点击广告的人数。

——听起来诱人，但如果太多的网站想卖广告，而广告费用又没有那么多怎么办？

——那么大量的网站将会灭绝，而剩下的将足够使这个行业最终走向繁荣。

——杂志和报纸会怎么看这个新媒体？

——他们肯定会对它抱有敌意。他们会说它没效果。当它增长缓慢时，他们会过度反应，在潜在的网络广告主中造成更多的恐慌。

——那么网络广告行业如何应对呢?
——会找出解决的办法来的。

1.4 网络广告的分类

网络广告目前还没有统一的分类形式，不同的学者和机构制定了不同的分类标准。本书借鉴权威咨询机构艾瑞（iResearch）的统计分类，根据网络广告的不同表现形式，将网络广告分为品牌网络广告和搜索引擎广告两大类。其中，品牌网络广告包括品牌图形广告（网幅广告和相关形式）、文本链接广告、分类广告、富媒体广告、电子邮件广告和其他形式的广告；搜索引擎广告包括网站登录/固定排名广告、竞价排名广告和地址栏搜索广告等广告形式。

1.4.1 品牌网络广告

1. 网幅广告和相关形式（Banner、Icon、Button 等）

网幅广告也称旗帜广告或横幅广告，是网上最常见的广告形式，它以 GIF、JPG、Flash 等格式建立图像文件（用 Java 等语言还可使其产生交互性），定位在网页中大多用来表现品牌的广告内容，因此也称为品牌图形广告。网幅广告经常出现于页面上方的首要位置或底部中央，多用来作为提示性广告（显示一句话或一个标题），浏览者可点击进入以了解更多信息。一般来说，位于网站顶部的网幅广告由于占据了网站最显眼的位置，相当于报眼，广告效果较好，因此收费也最高（如图 1-7 中 Windows Vista 的广告）。根据广告播放时间的不同，这种广告还分为轮换式和买断式两种，轮换式是指在网页的同一位置上轮流、顶序、动态地播放几家公司的广告；买断式是指在某段时间内，在网页的某一位置上始终播放同一公司的广告。相比之下，买断式要比轮换式费用高。

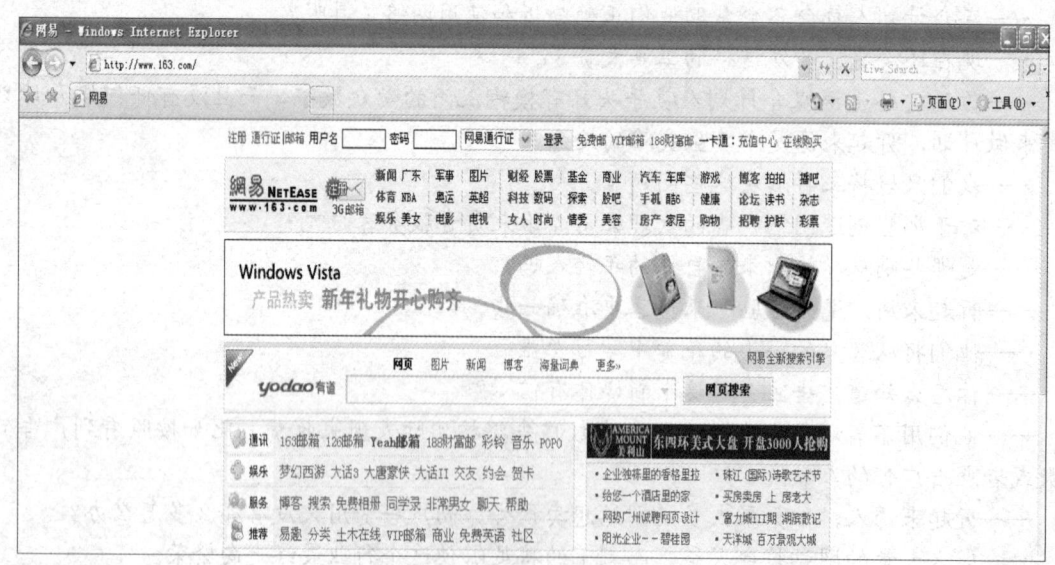

图 1-7 网易主页的网幅广告

作为最早的网络广告形式，网幅广告在网络广告中占有重要地位。但由于其他新兴网络广告形式的不断出现，仅仅依靠图片和文字的网幅广告显得有些呆板。因此，技术人员对其进行了不断的完善，主要表现为两大方面的趋势：画面的动感和互动性越来越强，尺寸越来越大。

在动感和互动性方面，网幅广告经历了静态、动态和交互式三种发展形式。静态的网幅广告是在网页上显示固定的图片，是网络广告早期最常用的方式。它的优点是制作简单，并且被所有的网站接受，缺点也非常明显，即过于单调和枯燥，不容易引起浏览者的注意。因此，它的使用正在逐年减少。动态网幅广告要活泼得多（如图 1-8 中的"凤凰城美寓"广告），它是会移动或闪烁的图片和动画，通常采用 GIF89 的格式，由 2～20 帧画面组成。通过不同画面的闪烁，它可以吸引浏览者的注意力并传递更多信息，加深浏览者的印象。因此，它们的点击率普遍要比静态的高。而且，这种广告的制作技术并不复杂，尺寸也较小，通常在 15KB 以下，所以它是目前最主要的网络广告形式。交互式广告在动态网幅广告的基础上更进了一步，它的形式更加多姿多彩，比如信息导航、填写表格、游戏等功能，浏览者可以直接通过广告页面选择想看的详细内容，也可以提交问题，甚至玩游戏。这比单纯的图片和广告语更具有吸引力。并且，这种广告的尺寸小、兼容性好，连接速率低的用户和使用低版本浏览器的用户也能看到。因此，互动式网幅广告的点击率是三者中最高的，生命力最旺盛。

图 1-8　广州房地产门户主页的网幅广告

在网幅广告的尺寸方面，呈现出逐渐增大的趋势。根据 1997 年 IAB 的意见，传统的网幅广告尺寸主要有以下几种（如图 1-9 所示）：

- 全尺寸 Banner：468×60（或 80）像素；
- 全尺寸带导航条 Banner：392×72 像素；
- 半尺寸 Banner：234×60 像素；
- 垂直 Banner：120×240 像素；
- 方形按钮：125×125 像素；

- 按钮（#1）：120×90 像素；
- 按钮（#2）：120×60 像素；
- 小按钮：88×31 像素。

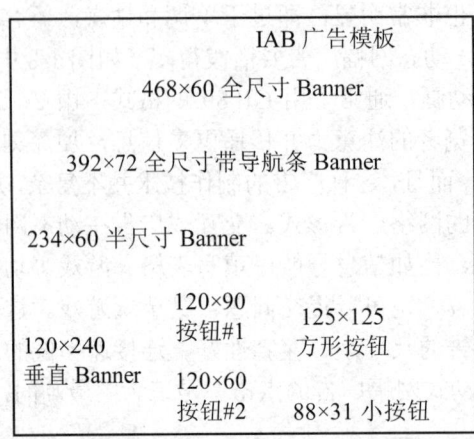

图 1-9　IAB 广告模板

文件大小一般不超过 20KB。最后 4 种形式也称为按钮广告（Button）或图标广告（Icon），是网幅广告中最小的一种，一般表现为不同的图形。由于尺寸偏小，所以它的表现手法较简单，多用作纯提示性广告，只显示一个标志性图案（如商标），没有标语也没有正文，吸引力较差。为了提高点击率，按钮广告稍加改良便成为了另一种更具吸引力的广告形式——游动浮标。游动浮标的大小与按钮广告相似，但位置不固定，它在整个页面上随机游动，非常吸引用户的视线。但这种类型的广告对浏览者干扰较大，且每个页面一般只能放置一个，因此目前大型网站已经较少使用，只在一些中小网站仍能见到。传统尺寸的网幅广告由于体积较小，限制了广告的创意空间，因此，各大网站纷纷开发新技术，试图将网幅变得更大。

2001 年 2 月初，美国的 CNET 在网站上首先开始大规模使用巨幅网络广告（Large Rectangle Ad）（也称"摩天大楼广告"或"疯狂广告"），其广告幅面可以到达 300×300 像素甚至更大，广告尺寸是传统网幅广告的 3～4 倍，并且带有动画效果。由于占用了较大的网页空间面积，这种广告篇幅较大，信息蕴涵量丰富，并且受干扰度低，信息传达面广，因此广告记忆度明显，视觉冲击范围较大，非常引人注目。巨型广告一般出现在产品新闻或者热点内容的页面，与新闻或信息紧密结合，使得访客在浏览自己感兴趣的内容的过程中去体会广告的含义，接受广告的信息。目前来看，巨幅广告的点击率高于业内平均点击率 0.2%。因此，国内的网易、新浪、搜狐等网站纷纷行动，设计推出了适合各自媒体形式的大尺寸网络广告。更有甚者，在某些网站上甚至出现了全屏式广告（Full Screen Ads）。当用户打开某些页面后，一个广告以全屏方式出现 3～5 秒，有时是静态的页面，有时是动态的 Flash 效果，然后，逐渐缩成普通的 Banner 尺寸或者完全消失，进入正常阅读页面（如图 1-8 最上方的"保利香雪山地产"广告）。这种广告形式使所有浏览者都能够看到广告信息，但因为闪现时间较短、画面精美，浏览者的反感度较低。

网幅广告的另一个显著变化是垂直式广告（Vertical Banner）的风行。2003 年，各大门户网站纷纷推出了在首页两侧的纵巨幅广告（也称擎天柱广告，Skyscraper Ads）和对联式网幅广告（如图 1-8 两侧对称的广告图片），这些广告形式一经推出就受到了信奉首页原则的广主的热烈吹捧，其广告价格也扶摇直上。2013～2014 年，汽车行业网络广告投放量 108559 次，最受汽车广告主欢迎的网络广告类型依旧是长横幅大尺寸广告，因该类广告往往最先映入网络访客眼帘，动感性和吸引力更强，表现突出而倍受来访者关注。这显示了网幅广告在现阶段仍然是企业进行产品和形象宣传的重要网络广告形式。[①]

2. 文本链接广告（Text-link Ads）

文本链接广告是以一行文字作为一个广告，点击可以进入相应的广告页面。这是一种收费较低，对浏览者干扰最少，却较为有效的网络广告形式。

2002 年 10 月 28 日，一家宣言不刊登任何网幅广告、弹出式广告、视频广告等广告形式（No banner，No pop-ups，No kidding）的门户网站"My way.com"诞生。在"我们的使命"中，网站这样写道："互联网曾经被誉为信息超级高速公路。但现在，在高峰时段，它充其量只不过是高速公路：速度变慢并且充满了许多需要人们小心应付的预料之外的障碍。"这形象地表达了人们对于网站强塞给人们的各式广告的厌恶之情。而 My way.com 取而代之的就是文本链接式广告和关键字广告。这种方式的好处在于迎合了很大一部分用户的心理，对该网站产生好感，这也是该网站推销上的一个点睛之笔。虽然放弃了可以带来丰厚回报的"弹出式广告"等传统广告形式，但率先倡导这一文字式的广告形式获得的印象分是无法用金钱衡量的。

文本链接广告不同于网幅广告采用图形、图像加强广告效果，它是采用文字超级链接的形式，固定的文字链接固定的网页。当鼠标移到建立了超级链接的文字上面时会发生变化，一般是变成手形，在默认状态下，对它访问前、访问过程中和访问后，文字的颜色都会发生变化，以便有所标识。文本链接广告的尺寸视文字的大小和多少而定。

图 1-10 为搜狐网首页，有下划线的文字都是文本链接广告。可以看到，文本链接广告的安排非常灵活，可以出现在页面的任何位置，可以竖排也可以横排，每一行就是一个广告，点击每一行都可以进入相应的广告页面。

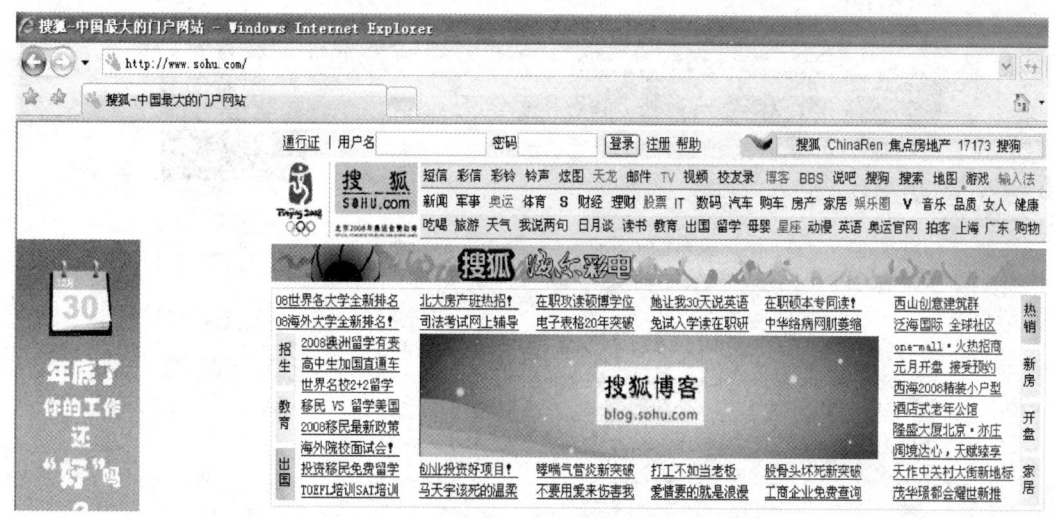

图 1-10　SOHU 首页的文本链接广告

[①] 2013～2014 中国汽车业广告投放：数字化突围．http://www.chinamedia360.com/newspage/102311/3CF25B5920DA20D8.html．

文本链接广告是一种对浏览者干扰最少，但却最有效果的网络广告形式。整个网络广告界一直在寻找新的宽带广告形式，而有时候，需要最小带宽、最简单的广告形式的效果却最好。

3. 网上分类广告（Classified Ads）

网上分类广告类似于报纸中的分类广告，是将不同广告客户的各种需求分门别类，归入不同的小栏目，在同一标题下进行有规则的排列，以方便浏览者查找的网络广告形式。通常可见的分类广告栏目有租让、出售、招商、家政、搬迁、招聘、征友、求偶、小商品出售等与老百姓日常生活紧密相关的小规模商业信息。这种广告形式篇幅短小、制作简便、传播迅速、价格低廉，比较适合个人或小企业、小团体使用。网上分类广告还具有数据库的一些功能，能够按要求迅速进行检索、显示，并能自动更新或转发到用户指定的邮箱，为人们查找信息提供了方便快捷的服务。

2001年6月18日，全球最大中文网站新浪网正式推出网上分类广告，涉及二十余个行业类别，包括：IT、通信、家电、汽车、招聘求职、旅游、房地产、票务、餐饮、美容美发、征友婚嫁、生活服务、建材家居、医疗保健、招生培训、留学出国、娱乐健身休闲、育婴幼儿、金融服务、商务服务等，每个行业类别又有若干栏目细分，内容丰富、分类科学，在便于浏览者查询的同时也可以有效满足各行各业广告主的广告营销要求。电子商务垂直购物网站也属于网上分类广告的一个形式。中国最大的个人网上交易社区"淘宝网"（www.taobao.com）通过商品目录的形式将成千上万种商品分为15大类两百多小类几千种细类，如图1-11所示。这样大到房产汽车，小到玩具香水，通过其分类目录和搜索功能，消费者都可以很容易地找到所需的商品。

图1-11 淘宝网的商品分类广告

网上分类广告的出现使网络广告在中国的发展进入一个新阶段。由于单条的广告价格十分便宜，它很快引起了中小企业的关注并受到他们的追捧。那些无力支付高额广告费用的中小广告主终于找到了在网络上发布广告信息的平台。据数据统计，目前互联网在现在的领域分类市场还是很小的，还没到真正发展起来的阶段。如果说从整个分类广告这个市场来看，中国是一个非常大的产业，我们知道每一份报纸，包括《北京晚报》《精品购物指南》，每年在分类上面的收入都能够过亿。中国整个分类广告市场应该是一个 300~500 亿产值的市场。58 同城 CEO 姚劲波认为，分类信息市场具有广阔的发展前景，分类广告正在向互联网迁移，但随着竞争的不断深入，未来分类信息市场只会存在一两家企业。①

分类广告被认为是今后网络广告的主要业务增长点之一。

网上分类信息与传统媒体的分类信息相比，具有容量大、费用低廉、形式丰富等多种优势，但最主要的优势是：它可以满足人们对广告信息的主动需求。首先，通过网络的搜索和超链接功能，用户可以方便地寻找到自己所需的那部分信息。另外，用户可以通过互联网方便快捷地自主发布信息，其他用户可以根据自身情况和该用户取得联系，并讨论细节。通过这一形式，网上分类广告将网络的互动优势发挥得淋漓尽致。网络跨地域的特点也使得信息发布的时间、空间得到了最大程度的扩展，通过开展地区和城市频道的方式保证了分类信息寻找到最有效的覆盖范围。并且，现在有些分类广告服务仍然是免费的，对于许多中小企业来说，充分利用网上的免费资源，无疑是有吸引力的。有不少企业在建立自己的网站之前，利用在网上查询或发布供求信息的方式来开展初步的网络营销活动，已经建立网站的企业则利用分类广告的方式进行网站或产品推广。

分类广告常见的发布途径包括：专业的分类广告服务网站、综合性网站开设的相关频道和栏目、网上企业黄页、部分行业网站和 B2B 网站的信息发布区、网上跳蚤市场、部分网络市场的广告发布区等。一般来说，专业性的分类网站通常功能比较完善，分类页比较全面，用户很容易在适合自己产品的类别中发布广告，同样，用户查找信息页比较方便，从而保证了分类广告信息的效果。综合性网站的分类广告栏目可以从众多的网站访问者中吸引一部分人的注意，行业网站和 B2B 综合网站则容易直接引起买卖双方的关注，广告效果略胜一筹。

4. 富媒体广告（Rich Media Ads）

富媒体广告是目前网络上应用的一个高频宽带技术，它使用浏览器插件或其他脚本语言、Java 语言等编写动画、声音、视频或交互性的广告信息，具有复杂的视觉效果和强大的交互功能。

从技术上看，富媒体广告的主要类别有：①利用一些矢量技术为基础制作的广告，如 Flash、VRML、Hotmedia、Onflow 等；②利用编程为基础技术，运用一些程序语言实现或者控制的广告形式，如 JavaScript、HTML、CGI、DHTML、Java 小程序；③利用一些流媒体技术制作的广告，客户端观看流媒体可以采用两种形式：插件和 Java，如 RealPlayer、WMP、QuickTime 等；④富媒体邮件广告，有网页正文式和附件式两种形式；⑤其他类型，如微型站点、插播广告、鼠标指针广告等。富媒体广告依靠网络及无线程序（例如电子邮件、旗帜广告、按钮广告、插播广告）进行传播，通过其丰富的表现形式，可以让网站、网络广告及电子邮件表现出特殊效果，给浏览者留下深刻的印象。

---

① 58 同城姚劲波：分类市场只会剩下一二家网站．http://www.net.cn/zixun/c_27_48_1377908.html．

下面举例介绍几种常见的富媒体广告形式。

（1）声音广告。2001年7月1日下午4:00，因特网上第一个自动声音广告正式亮相。只要登上新浪、搜狐、网易、人民网、中华网、FM365、TOM.com、中国网、光明网、千龙网等10家网站，网民就会听到"热烈庆祝中国共产党成立80周年"的声音。这是上述网站联合推出的"热烈庆祝中国共产党成立80周年"的公益广告。与传统的网络广告形式不同，这一公益广告首次采用网络自动声音广告的全新方式播出，只要一打开网页，广告就会自动播放。

（2）三维广告。这种广告是2001年网易与ViewPoint公司合作，利用ViewPoint的全媒体技术推出的具有3D效果的互动广告，如图1-12所示。

图1-12　"后座请系安全带"3D广告

（3）游戏广告（Interactive Games）。游戏广告是利用互动游戏技术将嵌入其中的广告信息传达给受众的广告形式。比较许多网站提供免费游戏或将横幅广告张贴在游戏四周来吸引人的做法，游戏广告直接把品牌信息融合在游戏环境当中，产生了更强的广告效果。游戏广告利用人们对游戏的天生爱好心理，以游戏为载体进行广告宣传，并借此来吸引消费者。而广告游戏特有的互动性又使它成为名副其实的个性化媒体，很容易迎合新时代消费者的需求和口味。

最重要的是，游戏广告还具有特别的"黏性"，使消费者很容易对游戏上瘾。消费者为了提高游戏技能而不停地重复玩游戏，大大减少了消费者对广告缺乏耐心和关注的问题。

相对于其他网络广告强迫观看的宣传模式，游戏广告的娱乐性使它可以引起消费者的自发关注和参与，并且极少产生抵触和反感情绪，从而达到理想的广告传播效果。例如，在极品飞车游戏中，当游戏者驾驶着20部顶级赛车在夜幕的城市街道狂飙时，并不会意识到宝马、兰博基尼、本田、日产、道奇、福特和丰田等20个赛车的厂商都付出了大笔的广告费才能让自己公司的汽车进入该款游戏，从而使广告受众在紧张刺激的游戏过程中无形地接受了广告信息，如图1-13所示。

图 1-13　网络游戏"极品飞车"截图

（4）Flash 广告。Flash 动画为网站的产品展示搭建了一个新的平台，这个平台相对于平面产品展示来说更加吸引消费者的注意力。但是这种产品展示的方法对网站建设者的技术水平要求比较高，需要有专门的动画制作部门或者请其他公司制作。如图 1-14 所示是 LG 公司的一组 Flash 广告。

图 1-14　LG 手机 Flash 广告截屏

（5）视频广告（On-line Video Ads）。网络视频广告的 iCast 播放器是富媒体广告的一种形式。打开一些网站时，经常可以看到一个设计精巧的播放器画面，这就是 iCast 播放器。它拥有播放停止、重播、下载、转发等多种功能，支持多种互动形式，是目前极受推崇的一种网络广告形式，也是富媒体广告的一个代表，如图 1-15 右下角的"福特"汽车广告所示。

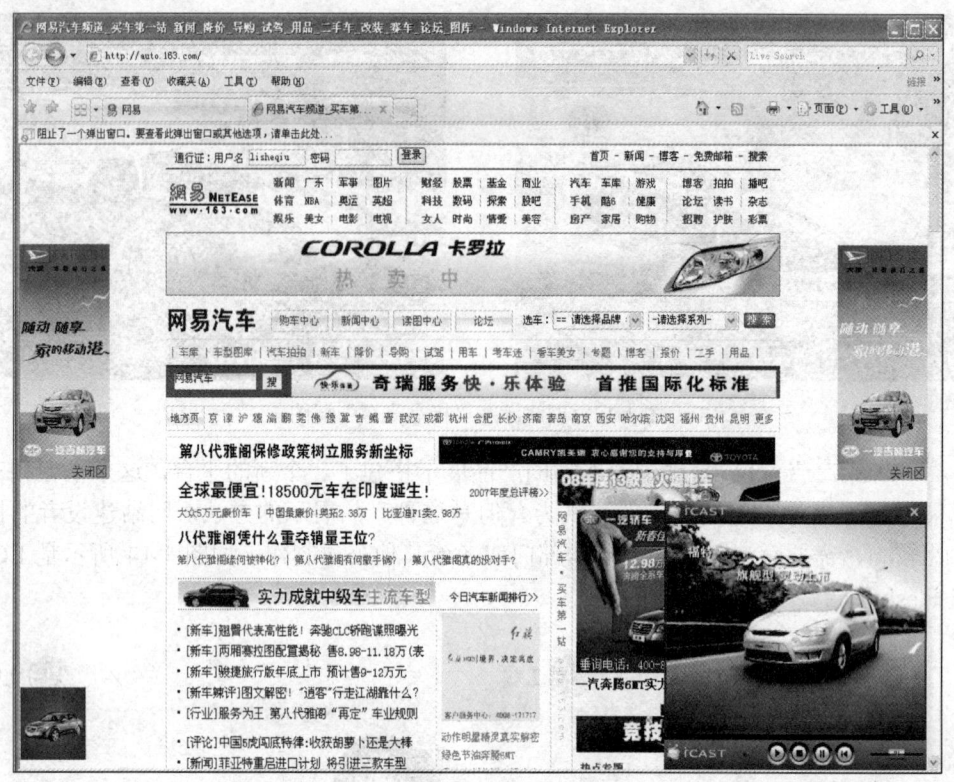

图 1-15　网易汽车频道的 icast 广告

　　随着宽带的日益普及，富媒体广告的广泛应用使得网络媒体的元素日渐丰富，其表现力和冲击力给网络广告带来新的动力。富媒体广告具有和以往的网络广告截然不同的崭新特点：它是动态的，富有很强的表现力；它交互性强，迎合了受众的浏览特点，容易吸引受众注意，不易使其产生反感情绪。有研究表明，富媒体广告的表现力会越来越接近电视广告，在媒体受众中的影响力会逐步提升，它作为传统电视广告的一种延伸形式，在品牌企业中的使用将逐步增加，推动网络营销更具感染力。富媒体广告可以将企业的电视广告延伸到网络平台，带来电视广告一样的高曝光效果。同时可以让部分消费者产生点击广告的欲望，通过点击行为获取更多信息，提升营销效果。企业主对于网络广告的传统印象也将由此发生变化，以往品牌营销传播的途径将逐渐由电视媒体向网络媒体转变。同时，富媒体广告运用目标锁定技术，通过新互动领先的用户行为分析技术精确获得消费需求，保证广告准确送达到真正感兴趣的消费者面前。根据 2014 年 9 月 Adform 发布的数据，富媒体广告光鲜的外表更能吸引消费者。根据 2014 年上半年的研究，相比于横幅广告，全球富媒体广告有更高的点击率（CTRs）和参与率。通过观察自己的平台，Adform 发现标准横幅广告的点击率是 0.12%，而富媒体广告点击率则在 0.44%～267%。研究注意到富媒体横幅广告点击率更高，这主要是因为其冲击力强、位置优越、尺寸大，这意味着用户不会错过这些广告。但是，点击率不代表全部，特别是在测量移动战略的时候。在参与度方面，富媒体也更胜一筹，达到 16.85%，相比之下，标准横幅广告参与度是 2.14%，移动广告参与度是 1.62%。富媒体横幅广告在屏幕印象方面也比其他广告形式高，达到 66.0%。富媒体视频广告比常规视频广告播放时间更长，主要是因为用户需要点击富媒体视频广告才能播放视频。

富媒体市场是一个年轻的市场，产品服务和运营模式尚需完善。随着搜索引擎、Web 2.0 等方式的出现，富媒体广告的创意理念如何更好地结合新技术或者如何更好地同新网站合作，将是富媒体广告遇到的挑战之一。另外，富媒体广告与视频的整合，向其他媒体平台的蔓延，与游戏、无线、电子杂志等领域的合作，将成为富媒体的发展趋势。

5. 电子邮件广告（E-mail Ads）

电子邮件广告主要是指商家通过各种渠道搜集大量的 E-mail 地址，利用邮件服务器将其建成邮件用户组，定期向这个邮件组发送广告信息。就目前来看，人们虽然对电子邮件广告众说纷纭，但是许多网络广告商却对此种网络营销方式的前景非常看好。其原因就在于，这种广告方式相对于传统广告和其他网络广告有着很大的优越性，它针对性强，传播面广，信息量大，节约资源，并且广告内容在目前也不受限制。其形式类似于传统的直邮广告（DM）在网络时代的变身。

电子邮件广告可以直接发送，通过邮件列表（Mailing List）实现。邮件列表是由对某一主题感兴趣的人组成，加入该列表的人可以收到任何通过该列表发布的信件，也可以给该列表的其他成员同时发送信息。当用户访问相应网站后，可以根据自身爱好选择订阅相应广告，这一过程也称为"定制"。网站通过网络将邮件发送到订阅用户的邮箱，使网络中的"过客"发展为长期的"熟客"。"定制"即针对具体某一个人发送特定的广告，这是电子邮件广告的最大优势，为其他任何网上广告方式所不及。

电子邮件广告也可以通过搭载的形式发送，比如通过用户订阅的电子刊物、新闻邮件和免费软件以及软件升级等其他资料一起附带发送，如图 1-16 所示。也有的网站使用注册会员制，收集忠实读者（网上浏览者）群，将客户广告连同网站提供的每日更新的信息一起，准确地送到该网站注册会员的电子信箱中。这种形式的邮件广告容易被人们接受，具有直接的宣传效应。譬如当你成功向雅虎网站申请一个免费信箱时，在你的信箱里除了一封确认信外，还有一封就是雅虎自己的电子邮件广告。另外，如果一份电子刊物的订户量很大，且订户成分单一，广告主可以购买这个邮件组的广告，随电子刊物发送广告信息到目标消费者那里。电子邮件可以是文本格式，也可以是 HTML（网页）格式，用户也可以点击邮件中的关键字、图标进入其他广告页面。电子邮件被认为是互联网上最便宜和最有效率的宣传方法。

任何媒体都不可能达到 100%的阅读率，但是电子邮件广告比其他媒体有着显著的优势。由于针对性比其他网络广告形式强得多，电子邮件广告引起的关注度相对较高。据统计，网幅广告的平均点击率不到 1%，而电子邮件广告的点击率为 42%，相差悬殊。所以，许多广告主倾向于采用这种直接而方便的广告形式。随着电子邮件的使用越来越普及，电子邮件广告现在已成为使用最广的网络广告形式。但值得注意的是，那些未经同意发送的垃圾广告邮件很容易引起用户的反感。不请自来的邮件广告被称作 SPAM（Stupid People's Advertising Method）或垃圾邮件，这是网上最烦人、最棘手的问题。由于已被商家列入其客户电子邮件列表中，一旦接收到第一封广告邮件，就会接二连三地不断受到相关广告邮件的骚扰。不仅如此，一些电子邮件广告还被用作病毒的载体，给浏览者的电脑系统造成严重的影响。这些垃圾广告占据使用者的信箱、网络资源，浪费下载时间，很容易遭到人们的普遍反感和抵触，所以人们常常选择不打开邮件而直接将其删除。这不仅使得企业广告资源白白浪费，还严重影响了企业形象和宣传效果。所以广告主在使用电子邮件广告时，要注意趋利避害，在真正了解客户需求的基础上适时适量地发送电子邮件广告，提高广告效果。

图1-16　电子邮件广告

为了杜绝电子邮件广告滥发滥放的问题，一些互联网专家提出了采用电子邮票的建议：如果发送者必须每发送一封邮件就要支付1美分（电子邮票），那么垃圾邮件和兜售邮件愈演愈烈的趋势将会得到根除。但对电子邮票的相关讨论目前还处于理论阶段，由于这可能会增加电子邮件的投递费用，广告主和广大网民都不支持。能否找到根治"垃圾邮件"的途径以及如何保证邮件的安全性已经成为未来电子邮件广告健康发展的两个重要问题。

6. 插播式/弹出式广告（Interstitial Ads/Pop-up Ads）

插播式广告的英文名称叫 Interstitial Ads，不同机构对其定义有一定的差别。中国互联网络信息中心（www.cnnic.cn）关于网站流量术语的解释中，将 Interstitial 定义为"空隙页面"。"空隙页面是一个在访问者和网站间内容正常递送之中插入的页面。空隙页面被递送给访问者，但实际上并没有被访问者明确请求过。"插播式广告出现过程是这样的：当一个用户点击网页上的一个链接，首先出现的是一个广告页面，而不是他所请求的那个页面，在一定的时间后（通常为5～10秒），用户请求的页面才会出现（也有一些广告允许用户在广告页面显示的过程中继续点击自己期望的页面，加速广告结束）。在这个广告页面上，将会出现广告主的有关信息，如果广告内容有足够的吸引力，很有可能将用户引到它的网站上去，从而达到广告的预期目的。

弹出式广告（Pop-up Windows）是在一个网页下载的过程中，在一个新开的小浏览窗口出现的广告，广告格式可以是任何 Web 标准，如 HTML、GIF、JPEG、Flash 等。它在网页被登录时瞬间弹出，凭借视觉冲击效果加强受众的视觉记忆，一般是一个只有边框的小窗口，可以通过拖动边框来改变窗口大小。窗口中的广告内容往往是被访问网站临时发布的一些信息或者视频广告短片。目前各大网站机构对插播式广告和弹出式广告的理解有一定的差别，但一般认为"弹出式广告"是"插播式广告"中的一个类别，有时也常将 Interstitial/Pop-up Ads 统称为"插播式广告"，如图 1-17 中"源自莲花，性情轿跑"的广告。

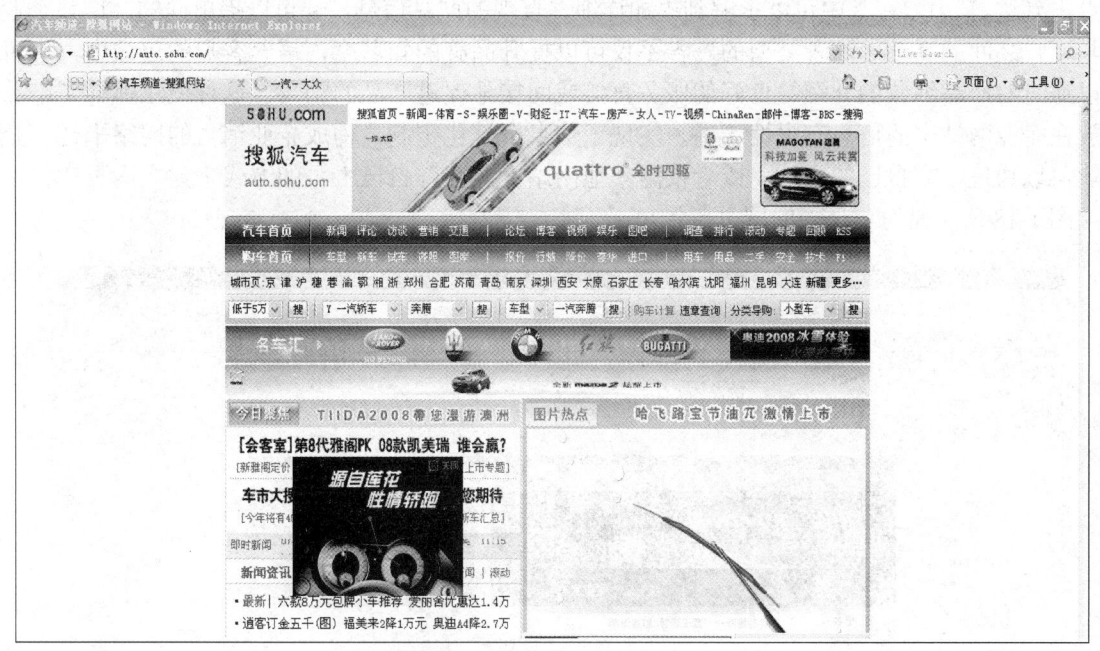

图 1-17　搜狐汽车频道的弹出式广告

它们有点类似电视广告，都是打断正常节目的播放，强迫观看。插播式广告有各种尺寸，有全屏的也有小窗口的，而且互动程度也不同，从静态的到全部动态的都有。浏览者可以通过关闭窗口不看广告（电视广告是无法做到的），但是它们的出现没有任何征兆。广告主很喜欢这种广告形式，因为它们肯定会被浏览者看到。只要网络带宽足够，广告主完全可以使用全屏动画的插播式广告。这样屏幕上就没有什么能与广告主的信息"竞争"了。但是弹出式广告的不请自来往往引起广大网民的反感，此外有大量黑客利用泛滥的弹出式广告作为传播病毒的途径更使弹出式广告备受网民诟病。因此，网络上对弹出式广告的讨伐之声自它诞生之日起便一直不绝于耳。正如 Jupiter Media Metrix 公司研究发现："弹出式广告是以损失品牌亲和力的代价来建立品牌意识的"。因此，为了吸引并保持更多的网民流量，一些主流的网站和网络公司不惜牺牲弹出式广告的巨大利润，开始屏蔽和封锁弹出式广告。MSN 在 2003 年 1 月底向美国用户发布了 MSN 服务新工具条——MSN Toolbar 的测试版，该工具条具有拦截弹出式广告的 Pop-Up Blocker 功能。2004 年上半年微软发布的"Windows XP 服务包 2"为 IE 浏览器增加了一项封锁弹出式广告的功能。Google、雅虎、搜狐、新浪等大型网站已经全面封杀弹出式广告。一些仍在使用弹出式广告的网站为了尽量减少网民的不满情绪，已经减小了广告尺寸，使它只有 1/8 屏幕的大小，这样可以不影响正常的浏览。或者，只有当浏览者的屏幕处于空闲状态时才播放广告，比如在浏览者下载软件的过程中出现广告信息，这样既不会打断浏览者的浏览，避免引起他们的反感，还有可能给他们在无聊的等待过程中带来一点消遣。整体来说，弹出式广告的发展前途不容乐观。

7. 其他形式的品牌网络广告

（1）网页广告（Web Page Ads）。"网页广告就是通过整个网页的广告设计传达广告内容。企业的网页广告一般放在自己的主页上，在其他网站媒体上通过购买链接广告的形式让用户点击到达。"用户在其中可以了解到更加详细、直观的产品信息，并可以提出问题，增强企业与用户之间的互动。这种类型的广告不仅可以提升品牌的知名度，培养客户的忠诚度，也可以通过对产品细致的介绍、良好的服务直接或间接地促进产品的销售。这种做法摒弃了产品放在企业网站中的信息有限性传播，实现了信息个性化定制，构成企业销售的网络平台。企业可以通过建立自己的网站，或者依附其他网站资源开辟自己主页的方式来建立网页广告。如图1-18所示是海尔公司的网页广告。

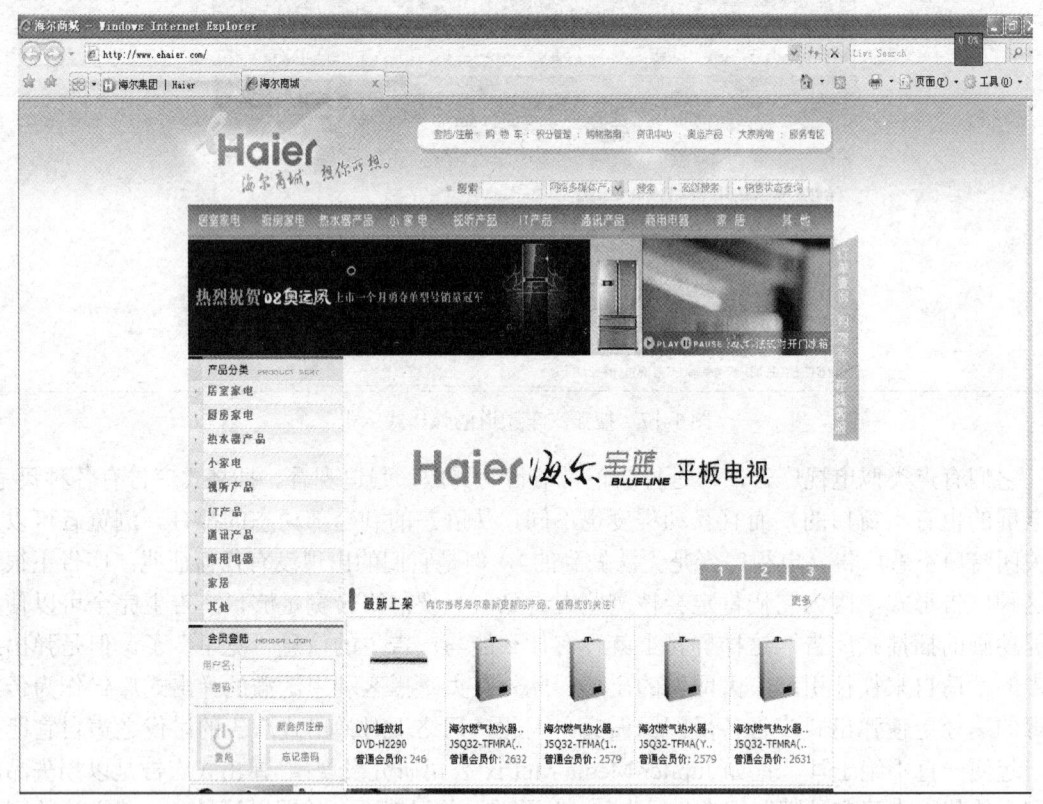

图1-18 海尔的网页广告

（2）赞助式广告。赞助式广告是将赞助商的广告内容同所赞助的栏目或频道信息相结合的网络广告形式。它在传统的网幅广告之外，给予广告主更多的选择。例如，NIKE为新浪体育频道提供赞助，新浪便将体育频道的主页更名为"NIKE新浪竞技风暴"，并配上相应栏目，如图1-19所示。

图1-19 NIKE在新浪竞技风暴的赞助式广告

由于浏览者对他每天浏览的网站往往比较信任，所以在这些网站的信息中夹杂广告主的信息比单纯的广告更有作用。网络广告不一定能吸引广大受众的注意,位于网页最上方的大块版位也不见得是最好的选择,广告内容若能与广告置放点四周的网页资讯紧密结合,效果可能比选择网页上下方的版位更好,此外广告尺寸大小也并非是决定广告效果的标准,尺寸小(例如 120×30、88×31 等)但下载速度快的广告形态,也会受到商业服务或金融业客户的青睐;工具栏形态的广告有如网页中的分隔线,巧妙地安排在网页内容里,虽然空间有限只适于作简单的图像和文字的表达,对预算有限的广告主而言也不失为一种最佳的选择。

(3)在线软件广告。随着互联网的发展,越来越多的在线软件出现在网络上,像 QQ、MSN、迅雷、网络蚂蚁等都有数量巨大的用户。在这些软件的使用和下载过程中插入广告成为网络广告发展的新形式。

使用过 QQ 的用户一定会发现,在聊天的终端窗口右上角会出现一条广告条,而且它会自动轮换播放。在"对方形象"栏中也会出现广告画面,不过播放时间很短,如图 1-20 所示。在下载一些在线软件的过程中,页面会提示浏览者观看广告以获得免费下载的机会,像下载工具 FlashGet、网络蚂蚁等都有类似的情况。这样,软件作者通过加入网络广告来获得收入,而用户通过看广告省下了购买软件的费用,各得其所。因此,下载在线软件与广告的结合,甚至被视为将来软件发行的一个重要渠道。

图 1-20　QQ 软件中的网络广告

随着在线软件广告的发展,人们越来越意识到了它的优越性。一般来说,人们对软件的忠诚度要比对 Web 的忠诚度要高。举例来说,一个 QQ 用户每天看的网页都不相同,但他必然会打开 QQ 进行聊天,这对于他来说是必然的选择。因此,从某种意义上说,在线软件广告有着比 Web 广告更好的前景。

(4)墙纸式广告(Wallpaper Ads)。将所要表现的广告内容体现在墙纸上,并安放在具有墙纸内容的网站上,以供感兴趣的人进行下载并作为个人计算机的墙纸与桌面。比如微软公司和苹果公司都惯用此道,在网上会看到很多它们制作的漂亮墙纸供免费下载。

(5)屏保广告(Screen Protect Ads)。屏保能在计算机空闲时以全屏的方式播放动画,并且能配上声音,可以说屏保是个人计算机上最好的广告载体。许多知名品牌都制作了自己的屏保程序放在网上供用户下载,并且用户也会使用 E-mail 来传递屏保程序。好的屏保可以得到相当广的流传，制作公司可以用很小的投入换来极佳的宣传效果。如图 1-21 所示为 Sony Z5 手机屏保的截图。

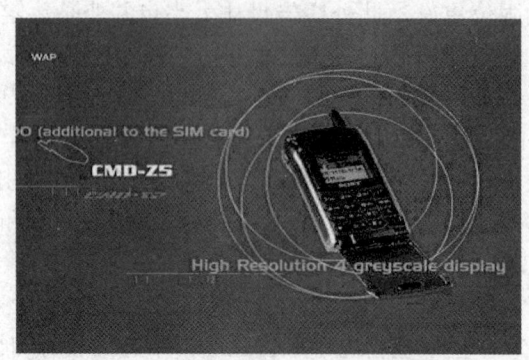

图 1-21　Sony Z5 手机屏保的截图

（6）竞赛和推广式广告（Contests & Promotion Ads）。广告主与网站合作，联合举办他们认为网友会感兴趣的网上竞赛或网上推广活动，获得一定的广告效应。

（7）电子公告牌广告（Bulletin Board System Ads）。BBS 是一种以文本为主的网上讨论组织，其气氛自由、宽松，而且参与者有种公约式的自觉。在这里可以阅读或发布信息与别人交流，同时又可大量强制式地发布纯赢利性的广告，需注意以比较隐蔽的方式，从帮助他人的角度进行有利于自己的传播。国内的 BBS 站，按其性质划分，可以分为两种：一种是商业 BBS 站，如新华龙讯网；另一种是业余 BBS 站，如天堂资讯站。由于使用商业 BBS 站要交纳一笔费用，而商业站所能提供的服务与业余站相比并没有什么优势，所以其用户数量并不多。

（8）Usenet 广告。Usenet 是由众多在线讨论组组成的自成一体的系统，其中一个个的组称为新闻组或讨论组（Newsgroup），各有其明确的主题。加入这些组或自己挑起一个话题都需注意这里的规则，发布的信息尽量短小但能引人注意并带来回应，这样才能达到自己的广告目的。

1.4.2　搜索引擎广告

搜索引擎广告市场是目前中国网络广告市场中增长最快的领域。2006 年，中国搜索引擎用户达到了 1.26 亿人，比 2005 年增长了 29%，比 2002 年时翻了 3.3 倍，预计到 2010 年时搜索引擎用户数将突破 2.5 亿。几个大型搜索引擎公司在市场中处于主导地位，其中百度的市场份额稳居首位。2007 年 12 月 18 日，正望咨询发布的《2007 年第三季度搜索引擎广告主调查报告》结果显示，百度在中国搜索引擎广告市场占有 62.0%的市场份额，而 Google 和雅虎的市场份额分别为 22.7%和 10.8%。

搜索引擎广告也是百度目前最主要的盈利模式。搜索引擎广告主要包括关键字广告、关键字竞价排名广告和网页内容定位广告三种形式。

1. 关键字广告（Key Word Ads）

关键字广告也称为"关键字搜索广告"，是一种文字链接型网络广告，通过对文字进行超级链接，让感兴趣的网民点击进入公司网站、网页或公司其他相关网页，实现广告的目的。

链接的关键字既可以是关键词，也可以是语句。也就是说，每则广告都会提供一些关键字，使用搜索引擎（例如 Baidu、Google 等）搜索这些关键字时，相应的广告就会显示在某些相关网站的页面上，这样通过快捷、灵活、迅速的方式可以使浏览者获得大量相关信息。

这种广告形式在美国十分流行，广告主可以买下著名搜索引擎的流行关键字，在用户输入该关键字进行检索的同时，他们就会被吸引到广告主的网站。例如，在 Yahoo!搜索引擎上输入"烹调"这一关键字，也许就会出现"到 Amazon 去买一本关于烹调的书"这样的字句。

关键词广告主要有以下优缺点：

（1）点击率高。利用关键词广告来进行网站推广是一种有效的方法，不仅操作简单，而且点击率比一般的旗帜广告要高。除了直接的点击之外，由于关键词广告的定位程度较高，还可以获得额外的广告浏览价值。

（2）价格比较低廉。相对于 CPM（千人广告成本）计价方式来说，由于按点击付费（CPC），关键词广告的价格相当低廉，网络广告投放费用大大降低。而且，关键词广告完全可以自行控制，使得网络广告改变了只有大型企业才能问津的状况，成为小型企业可以掌握的网络营销手段。

（3）没有最低限额。与普通网站商要求投放广告每月最低限额不同，直接在搜索引擎上投放关键词广告没有"最低消费"，也不用担心选择的关键词太热会超过财务预算，因为每次点击的费用和每天最高限额都是由自己设定的，而且可以随时改变设置，甚至暂停或取消广告活动。

（4）实时显示。关键词广告几乎是实时完成的，所有的关键词和链接地址都是自行设定的（可以随时修改），因此是一种高效的广告投放方式，虽然这样大大提高了投放广告的效率，但也存在一定的弊端。由于不存在审批和人工控制问题，因此也可能会出现一些潜在的虚假广告甚至恶意广告的问题，一旦出现纠纷，解决过程会有较大的麻烦。

（5）存在一定的不可预测风险。某些搜索引擎可能会出现"网站无法打开"的情况。一旦无法正常访问，不仅广告效果无法保证，已经开通广告服务的企业也无法对自己的广告投放情况进行管理，即使想终止广告也无法操作，这种状况必然会为国内网站带来很大的麻烦。

我们以"汽车"为关键词进行搜索时得到了如图 1-22 所示的百度的搜索页面，在页面的右边有"神州汽车租赁"等一系列的关键词广告。浏览者可以通过这个链接到"神州租车"网站浏览租车信息，获取各种车型的网上预定资讯。这些广告是根据浏览者输入的关键词而变化的，当浏览者输入其他关键词时，文本的内容也会相应地改变。这种广告的好处就是能根据浏览者的喜好提供相应的广告信息，对于这一点，其他的广告形式是很难做到的。

2. 关键字竞价排名广告（Rank by Competitive Ads）

所谓关键字竞价排名广告，是指按照广告主付费的高低来确定广告信息在搜索结果中的位置，即付费最高者广告信息排名最靠前的广告发布方法。它与关键字广告的最大区别在于对搜索后的广告显示内容采取拍卖竞价排名机制，按照竞价情况排列广告顺序。在图 1-22 中，如果采用关键字竞价排名的方式，则越接近页面上端的广告主付出的广告费用越高。这种广告形式充分利用了搜索引擎用户量大的优势，采用 CPC 付费方式使广告针对性加强的同时又价格低廉，深受广告主的喜爱。

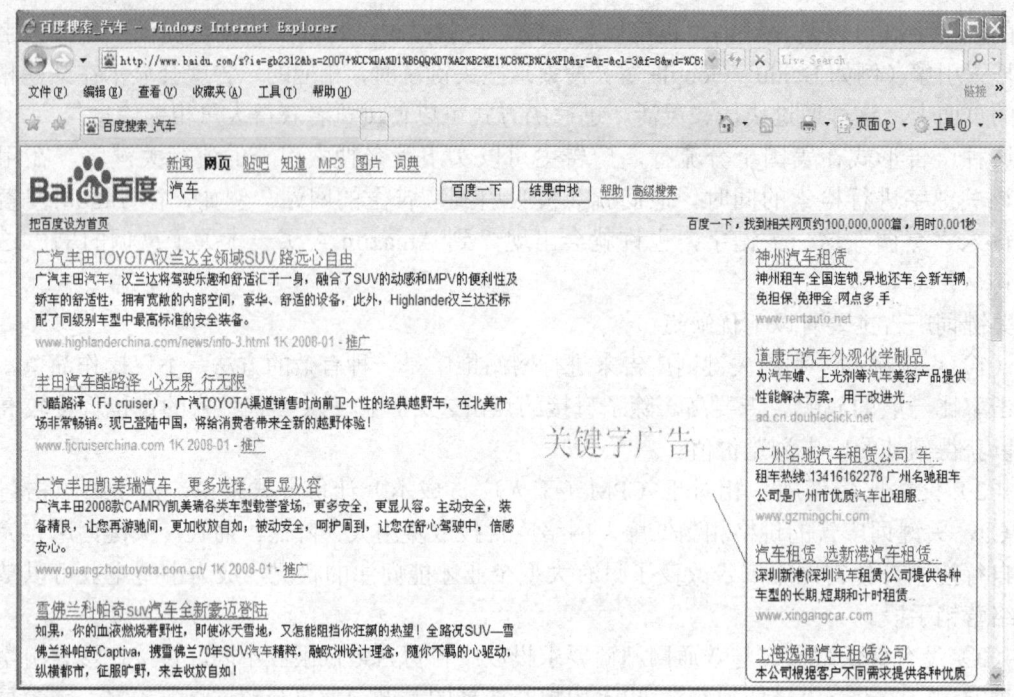

图 1-22　百度关键字广告

搜索引擎关键字竞价的拍卖机制经过了两个阶段的发展。

第一阶段是一般化的首价拍卖机制。1997 年，Overture 发布了一种全新的在线广告销售模式：广告商可以针对具体的关键字发布广告，并对用户每次点击该关键字的广告链接所愿意支付的广告费用进行竞价，相同关键字的广告链接按照竞价价格进行排序，出价越高排名位置越高。然后广告商按照自己的出价为用户的每次点击付费。这种模式下，广告商可以通过提供不同的关键字更为准确地定位目标潜在客户，而不是让广告出现在每一个访问站点的用户眼前。然而这种拍卖机制本身很不完善，竞价者可以根据竞争对手的行为不断调整竞价以获得实质性的优势。这种机制导致了低效的广告投入，也使得拍卖价格和位置非常不稳定。

第二阶段是一般化的第二价格拍卖机制。2002 年，Google 推出了自己的关键字广告竞价排名产品——AdWords，这种产品的拍卖机制解决了上述几个问题。因为 Google 认识到处在位置 i 的广告商只会愿意比处在 i+1 位的广告商多支付搜索引擎规定的最小的竞价增量，而不会愿意支付更多。于是，Google 采用了一种新的拍卖机制，处在位置 i 的广告商为每次点击支付的价格是处在位置 i+1 的广告商的出价加上一个最小的增量。这种机制使得关键字广告的市场更为友好，减少了竞标者对博弈的敏感性。认识到这种一般化的第二价格拍卖机制的优势后，Yahoo！也采用了这种机制。

目前，关键字广告竞价拍卖已经成为各大搜索引擎的主要收入来源，各个搜索引擎和许多门户网站都推出了自己的关键字搜索竞价拍卖产品。国外有 Google Adwords、Yahoo!/Overture、Ask Teoma、Looksmart、Lycos 等。国内主要有百度竞价排名、新浪排名推广、搜狐竞价广告、网易推广服务等。

下面简要介绍 Google Adwords、Yahoo!/Overture、百度竞价排名三个主流的产品，并对其特性进行比较。

（1）Google Adwords。Google 成立于 1998 年，现已发展成为规模最大的搜索引擎。Google 采用独特的网页级别技术，检索数据库超过 30 亿 Web 文件，88 种搜索语言，以其搜索精度高、搜索数量大而受到世界范围内网络用户的喜爱。据统计 Google 每天接受 2 亿次的查询，有超过 76%的搜索者使用 Google（或者 Google 提供的数据）检索他们所需要的产品信息，因此参加 Google 的网站推广成为广告商的首选。Google Adwords 关键词广告显示在 Google 搜索结果右侧及合作伙伴搜索结果页面。广告在页面的位置因点击价格、点进率（CTR）而不断变化，通过合理设置可有效加以控制。其合作伙伴的搜索结果只显示 3 个关键词广告位，广告商无须支付额外费用，只需按照参与 Google 的点击价格照常付费。参与 Google 关键词广告的合作伙伴站点包括 America Online、CompuServe、Netscape、Ask Jeeves、AT&T Worldnet、EarthLink、Excite 等。如图 1-23 所示是 Google Adwords 关键字竞价排名。

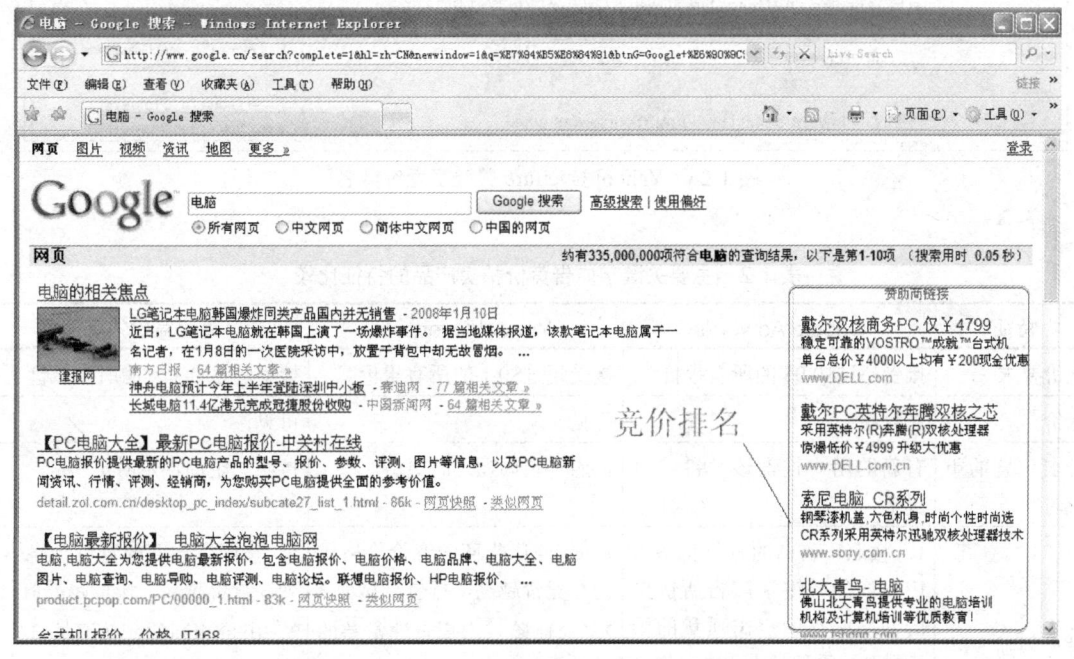

图 1-23　Google Adwords 关键字竞价排名

（2）Yahoo!/Overture 竞价排名。Overture 于 1997 年 9 月成立，是最早的搜索引擎付费结果提供商，为许多著名搜索引擎提供付费搜索结果。并于 2003 年 3 月收购 All The Web，2003 年 4 月又完成对 AltaVista 的收购，从而大大扩充了自己数据库的检索量。2003 年 10 月 7 日，雅虎公司收购 Overture，现在是雅虎的子公司。竞价排名网站排名显示在 Overture 搜索结果的前三位及主要合作站点的首要位置，包括 MSN、Yahoo!、InfoSpace、AltaVista、Lycos/HotBot 等，以"赞助商结果""合作伙伴结果"等字样注明。如图 1-24 所示是 Yahoo!/Overture 关键字竞价排名。

（3）百度竞价排名。百度是全球最大的中文搜索引擎。竞价排名后可以在百度搜索服务平台的几百家网站上出现，包括国内最著名的搜索引擎、门户网站、地方网站、专业网站、各地信息港等各类网站，包括百度、雅虎、网易、21CN、Lycos 中国等。这三个主流产品的特性比较如表 1-2 所示。

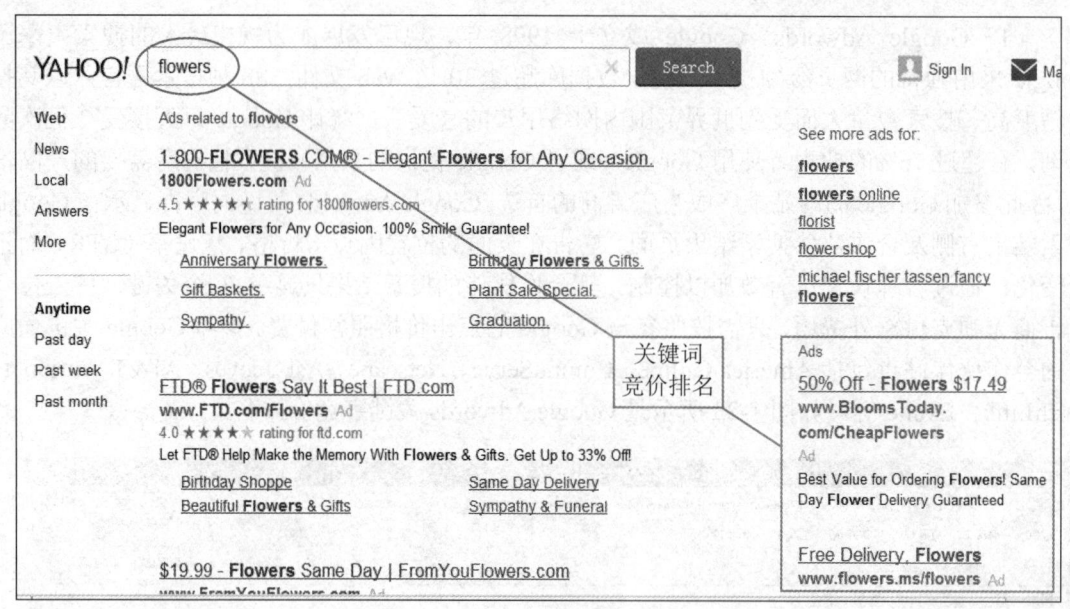

图 1-24　Yahoo!/Overture 关键字竞价排名

表 1-2　主要关键字广告竞价拍卖产品的特征比较

特征	Google Adwords	Yahoo!/Overture	百度竞价排名
竞价要求	接受超过$0.05 的所有报价	接受超过$0.1 的所有报价	接受超过 0.3 元的所有报价
竞价	密封	可见	可见
排名位置的更新时间	有新的用户搜索该关键字时更新	按照一定周期定时更新	按照一定周期定时更新
排名规则	1. 按照广告商的竞价价格与广告商的关键字广告所链接的网站站点的点击质量的乘积排列，乘积越大，排名越高 2. 会删除点击质量非常差的广告商链接	1. 按照广告商的竞价价格排列，竞价越高，排位越靠前 2. 会删除点击质量非常差的广告商链接	1. 按照广告商的竞价价格排列，竞价越高，排位越靠前 2. 出价相同的，按照关键字提交或修改时间排列，时间越早越靠前
拍卖费用	为用户的每次点击付费，账户激活只需 5 美元，不限最低月度消费，不限时间	为用户的每次点击付费，每月最低消费 20 美元	为用户的每次点击付费，最低预付金 1500 元，每年需缴服务费 600 元，每次续费最低 100 元
拍卖机制	第二价格	第二价格	第二价格

资料来源：李俊，在线关键字广告竞价排位的最优竞价策略研究。

3. 网页内容定位广告（Content-Targeted Ads）

基于网页内容定位的网络广告是搜索引擎营销模式的进一步延伸，广告载体不仅仅是搜索引擎的搜索结果网页，也延伸到这种服务的合作伙伴的网页。搜索引擎 Google 于 2003 年 3

月 12 日开始正式推出按内容定位的广告。按照 Google 的说明，这项服务是将通过关键词检索定位的广告显示在 Google 之外的相关网站上。Google 的主要竞争对手 Overture 已经推出了类似的广告形式"按效果付费"服务，可以使赞助商的广告链接出现在许多合作伙伴的网站上。尽管目前国内在网页内容定位的搜索引擎营销还没有进入实用阶段，但从国外搜索引擎的发展趋势来看，这种模式的应用只是时间问题。

1.4.3 新型的网络广告

随着网络广告的不断发展，精确定向投放广告和无线广告成为新趋势，新的广告形式层出不穷。下面介绍几种最新的广告形式。

1. 手机广告（Mobile Telephone Ads）

将因特网平台与移动通信平台有机结合，充分利用因特网信息资源丰富的优势，在计算机终端与移动通信终端之间、移动通信终端与移动通信终端之间有效地实施网络营销。企业可通过手机网络平台进行网络营销，实施发布无线广告和商品促销信息等营销活动；顾客则利用手机网络平台，进行收发 E-mail、上网浏览图像、动画、商品信息和购买商品等。一般可通过短信（SMS）、WAP 上网、PDA 上网等技术手段进行广告营销。

2. 按通话付费广告（Pay-Per-Call）

2007 年 4 月开始，在搜狐教育频道的某些招生广告边上，悄然多了一个"免费接通企业电话"的按钮。点击这个按钮，网页便会弹出一个对话框，只要输入你手边的座机或手机号码，点击"立即呼我"按钮，身边的电话马上就会响起，有专人通过电话提供咨询服务。这是由北京华策视通网络技术公司新近推出的"蚂蚁互动"呼叫广告服务。呼叫广告，也称为按通话付费广告。尽管以网络广告的形式出现，但是在消费者和广告商之间形成直接通话后才收取广告主的费用。广告主每接通一个电话，需要向蚂蚁互动支付 0.3 元/分钟的电话费，以及每通电话的推广费用 7 元。为防止错拨等无效通话，蚂蚁互动规定 45 秒钟以内不纳入计费。这种广告形式可以更加精确、有效地计算广告费用，具有很大的发展潜力。

3. 个性化定制广告（Customized Ads）

个性化定制是基于数据库的网络广告定制体系。简单地说就是追踪网站用户的在线行为，根据用户的行为找出他们的兴趣和习惯，基于用户兴趣和习惯，为用户提供与他们的兴趣习惯相关的广告。

按照不同的网络广告的定制系统，可以分为纵向定制和横向定制两种。纵向定制指的是不管这个网络用户访问哪个网站，不间断地向其提供与其兴趣和习惯相关的广告。例如，有一位网络用户，他常常访问一些财经类网站，关注一些抵押率方面的信息，根据这些信息，可以确定他可能有买房子的打算，而这时抵押公司就利用他的这个兴趣，向他提供一些关于抵押率的广告。在所有他访问的网页上，打出关于抵押率的广告。这样，不管是看天气预报，还是在阅读体育新闻的时候，这位用户都能看这家抵押公司的广告。

横向定制就是根据网络的不同分类，在相同类型的网站打出相关的网络广告。还是以上面提到的那家抵押公司为例，按照网络的分类，一般访问财经相关网站的用户，对抵押业务的兴趣会更大一些，因此，该公司应该更多地在与财经相关的网站做关于其抵押服务的广告。

不管是纵向定制还是横向定制，可以看出个性化定制网络广告的过人之处就在于它的"有的放矢"。针对受众的个性化特点，提供针对性的广告，将是今后网络广告发展的趋势。

4. Widget 广告

2007 年,一种名为 Widget 的网络广告受到了很多受众的欢迎,它既有趣又有用。Widget 是一种可供用户制作和自由下载的工具集合,它包含了娱乐、工作、学习、电子商务等多种实用功能。Widget 由一些外观漂亮的小型多媒体部件组成,毫不张扬地躲在页面边缘。但是,它的功能非常丰富。比如,它可以为你报告新闻、帮你买东西、列出你最喜欢的乐队,还有你最近看的视频。另外,它还是一个殷勤的管家,用户不必亲自去天气预报网站,Widget 会将信息主动带给你。

Widget 不仅可以应用在网页或博客上,还可以在电脑桌面上单独执行,网民无须通过浏览器便可连接到网络,如图 1-25 所示。它把桌面变为一个和互联网实时沟通的浏览器,是一场新的桌面革命。Widget 可以是销售产品和服务的店面橱窗,也可以是粘贴定制广告的电子公告牌。如果用户创建一个演奏其最喜欢歌曲的 Widget,它可能会使浏览该 Widget 的人去亚马逊网站购买该乐队的专辑,用户甚至可以从交易中分一杯羹。兰登书屋就有一个 Widget,用户可在线购买公司最新上架的书。在 Google、雅虎等大型网站的鼎力支持下,Widget 正逐渐成为网络广告的新宠。

图 1-25　迅驰和 Nokia 广告

5. 点睛文中广告(Click Eye)

2007 年 3 月,北京龙拓互动公司正式推出点睛文中广告(Click Eye),它是通过语义匹配系统,实现广告与文字精准匹配的网络广告服务产品。具体做法是:龙拓与众多网站合作,在网站的文章内容页中划出关键词,当用户用鼠标划过这些关键词时,就会浮现出与关键词相匹配的图文广告或富媒体广告等。

点睛的渠道覆盖面是其能在精准广告领域成功崛起的重要保证之一。超过 2000 家网站与龙拓互动合作,其中包括 163、QQ、MSN、中华网等在内的国内前 500 家网站中的近 200 家。

除此之外，点睛还迅速扩军各地地方信息港，将区域性划分更明显的众多地方性新闻网站和地方信息港纳入旗下，使点睛广告媒体联盟更完善，地域性优势更加凸现，行业也更加细分。

通过对广告信息的精确匹配和对信息投放的精确控制，来实现用户与客户的有效沟通，并根据用户不同年龄层、不同消费能力进行差别投放，这就是龙拓互动的卖点——精准广告。凭借全新的广告模式，龙拓互动得以将这一广告载体和许多重量级的广告客户拴在一起。公开资料显示，点睛推出仅仅 3 个月时，其媒体联盟每日流量已超过了 5 亿次。一直都是传统电视广告投放大户的耐克、宝马、中国移动、民生银行等厂商，也已陆续利用点睛文中广告进行推广。

目前点睛正在着手突破文中关键词的限制，对文章内容等宏观信息进行智能识别，从而实现"意义匹配"，达到更为精准的营销目的。

6. 微信朋友圈广告

借助微信，企业或品牌可以为用户提供更丰富、多元的信息和服务，制定更明确的营销策略。微信已不仅仅具有即时通讯属性，其平台化的商业价值更大。它传播及时、便捷且跨平台；用户资源稳定、流量低、成本低。广告价值空间巨大。

继游戏、电商之后，微信朋友圈开始测试信息流广告。它以展示广告为主，同时将社交和互动结合，是一种新的广告形式。朋友圈广告将会通过微信广告系统进行投放、管理，广告本身内容将基于微信公众账号生态体系，以类似朋友的原创内容进行展现，在基于微信用户画像进行定向的同时，通过实时社交混排算法，依托关系链进行互动传播。

信息流广告是一种依据社交群体属性对用户喜好和特点进行智能推广的广告形式，顾名思义，其主要展现形式是穿插在信息之中。公开资料显示，信息流广告最早于 2006 年出现在 Facebook 上，目前包括 Facebook、Twitter、新浪微博和今日头条等平台都在使用这种广告形式。

由于采用了 Feed 流广告嵌入，广告推送基于用户年龄、偏好、消费记录等大数据，用户相关度上升，朋友圈一夜变公关，广告二次传播效应明显。其优势有：用户群体庞大、广告推送的到达率非常高、传播内容的丰富化、传播功能的多元化、互动沟通形式有效。

7. 微博广告

微博（Micro Blog），是在 Web 2.0 信息技术发展引发网络革命下的时代产物，用户可以通过 Web、WAP、手机、IM 软件等各种客户端组件个人社区，以 140 字为限定（网易微博限定为 163 字）即时发布信息，表达自己的感想，传递见闻，搭建起一个基于用户关系的信息分享传播平台，其界面如图 1-26 所示。微博因其所具有的即时性、交互性、自由化、去中心化等传播特点以及草根性、小众性等内在特性，成为了现代广告最佳的"叙事"平台，微博广告营销也成为当下社会关注的热点。

随着微博自身影响力的增强以及"全民化"的发展态势，商家们从中寻找到新的商机，微博也成为了一个连接消费者和商家的平台，微博广告逐渐走进了人们的视野。微博广告，即在微博信息中有目的的发布产品和品牌的推广信息，提高品牌知名度和美誉度，从而促进销售。微博广告可以是个人行为、企业行为，也可以聘请专门的广告团队进行打造。根据目前微博广告的发展现状，可以大致将微博广告类型划分为以下几种：微博隐性广告；企业自己开设微博，发布有趣的内容，吸引博友主动转发；利用微博名人资源进行商业营销；通过微博中介平台转发广告微博。

图 1-26 新浪微博用户界面

8. 原生广告

对于原生广告的定义，目前众说纷纭。简而言之，内容风格与页面一致、设计形式镶嵌在页面之中，同时符合用户使用原页面的行为习惯的广告，被称为原生广告。IDEAinside 机构对原生广告的定义：原生广告是从网站和 App 用户体验出发的盈利模式，由广告内容所驱动，将网站与 App 本身的可视化设计进行整合，通过"和谐"的内容呈现品牌信息，维护用户的体验，将有效的信息提供给用户，让从而润物细无声地接受商业信息。IAB（美国互动广告署）总结了原生广告的六种类型：①版块嵌入（in-feed units），例如 Facebook 和 Twiter；②付费搜索（paid search units），例如谷歌和必应；③推送窗口（recommendation widgets），例如 Gravity 的 "what you missed"；④促销栏（promoted lists），例如亚马逊；⑤带有原生色彩的植入广告（with native element units，带有原生态的单元），比如 Martini Media 的 "learn more"；⑥其他种类的如 Flipboard 和 Tumblr（中文名：汤博乐，成立于 2007 年，是目前全球最大的轻博客网站）。

以最新推出的 surface 广告为例，除了传统的弹窗和 banner，surface 原生广告最大特点便是与有道词典双语例句的内容进行了深度结合。用户搜索"性能"一词，有道随即给出内嵌 surface 的双语例句，将其工具性与商业性完美结合，是原生营销概念的经典诠释。

原生广告本质上是要让广告主想传达的信息利用原生的方式传达给消费者，是一个共赢的概念，作为消费者来讲，如果他看到这个内容对他有价值，甚至超出自己期望的时候，就会激发其进一步的行为。有道词典通过预埋例句，让用户在寻找翻译答案的过程中，将品牌植入到相关的双语例句中，悄无声息地消弭了广告的商业性，如图 1-27 所示。

9. Video in 的视频动态广告

2014 年年底，爱奇艺宣布将推出一款名为 Video in 的视频动态广告植入技术，该技术能够在已经拍摄完成或播出中的视频中，再造原生广告情景，实现广告和剧情的融合，植入式广告将不再受影视拍摄周期限制，广告主能够随时将自己的产品放进视频中。2015 年 2 月 5 日，爱奇艺宣布视链升级版 Video out 技术正式投入商用，该技术能够通过智能算法，进行视频内物品快速精准识别，并导向购买的规模化操作。数据显示，Video out 商品广告点击率与传统广告相比提升十余倍。

图 1-27　有道词典内设置的原生广告

不管是 Video in 还是 Video out，都属于技术对于视频营销价值的一次重大革新。Video in 视频动态广告植入技术的推出是对广告植入这一营销形式的一次革命性颠覆。不受影视拍摄周期的限制，广告主可以随时依照需要将自己的产品植入视频中，而 Video out 则真正从技术上实现了"视频内物品所见即所买"的梦想，依托其独特的视频识别算法，Video out 技术让视频内容与购买无缝连接，使得视频不再是单纯的娱乐工具，更成为消费者获得购物信息的重要渠道。

10. APP 广告

移动应用程序广告（以下简称 App 广告），或称 In-App 广告，指将广告主的促销信息或品牌信息投放到智能手机和平板电脑这类移动设备中，属于第三方应用程序上的手机广告方式，是移动广告的子类别。品牌广告主以品牌营销和推广为目的，打造自己的品牌 App，巧妙地植入广告，进行品牌"自营销"。App 正借助自身优势逐渐取代传统的手机浏览器，成为新的移动广告平台。

App 广告的兴起得益于其载体——App 的风行。平板电脑和大屏触摸手机等硬件的普遍使用，Wi-Fi、3G、4G 对流量限制的解放，以及苹果公司 App Store 生态系统带来的全新交互体验促使 App 受众和 App 开发者大幅度增加。对于 App 开发者，需要一种方式将流量变现，而对于品牌企业，广告投放需要随消费者注意力迁移，因此，App 内置广告应运而生。

App 广告具有跨界性的特点。人们出门在外、用其他的媒介接收到广告时，可以利用移动终端设备的便捷性、方便性和广告进行跨界互动。App 广告的跨界性是指不同媒介的广告和 App 广告通过一定的方式组合起来，比如二维码、图片等方式，经过互动交流，共同宣传产品的特性和服务特点。具有跨界性互动交流特点的 APP 广告能够利用媒介自身所拥有的资源优势，与之相互配合，共同制定出完整的营销计划，使广告发挥出最大作用，真正实现对消费者群体及其实际生活的完全覆盖，把跨界合作的最大优势完全发挥出来，使广告实现传播和营销效果的最大化。

小　结

网络广告是基于网络的一种复合型的广告形式，它以互联网为传播媒介。网络广告有广义和狭义之分。从广义上讲，网络广告是一切基于网络技术传播信息的过程与方法。从狭义上讲，网络广告可以从法律层面和技术层面两方面定义。从法律层面看，网络广告是指互联网信息服务提供者通过因特网在网站或网页上以旗帜、按钮、文字链接、电子邮件等形式发布的广告。从技术层面看，网络广告是指以数字代码为载体，采用先进的电子多媒体技术设计制作，通过因特网广泛传播，具有良好的交互功能的广告形式。

网络广告与传统广告相比，具有明显的优点：传播时空广、信息容量大；传播技术先进，形式多样化；具有指向性和互动性；数据便于统计和检索；成本低廉，计费灵活。不过它也存在评估体系不够完善、创意空间受限制和制作技术有待提高等一系列问题，需要在不断发展中找到解决的途径。

网络广告的发展历史只有短短十几年，却经过了初生的快速发展期、世纪初的下降调整期、复苏上升期和高速发展期四个发展阶段。在这期间，网络广告的新形式层出不穷，动感和互动性越来越强。网络广告主要有品牌网络广告和搜索引擎广告两大类，其中品牌网络广告包括网幅广告和相关形式、文本链接广告、网上分类广告、富媒体广告、电子邮件广告、插播式/弹出式广告等广告形式，搜索引擎广告主要包括关键字广告、关键字竞价排名广告和网页内容定位广告三种广告形式。

随着网络广告的不断发展，精确定向投放广告和无线广告成为新趋势，手机广告、按通话付费广告、个性化定制广告、Widget等广告形式正逐渐成为网络广告的新宠。

习　　题

一、多项选择题

1. 网络广告的要素有（　　）。
   A. 广告信息　　　B. 广告受众　　　C. 广告媒体　　　D. 广告主
   E. 广告费用
2. 网络广告的互动性，可以从哪几个方面理解？（　　）
   A. 广告受众与广告信息之间的互动
   B. 广告主和广告受众之间的互动
   C. 广告主与广告信息之间的互动
   D. 互联网广告的互动性是一种不同程度的参与
3. 网络广告目前尚存在哪些缺点？（　　）
   A. 很难对网络广告的效果做出准确的评估
   B. 网络广告数据不便统计
   C. 网络广告界面限制了广告的创意空间
   D. 网络广告的制作技术还需要不断完善
4. 搜索引擎广告主要包括（　　）。
   A. 关键字广告
   B. 关键字竞价排名广告
   C. 富媒体广告
   D. 网页内容定位广告

5. 下列属于网络广告特点的有（　　）。
   A. 网络广告传播时空广，信息容量大
   B. 网络广告传播技术先进，形式多样化
   C. 网络广告成本低廉，计费灵活
   D. 网络广告具有指向性和互动性

二、思考题

1. 关键词广告主要有哪些优点和缺点？
2. 富媒体广告的形式有哪些？
3. 品牌网络广告通常有哪些形式？

第 2 章　网络广告的策划

【本章导读】

本章首先介绍网络广告策划的基本概况，如网络广告策划的特点以及原则；然后讲述网络广告策划的内容与程序，主要内容有：网络广告目标、网络广告对象、网络广告战略策划、网络广告的战术策划。同时，结合《中国互联网络发展状况统计报告》，对网络广告消费者心理研究进行深度剖析。

【本章要点】

- 网络广告策划的特点
- 网络广告策划的原则
- 网络广告策划的内容与程序
- 网络广告消费者心理研究

网络广告的核心环节是网络广告策划，因为对市场调查、信息搜索以及网络广告的制作、发布、预算和评估等环节来说，它们与传统广告并无二致，只不过由于网络媒体的新特点决定了网络广告策划在某些方面有异于传统广告策划。网络广告策划除了要求具备传统广告策划的专业知识外，还必须具备网络技术的相关专业知识。而真正体现网络广告水平的环节也就在网络广告策划上。

2.1　网络广告策划的概述

网络广告策划是对网络广告活动的全面运筹和整体规划，它是网络广告活动的核心环节。网络广告策划的结果是网络广告计划。网络广告是一个系统活动。因此，需要对整个网络广告活动加以协调安排，包括对未来的设计、网络广告投入、地域安排等各个具体环节做到充分考虑。

2.1.1　网络广告策划的特点

网络广告作为一种新型的广告，它和传统广告策划一样也具有事前性、指导性和全局性的特点。

1. 事前性

所谓的事前性是指网络广告策划是在具体网络广告实施之前的"演习"。它对网络广告的各个环节，比如制作、投放、实施等进行的具体的网络广告事前安排，是在整个网络广告活动开始之前，对即将开始具体实施的网络广告的计划、谋略和安排。它的结果就是网络广告方案。一项网络广告成功与否的因素虽然多种多样，但没有良好有效、独特新颖的策略方案是很难吸引顾客的。有效的网络广告策划来自设计者的匠心和事先的种种周密布置以及对信息的充分利用。

2. 全局性

网络广告策划的全局性是指这项工作不仅要直接利用网络广告信息调查时得来的种种有用信息，而且更重要的是要在这些信息的基础上在头脑中或实验室里设计出具体的网络广告，这就要对网络广告的每一环节都进行考虑。网络广告策划的主要特点之一就是生成网络广告，这一活动常常体现为组合型或系列化活动，它所做的工作要贯穿到整个网络广告活动的全部业务中。网络广告策划过程的全局性还体现在它必须联系企业的实际。所以，它常常与企业的实体运作相关联，比如企业的产品特点、产品性质、企业文化等。在进行网络广告策划时，它所要达到的目标一定要与这些因素联系在一起，甚至本企业与环境的关系也要考虑进去。因此，网络广告策划在某种意义上来说是对与企业及与企业产品相关联的所有信息的排列组合，以达到全面规划的目的。

3. 指导性

网络广告策划的指导性是指网络广告策划的过程，就是为后来网络广告的具体制作、实施提供一个蓝图。后期的网络广告制作和实施要以网络广告方案为依据。在一项网络广告的制作中，常常要分成不同的步骤，比如网络广告创意、网络广告制作、网络广告发布、网络广告媒介等，这样分工有一定的好处：它有利于各种专业化的操作。但这种分开的步骤必须在最终要得到整合加工，这就是网络广告策划的任务，它的指导性就体现在对各个子环节进行取舍修正。网络广告策划为整个网络广告活动提供具体的实施模本、行为依据、评价标准。如果没有网络广告策划的指导，这些分开的环节就难以统一起来，各个环节就会失去方向和依据、最终会使整个网络广告形神不统一，自然就无法有效地推广产品，打开市场。

2.1.2 网络广告策划的原则

广告策划是超前性思维和创造性思维发挥作用的成果之一，有其自身的规律性，并有一定的原则性。网络广告也不例外，一般应坚持下列几项原则。

1. 指导性原则

广告策划是对广告整体活动的指导性方案，策划的结果就成为广告活动的蓝图。无论是单独性广告活动，还是系统性广告活动；无论广告活动是由本企业承担，还是委托广告公司或媒介单位承担，都应遵循广告策划所制定的统一指导性方案去行动，而不能有其他的依据。要想使广告目标正确，就要尽量减少广告活动的无序和不确定性。所以，指导原则体现在它对广告活动中涉及的每个人的工作以及各个环节的关系处理。

2. 整体性原则

广告策划应把企业的广告活动视为一个整体，策划工作就是对整体目标进行综合分析、预测、评估、优化，并把广告活动中复杂的层次组合成一个科学有序的整体。在广告策划这个复杂的系统中，既有大系统又有子系统，它们之间是既相互作用又相互联系。从系统化角度考虑，广告策划者应站在企业全局的立场上，要从全局和长远着眼，让局部为全局服务，让眼前利益为长远利益服务。重点检验广告目标与营销目标、广告目标与企业目标是否吻合一致、广告活动与企业其他活动是否同步与协调，把个别计划放到总体计划当中去权衡比较，掌握平衡，并注意协调系统内外多方面的关系，力争形成有效组合，尽量减少内外摩擦，从而获得最佳的广告效果。根据系统论的基本思想，这种系统化的整体功能不等于各个子系统功能的简单相加，但它能保持系统整体的最优状态。

3. 差异性原则

创造性思维是广告策划生命力的源泉，它贯穿于广告策划过程的始终。创造性思维往往表现为对常见的现象和传统理论持怀疑、分析的态度，从分析事物的相似与相异中，发掘事物之间的必然联系，创造性思维的核心是积极的求异性，表现为突出广告的差异性，即广告中的特殊性与个性。纵观许多成功的广告，无一不是充满个性，或能充分展现其差异性的。在广告策划中，不仅要使广告产品的利益点在同类产品中有差异，而且要使广告设计的创意也具有差异性，才能令人注目。这两者的差异才能构成对消费者购物行为的引导，并改变广告宣传中的弱性与被动性质。因此，广告策划要以差异性为核心，处处掌握广告活动的主动权。

4. 灵活性原则

任何事物都处于动态、变化的环境之中。社会生活方式在变，市场环境在变，人们的心态也在变。以企业广告为例，由于消费者对产品的态度不断发生变化，企业的生产以及商品在市场上的位置也不断发生变化。在这种情况下，广告策划的重心则要随着市场和消费者的变化而变化，如果客观情况发生了变化，广告宣传的策略不随之变化，我们就可能犯主观主义的错误。因此，广告策划也就必须坚持灵活的原则。计划方案从一出台，就要对其进展情况、消费者态度、竞争对手的反应以及市场变化进行密切监视，及时反馈相关信息，并以定期控制检查的管理体制作为组织上的保证。一旦市场环境与经营条件发生变化，使实施中的方案受挫贬值，难以实现预期效果，就要尽早做出调整和改变，或转用其他预备方案，甚至准备拟制新方案。不难看出，坚持广告策划的灵活性原则的关键：一是实施方案保持适当的弹性；二是要预先制定若干预备方案，有备方能无患。

5. 效益性原则

企业进行广告策划时，除了考虑策划的目标外，还必须考虑企业的资源状况。任何一个广告活动都应讲究投入产出，在取得尽可能大的广告效果的前提下尽量少花钱。讲究实际效果，要杜绝那些人情广告，杜绝大少爷作风，杜绝毫无价值的广告活动，避免广告中的浪费。广告策划既要讲求广告对产品销售的效果，又要讲求对树立产品和企业形象的效果；既讲究近期可见的效果，也追求远期潜在的效果。讲效益是广告策划的基本特征，我们要把宏观效益与微观效益统一起来，把经济效益与社会效益统一起来，使广告策划为企业、消费者和社会都带来实际的利益。

某些广告公司，老想撞上一个大客户，老想诱导或逼迫客户出大价钱，提出的策划方案往往极尽豪奢，也免不了把一些嫌贫爱富的表情写在脸上。殊不知，在广告策划的诸多原则中，至高无上的原则应该是为客户省钱，只有省钱的策划，才是真正的 Big idea（大创意）。

6. 合作性原则

随着现代广告事业的发展，广告策划已由凭经验向科学化、决策化方向发展，由个人策划为主转向集体策划为主。由于现代企业生产过程的复杂化和社会化，广告传播媒体的多样化和技术手段的现代化，以及广告策划中需要众多学科知识的相互渗透与交叉，这些都使广告策划绝非一个人所能完成，而成为需要各种各样的专家和人才参与的集体策划活动。在广告策划中，一般需要一个无形或有形的广告策划小组，集中集体的智慧来完成广告策划工作。在专业广告公司或广告设计公司里，广告策划小组由下列人员组成：客户主管、广告策划人员、文案撰写人员、美术设计人员、广告调查人员、媒体安排与联络人员及公关人员等。企业上网后，网络营销、网络广告就应该成为整体策划方案的主要内容之一，就应该与其他广告媒体、其他促销手段以及整体营销方案的合作。

合作原则还体现在其他方面，从行业现状看，现在为企业提供上网服务的多是电脑公司。广告公司基本上没有开设此项业务，可电脑公司无法为企业提供其他更加重要的广告服务。现在也有一些专门从事网络广告业务的网上广告公司，其业务范围只限于网络广告，这都不够。在提供整体广告策划方案的问题上，上述三公司应该携手合作，因为各公司提供给客户的不过是技术性而不是网络广告策划的问题，你所能够提供给客户的不过是技术性服务而已。策划不是具体的技术服务，设计几个主页，或设置几个电子信箱，绝对称不上是网络广告策划。网络广告策划作为全局性指导工作，需要的是多部门、多专业在多项业务、多项工作上的共同合作。

7. 数量化原则

广告策划对于广告效果的追求，决定了它必须是切实可行的，必须有明确的目标和切实的承诺。广告策划的各项内容，不仅要有质的规定性，还要有量的规定性。比如对广告活动的规模、预算资金、广告推出时间、广告对象估量、广告频率、广告时机、广告效果中的市场占有率、预期销售额等，都需要有明确的、严格的数量上的规定，这是广告策划方案科学性的证明和标志。缺乏数量规定性的广告策划方案不可能是科学的方案，而且无法执行。这就是广告策划的数量化原则。

8. 可行性原则

广告宣传对于企业而言肯定是一笔不小的投入，所以在广告策划过程中，要注意策划目标及整体方案的现实性和可能性。企业广告投入是必需的，但要从企业自身实力出发，量力而行，不能一味考虑广告效果的达成而不顾企业实际条件的限制。在广告策划过程中，要适时进行可行性论证，这不是一般的评估，而是进行定量和定性分析，分析内容一般有：广告目标的可行性研究；实现目标所需内外部条件的科学性分析；对各局部实施方案的搭配的可行性研究；对广告效果进行分析研究。总之，在广告策划过程中，坚持可行性研究是对企业负责、对广告活动负责的一种体现。

9. 保密性原则

广告策划方案当然要使与营销活动有关的各部门的理解，并在企业全体人员中加强沟通和了解，但是对外则要坚持保密原则。商场如战场，多加提防为好，特别是要防止广告策划方案流入竞争对手手中。因为广告一向被视为商战的大型武器，一旦广告计划泄露，被竞争对手获得，势必采取相应对策，攻我所短，制我所长，令我方广告目标落空。这会给企业带来难以估量的损失。因此，广告策划过程中一定要做好保密工作，尽量在制度和人员两方面都有所约束和检点，这一点十分必要。

对于网络广告而言，更需强调保密性原则。因为网络作为信息广场，保密问题一直是它难以克服的最大难题之一。如今保密技术日新月异，但解密技巧也层出不穷，更为糟糕的是，掌握解密技巧的有可能就是竞争对手。加密与解密互相攀升，真有一种"道高一尺，魔高一丈"的感觉。在世界范围内，网络道德、网络法律都在积极建设之中，随着网络管理日趋规范，这类问题应该会越来越少。但在这一天到来之前，我们自己还是多加小心为好。因此，我们在最后强调保密原则，希望能引起网络广告策划人员的重视。

2.2 网络广告策划的内容与程序

2.2.1 网络广告策划的内容

网络广告策划的内容是指网络广告策划要做的工作和要解决的问题。网络广告策划主要包括以下内容。

1. 网络广告目标

所谓网络广告目标,就是网络广告所要达到的目的,是指企业通过本期或本次网络广告活动要得到的结果。网络广告目标指引网络广告的方向,随后进行的行动都取决于网络广告目标的确定。只有明确了网络广告的总体目标之后,网络广告策划人才能决定网络广告的内容、形式、创意,甚至包括网站的选择、网络广告对象的确定等。

一般来讲,各种网络广告目标分为两种:直接目标和间接目标。所谓直接目标,也叫心理目标,是网络广告本身对于网络广告对象所发生的直接作用及影响,也就是网络广告对顾客的吸引,它表现为知名度、认知度、信任度、偏爱度等。网络广告目标的作用是通过信息沟通使消费者产生对品牌的认识、情感、态度和行为的变化,从而实现企业的营销目标。在公司的不同发展时期有不同的网络广告目标,比如是形象网络广告还是产品网络广告,对于网络广告在产品的不同发展阶段,网络广告的目标可分为提供信息、说服购买和提醒使用等。AIDA 法则是网络广告在确定广告目标过程中的规律:

(1) 第一个字母 A 是"注意"(Attention),在网络广告中意味着消费者在电脑屏幕上通过对网络广告的阅读,逐渐对网络广告主的产品或品牌产生认识和了解。

(2) 第二个字母 I 是"兴趣"(Interest)。网络广告受众注意到网络广告主所传达的信息之后,对产品或品牌发生了兴趣,想要进一步了解网络广告信息,可以点击网络广告,进入网络广告主放置在网上的营销站点或网页中。

(3) 第三个字母 D 是"欲望"(Desire)。感兴趣的网络广告浏览者对网络广告主通过商品或服务提供的利益产生"占为己有"的企图,他们必定会仔细阅读网络广告主的网页内容,这时就会在网络广告主的服务器上留下网页阅读的记录。

(4) 第四个字母 A 是"行动"(Action)。

(5) 最后,网络广告受众把浏览网页的动作转换为符合网络广告目标的行动,可能是在线注册、填写问卷参加抽奖或者是在线购买等。

所谓间接目标就是经济目标,也是网络广告的根本目标,是网络广告最终促成的购买行为。它与公司一级的赢利目标处于同一层次。间接目标只有通过直接目标才能实现。直接目标因为只依靠网络广告活动本身即可达成,所以应由代理网络广告业务的网络广告公司做出保证。间接目标的实现必须接受其他因素的影响,如供求关系等,因此,所谓合理地制定网络广告目标即网络广告策划,应该是指根据网络广告主的经济目标的要求,结合市场营销等各种因素的影响,对网络广告活动能够达成的心理目标的规定和策划。

网络广告策划在网络广告目标的制定上与一般网络广告策划毫无二致,只是网络广告策划的广告目标的实现,更需要其他媒体的配合协作,单靠网络广告,也许无法实现什么广告目标。因为就目前情况看,网络广告还只是网络广告形式的一种,而且尚未成为最重要的一种。因此网络广告策划应纳入网络广告目标策划，直至营销目标策划中来。如果一定要为网络广告本身设定目标，那就要洞察网络媒体自身的局限及对其他媒体的需求，力争使目标切实可行才好。随着网络经济的发展，网上营销也许会成为一种主要的营销方式，网上购物也将是百姓居家生活的主要购物方式，届时，网上网络广告就会大行其道，而网上目标策划也就可能独立出来，成为必要的和必需的。

2. 网络广告对象

网络广告对象即企业在市场营销战略中确立的目标市场，也就是产品的潜在顾客。也就是说网络广告引起哪些人的注意和兴趣，激发哪些人的购买欲望，促成哪些人的购买行为，这部分人就是将来网络广告活动的诉求目标，也即网络广告的对象。

企业要找到属于自己的网络广告对象，就要认真研究市场，经过市场细分基本确定网络广告对象，深入调查和分析这些消费者与网络广告活动相关的情况，如性别、年龄、职业、文化、爱好、收入、家庭环境、生活方式、思想方式、购买习惯、消费心理、平时接触媒体的习惯等，然后将所得的结果用文字明确表达出来。只有做到明确、具体，才能对症下药，有的放矢，才会收到好的网络广告效果。在今天的中国，上网的还是人群中特殊性的一族，他们在知识构成、年龄构成、学历构成、收入构成、上网习惯方面等有着自己的特点。对网络广告对象的分析就是为了增强网络广告的针对性和明确性。随着网络技术的进步，网络将成为具有明确针对性的网络广告媒体，这主要依赖网络媒体强大的统计功能。网络广告借此大大增强了网络广告对象策划的针对性，因此颇得客户信赖。可以毫无疑问予以肯定的是，随着网络一天天走近寻常百姓家，网络作为网络广告媒体的利用价值将会越来越大，而对于网络广告对象的策划也就会真正有事可做。综观网络一日千里的发展势头，我们有充分的理由相信这种情况会在不远的将来有较大的改观。

根据中国互联网络信息中心（CNNIC）35 次公布的数据，2015 年 1 月，中国网民已达到 6.49 亿。其中，男性网民占 56.4%，女性网民占 43.6%；网民中 20～29 岁的年轻人所占比例最高，达到 31.5%，其次是 10～19 岁的网民（22.8%）和 30～39 岁的网民（23.8%），40～49 岁的网民占到 12.3%，50 岁以上的网民所占比例都比较低，50～59 岁的占到 5.9%，60 岁以上的网民占 2.4%，10 岁以下的网民占 1.7%。网民中文化程度为初中的比例最高，达到 36.8%，其次是高中或者中专、技校（30.6%）和小学及以下（11.1%），比例最低的是大学本科（11.0%）和大专（10.4%）。文化程度为本科及以上的网民比例为 11.0%，文化程度为本科以下的网民比例达到了 88.9%。其中家庭居民个人月收入在 500 元以下（包括无收入）的家庭网民所占比例最高，达到 15.2%，其次是月收入为 2001～3000 元和 3001～5000 元的网民（比例分别为 18.8%、20.2%），10.7%的网民个人月收入在 501～1000 元，个人月收入在 5000 元以上的网民所占比例为 12.8%，月收入为 1501～2000 元和 1001～1500 元的网民比例分别为 10.3%、8.1%。网民中学生所占比例最多，达到了 23.8%，其次是个体户和自由职业者，占总数的 22.3%，排在其后的是企业及公司一般职员，所占比例为 14.2%，无业、下岗以及失业人员所占比例为 7.7%，专业技术人员和农林牧渔劳动者所占比例分别 5.8%、6.3%，党政机关事业单位一般职员所占比例为 3.4%，其他职业的网民所占比例都比较小。综上所述，目前中国的网民仍然以男性、40 岁及以下的年轻人为主体。但女性网民的比例、40 岁以下网民的比例都有所上升；文化程度为本科以下的仍然占据网民的大多数。从以上数据可以看出，网络用户大多是经济发达地区的具有较高文化水准和职业层次的中高等收入阶层中的中青年。他们是整个市场里耐用消费品、不动产、旅游产品和精神消费品等的主要顾客群。注意了解网络用户的特点，针对其做出的网络广告因此较传统媒体广告更有效，更易作到覆盖域与目标消费者分布相吻合。[①]

3. 网络广告战略策划

网络广告战略是从整体企业的营销计划出发，联系企业市场开发、新产品推广甚至企业整体发展布局，对网络广告的总体性、全局性的把握。它有别于对网络广告细节的策划，更多的是关心网络广告在整体企业发展战略中的地位和作用。

网络广告战略可以概括为4W1H：

- Where，即在什么地方实施网络广告，准备把产品推向哪个区域；
- When，即网络广告的时间战略，一般来说结合产品的市场生命周期，在不同的生产周期阶段利用不同的网络广告，达到相应的战略目标；
- Why，网络广告的目标战略，是网络广告要达到什么样目标的安排和布置；
- What，即产品战略，根据自己的产品特点而实施的战略，不同的产品类型往往需要安排不同的网络广告战略；
- How，即如何实施网络广告的战略安排。

4. 网络广告的战术策划

网络广告的战术策划是其战略策划的具体安排，是对战略安排的具体运用。在一般的网络广告实践中，分为坦诚布公式、说服感化式、货比三家式、诱客深入式和契约保险式。

（1）坦诚布公式：是指在网络广告战术中将自己的产品性能及特点，客观公正地讲给顾客。为了达到客观性和科学性，可以借助科学的手段方法，比如物理、化学方法进行产品性能检测。为了达到客观性与说服性，利用名人效应是可取的，可以邀请名人在网上与网民交流，让名人谈谈他使用该产品的感受，然后与网民直接交流。这在传统网络广告中也是常常使用的方法，但传统的媒体技术无法实现名人与顾客的现场交流，因此在名人与顾客之间存在距离感，效果常常达不到最理想的状态，相反，由于网络技术能有效实现名人与顾客的交流，比如聊天室、在线直播等形式，取得的效果是传统媒体无法比拟的。

（2）说服感化式：是指在战术上先制造悬念，再诱导消费者产生购买行为的方法。使用悬念是说服感化的前奏，只有吸引了消费者的"注意力"、得到"许可"，才有说服感化的可能。在现代广告中，悬念法早已广泛使用。对网络广告来说，使用悬念的条件就更加成熟，网络空间无限广大，可以在网站上的某个位置设置一些富于挑逗性的语言，比如"活150岁，你想吗？""今天你就会拥有爱情"等，再配上一幅动感十足的画面，往往会达到引人入胜的效果。制造悬念的目的在于吸引顾客，而真正需要下功夫研究的却是如何说服顾客去购买自己的产品，这时使用诱导的方法是必要的。诱导分为权威感化式和情感感化式两种，前者是用权威性的评论或判断让消费者相信这种产品是信得过的，对于有一定消费经验，对产品有一定了解的人来说，这种方法更加奏效。对于另外一些富于情感的人群来说，使用情感诱导则是有效的，这个群体可能并不要求产品的实际性能有多么出众，而只注意情感的表达，比如恋人之间、特定节目中的节日礼物等，这时的真情流露会感化顾客。在网上，只需在悬念之后再设一个窗口，就可以对被吸引过来的网上消费者进行说服，既简单又有效。

[①] 数据来源：中国互联网络信息中心（CNNIC）：第35次"中国互联网络发展状况统计报告"。http://cnnic.cn/gywm/xwzx/rdxw/2015/201502/t20150203_51631.htm。

（3）货比三家式：是针对一般顾客都有"货比三家、货看三家"的消费心理而策划的一种网络广告战术。在买方市场中，顾客一般都愿意对同一种商品先进行比较然后再购买的心理，在传统媒体广告中，提供同类产品进行比较往往受媒体的限制而不能达到。在网络广告中，提供同类产品的信息则是易如反掌。在比较中可以将自己的产品与其他同类产品进行比较、以客观的事实证明自己的优越性。在比较的时候，要将自己产品的性能、设计等优点摆出来，再把同类产品的同项指标摆出来，尽量不要做任何评论，因为顾客的眼睛是雪亮的，他们自然知道孰好孰坏，而且如果加入了自己的评论，则有贬低对方产品的嫌疑，这在网络广告法中是不允许的。在比较中，使用自然科学中的反证技术常常收到惊人的好效果，比如"请不要购买××石英钟，因为它1万年会存在1秒的误差。"在网络广告中，这些语言既简洁又不失俏皮，与网络语言和网上风格非常一致，在实践中是非常有效的。

（4）诱"客"深入式：是指利用问卷、提示、甚至夸张比喻的手法将顾客"强行"拉过来。在实践中，可以请消费者来设计网络广告标志、网络广告图案、网络广告用语，然后对其中有用的少量部分进行奖励。在现代网络环境中，有许多免费的东西就是为了引诱网民点击的"诱饵"。在免费搜索引擎中有两个比较常见的站点E-Poll和Bonus，它们用电子邮件的方式与网民取得定期联系，发出一些问卷，当被访者的回答率达到一定数目后，就可以获得相应的礼品，这些问卷的设计也没有上文所述的那么多讲究，与产品相关的一切问题都可以问，在字数上也可以适当放松限制，这个问卷本身就是一份网络广告书，顾客的回答过程就是识记网络广告产品的过程。这种诱"客"上钩法在网络社会有广阔的发展潜力。诱"客"深入的另一种方法是提示顾客行动，在网上，一则Button网络广告（图标网络广告）或Banner（条幅）网络广告本身无法展示产品的详细情况，使用引诱的方法让顾客去点击详细情况是非常有必要的，这种网络广告可以以链接的方式，引出与之相对应的具体详情网络广告。这种网络特有的链接方式赋予了这种战术特有的魔力和效果，因为传统媒体根本没有这样的机会。为了达到引诱顾客的目的，使用夸张性描述语言，夸张性图形设计是不过分的，尤其在条幅网络广告和图形网络广告中，要在小小的天地里抓住顾客的"眼球"，必须在文字、图形上下功夫，平铺直叙或无生命力的语言是无法吸引顾客的。

（5）契约保险式：是网络广告战术的又一种形式。这种形式主要针对网络虚拟化的特点而设计，在虚拟空间中，交易双方和主体的权利义务关系并不好界定，这使得许多网络广告语言尽管生动活泼，也使消费者产生了购买欲望，但出于权利无保障的担心，仍然将一部分网上顾客拒之"网"外。提供契约保险的目的有两个，一是为顾客的购买行为本身作担保，如果出现什么问题，双方将有评说的依据，这能节约网络广告本身的交易成本。另一方面则是在心理上打破消费者的顾虑，为消费者吃一颗定心丸。从这一方面来说，契约本身也并不重要，如果你的产品质量卓越，根本不可能在一年内出问题，但这一点如果写进了契约，比如"一年内出问题者，退还全部购货款，并赠送新货"，这样就为消费者打通了心理阻碍，公司本身也并不会因此而受损。在网络广告中，契约的详细条款可以在具体的窗口下设置，这就省去了网络广告图面的浩大和冗长。当然，承诺与契约的完成也会带来相应的风险，但只要产品质量完好，这一点并不会成为问题，因此，契约保险式的网络广告战术在实践中还是有相当大的使用天地，尤其是信誉卓越、品质优良的公司，更是首选此法。

5. 网络广告地区

所谓网络广告地区，是指企业准备在哪些地区做网络广告，或者说网络广告要覆盖哪些地区。网络广告地区与营销是密切相关的,两者之间最好是一一对应的关系。如果产品销售面向全国,生产能力、销售渠道部署以及促销能力均可覆盖全国的话,其网络广告媒体的选择就必须适应全国这一销售范围。如果销售区域是以城市为主,以农村为辅,其网络广告地区的布局就必须突出城市中心的特点。一般而言,如果销售市场尚无力或无意扩展到新地域,那网络广告也就没有必要覆盖该地域,总之,网络广告活动的地理范围要与营销活动相统一,相辅相成,才会取得多快好省的效果。

网络广告在地区问题上,有区别于其他大众传媒的特点,这个特点就是全球化。这正是网络广告的优势所在。但若考虑不周就会导致网络广告地域范围太过宽泛,缺乏针对性。所以在对网络广告地区问题的考虑上,可以从语种、行业类型、网络分布等方面进行考虑。例如,如果某产品主要是面向本地销售,则可以考虑选择本地网站;如果是面向华人销售的产品,就应该主要选择中文网站。在进行网络广告地区策划时,必须对下列各项加以研究分析:

第一,在该地区同类产品的知名度。

第二,同类产品在该地区的普及度或市场占有率。

第三,购买者、使用者及其对产品关心程度、购买动机、指名购买情形等。

第四,本公司产品在该地区的市场占有率。

第五,对本公司产品的反应,对竞争性产品的批评。

第六,该地区竞争产品的推广可能性以及本公司产品的销售可能量。

第七,提高销售的阻碍。

第八,把重点放在什么地区,其比重如何分布?

第九,占有率较低的地区在何处,为何低,解决的可能性如何?

上述条件因地区不同,可能会有很大差别,操作中应细致分析,认真研究。

6. 网络广告时间

网络广告时间包括四个方面的内容:

(1) 网络广告时限,即网络广告从什么时间开始,到什么时间为止;是集中时间迅速制造声势,还是细水长流,反复持久加深印象;是抓取销售旺季以季节为主,还是利用假日,这些都属于网络广告的时限策划范畴。

(2) 网络广告时序,即网络广告是安排在商品进入市场之前,还是安排在商品进入市场之后,还是尽量保持进退同步;是先安排提示性网络广告,还是先安排详情网络广告;是先上电视,还是先上专业杂志等,这些都属于网络广告时序策划范畴。

(3) 网络广告时点,即每天上网络广告的具体时间,是中午,还是黄金A特段。因为一般的网民都有其上网习惯,了解其上网习惯是确定网络广告时点的前提。这与传统广告没多大的区别。例如中国银行在凤凰卫视台做形象广告,就专挑中午12点至12点半之间的"锵锵三人行"节目插播网络广告,吸引白领阶层人士,而且这个时间的网络广告费用也比较低一些。在时间上,网络广告有其独特之处,网民活动时间多是在夜深人静的时候。如果看电视是在晚上10点之前,上网则多数在晚上10点以后。一般大众传媒的黄金时间,正好不是网络媒体的黄金时间,这一点颇耐人寻味。而且,目前国际互联网上的网络广告大多是固定的,24小时一直在线,因此不存在时间问题。如何配合季节,如何(在时间上)配合产品策略,如何(在时间上)配合其他媒体……所有这些都是网络广告时间策划范畴内的事情,这并不简单。

(4) 网络广告频率,即在一定时限内要刊播多少次网络广告,这就是网络广告的频率问题。网络广告频率的变化方式大致有 5 种:水平式、递进式、递减式、交替式与波浪式。水平式是每一时段内(如每月、每季度、每年)的刊播相同;递增式是指每一时段内,网络广告刊播次数逐渐增加,呈阶梯状上升;递减式与递增式相反,刊播次数逐渐减少;交替式是使两个成比例的频率交替出现,如在某电视连续剧中插播网络广告,第一天播两次,第二天播一次,第三天再播两次,第四天再播一次如此循环往复;波浪式是由递增式与递减式结合而成,其频率先是逐渐增加,到一定限度之后,再逐渐减少至起点水平,然后再重新开始另一循环。

7. 网络广告主题与基调策划

广告主题是广告的灵魂,始终主导广告作品创作的全过程,在很大程度上决定着广告作品的格调和价值,决定着广告作品的诉求力,因此,广告主题应该力争建立在科学的基础之上,慎重从事。广告主题是通过分析产品及市场,为广告确定一个诉求重点,该重点就是广告主题,将它表现出来就是将来广告创意及广告制作的任务。广告主题材既为主题,就不能求多求全,不能面面俱到。类似于七大功能、八大特点、十大好处,说得越多,越不能给人突出印象。反倒不如只强调一个,好说又好记。

广告主题应该明确清晰,在内涵的把握上要深入准确;在表述的形式上要明快清晰。初看能引人注目,细看能引人入胜。广告主题最忌空洞无物,其次要反对玄妙难解。好的广告主题毫无疑问应该是明明白白、深入浅出、好懂好听而且好记。

广告主题应该是统一的,这有两重含义:一是说广告主题要和产品定位、市场定位吻合,要无悖于企业营销的统一战略思想;二是指在同一产品或同一企业的不同广告中更需保持主题上的一致性或系列性。

广告主题应贴近潜在顾客的消费心理,能引起他们的充分注意,并促成他们的购买行为,从而实现广告目标;广告策划者应该从引起注意、刺激欲望、加深记忆、坚定信心等方面对消费者多加考虑。所有这些都是心理问题。

另一个重要问题是广告基调的确立。广告基调的确立是市场调研的反映,同时又要与产品性质、企业文化、网站特色相联系。作为广告的基调,它并不要求对广告的每一个环节都有所反映,更多的是在网络广告中给自己找一个既标新立异,又准确反映产品或公司特点的风格。每一则广告只能有一个基调,它具有统一性和单一性的特点。在准确研究产品和市场的基础上,清晰地定位自己的产品及形象是基调确立的关键。在广告基调的确定上要注意两个问题:一是广告基调与产品、市场以及公司的营销战略是否一致;另外,就是同一产品的广告基调应该统一,避免引起受众的反感。更重要的是网络广告要与网民或消费者的网上消费心理相一致。

8. 网络广告的反馈系统策划

一项网络广告成功与否要看其实际对产品的销售起了多大的效果。评价其效果的指标是多样的,比如市场占有率、公众认知度、公众信任度、品牌忠诚度、年或季度销售量等指标,这些指标数的获得就依赖于网络广告反馈系统是否科学合理,一个成功的网络广告总是有一套与之相匹配的反馈系统,有了这样一个系统才能把网络广告的效果检测出来。

网络广告反馈系统的另一功能是传递商业环境的变化信息,商业环境的多变使得任何一则网络广告都会马上失效,甚至起反作用的危险。网络广告反馈系统的传递功能及时把环境的变化因素传递给网络广告设计人员，以便及时对网络广告计划做出修正。这在网络广告环境中更显必要，网上的信息更新速度十分惊人，也能对商业环境的改变做出及时反应，如果网络广告不能适应这种特性，则会对商业活动带来负面影响。

一个灵敏的反馈系统是网络广告策划人员精心安排的结果，在网络广告中，可以利用相应的软件进行信息自动跟踪和整理，这对于一个熟悉网站运作的技术人员来说是轻而易举的。网络广告人员可以与网站进行良好的合作，借助网站的技术优势来完成这一步骤。

9. 网络广告的投入与预算的策划

任何广告都有一定的投入成本，要在投入与广告效果之间力求最优化，就少不了对投入的合理安排，以及对广告预算的科学计量。在传统广告中，广告的投入和预算并不十分突出和重要，广告的效果也有比较容易的测评方法。在网络环境中，不仅广告的投入巨大，而且对其效果也难以准确测量，常常是广告主对投入的广告费用难以评估其科学性。有的广告在实践中是依靠对点击率的统一来计算成本从而决定预算的，但是，点击率并不能反映广告的实际绩效，有点击而无购买是常有的。那么，如果把网络广告的成本与它带来的收益，即销量的上升或市场占有率的扩大联系起来，从而科学做出广告预算方案就需要广告策划人员运用匠心。在实际操作中，有的企业根据广告计划按广告实际成本来安排广告预算，这样做有助于最充分地实施广告战略与战术，达到广告目的。也有的企业是根据一定的广告预算来安排广告计划，它的好处是可以有固定的广告支出，对企业整体预算也有方便、简洁的好处，但不利之处是难以根据商业环境做出最优广告计划。在网络广告中，更多的是选定一项计划，再安排成本，从而做出预算。在具体策划中，要看企业的广告目的和广告整体方案，做出最低成本、最优效果的广告预算安排是广告成本与预算策划的目的所在。

2.2.2　网络广告策划的程序

网络广告策划在本质上仍然属于广告策划的一种，因此，在实施过程中的环节与传统广告有很多相同的做法。具体可以将网络广告策划分成准备阶段、制作阶段、检测阶段和实施阶段。

1. 准备阶段

准备阶段的主要工作是将前一期的调查信息加以分析综合，形成正式的研究报告。前一期调查的信息是广告策划的基础，是广告实施中的依据，在相当程度上决定着广告策划及广告实施的效果和成败。广告信息的调查包括从产品、顾客到市场的调查，甚至媒介的方方面面，比如企业状况、消费偏好、顾客收入、宗教文化等。在准备阶段，要充分利用已有信息对下一阶段的实施提供一个成型的计划。广告学本身是一门基于实践的应用性学问，广告策划更多的是实践的总结而不是学术的演绎。因此，广告过程的每一个环节充分考虑到实践的因素是比理论更重要的。在现代企业，尤其是跨国企业中，广告的操作更体现了现实商业活动的特色，也几乎没有任何广告学能涵盖所有广告中的每一环节。所以说在广告策划准备阶段也许其他学问和知识更能起作用，如美术、摄影、色彩、心理学等知识。因此，在策划的准备阶段，对知识的准备也是必要的。很难想象一个没有一定艺术天赋和心理学基础的人会在广告设计中取得成功。

2. 制作阶段

制作阶段是广告策划的实质性阶段，在这一阶段首先要对成型的资料经过汇总、综合、分析、整合，从而得出初步结果，这个结果对下一阶段的实施具有指导意义。这一阶段的首要工作仍然是整合资料，是对上一阶段整合的继续，其中关键的环节是对人员及分析工具的选取上，因为这是一个创造性的分析过程，在不同人手中在不同的分析工具下有可能得出不同的结论，甚至有些会是互相矛盾的。那么，对人员及分析工具的选取就显得关键，一般来说，有多年广告经验，对企业情况（包括产品）、企业文化等有较多了解的人会更好一些，同时，制作主体应该非常熟悉广告信息，并有一定的分析综合、去伪存真的能力。在分析工具上更多地是使用电脑技术和互联网。但是，电脑决不会进行创造性思考，充其量在信息加工上有一定的作用，因此，这一阶段的工作更多地是依靠人脑来完成。

经过分析与整合后，就需要对这些零散的信息形成一个较具体的纲要。广告信息是为广告实施服务的，广告的实施依赖于这些信息，但又不是这些信息的简单复制，在分析整合的基础上，要对广告目标、广告媒介、广告载体、广告语言、广告时间、广告地域、广告对象等问题形成初步的书面材料。这一过程即是前一阶段分析的结论，又是下一步行动的开始，因此，每一点的形成都不能有任何失误，否则将影响后面的一系列计划。在这一计划的形成过程中，不仅广告设计的全体人员应参与其中，而且企业的产品设计者、生产者、企业经营者、企业决策层都应参与其中，群策群力才能形成统领企业整体战略的广告计划。这一计划一旦形成，任何个人都不应轻易改动，除非突发性事件下来不及这样做，即使有明显的商业环境改变，也应请示决策层集体做出决定。

纲领性的计划书一旦形成，广告策划的操作过程就已过半了。但计划的形成并不是一次完成的，在后来的实践中还应对不足之处做出修正，甚至反复多次修正才最终形成稳定的计划书。在修正过程中，既要考虑到产品的时间性、企业的发展重点、企业战略的方向这些自身因素。而且，更多地应看到商业环境的变化，比如竞争对手的异军突起、广告地域的自然灾害、广告对象的政治环境改变，新产品的问世等外在的商业环境因素。这些因素的改变有可能使整个广告计划面临全线改组的命运。否则，一项无效的广告计划不仅耗费时间、金钱，而且会对企业形象造成消极影响。在网络广告中这一点尤其如此，网络本来就多变化，这一媒介有传统媒介不能比的时效性和新颖性，在网络上从事广告也必须适应网络本身的特点。因此，对网络广告来说，计划的修改更正可能更频繁一些。

经过修正的计划就要进入实施阶段，在这一阶段首先要由设计人员写出一份具体的执行计划，这项计划不仅体现了操作过程的内容，而且，对具体实施中的细节（如网站的选择、投入费用、费用计算、播放时间、播放频率、图形设计、语言选择、误差纠正、广告更新、版面调整、经济周期、产品季节性等非常具体的方面）也要考虑周到，力求做到具体、详实、可靠、全面。具体的执行计划并不需要太多的人参与其中，只要对广告全过程及公司运作有一定了解的人都能胜任此工作。这项计划是广告实施前的最后蓝本。

3. 检测阶段

检测阶段是对最后出台的广告实施计划的审定和测评，这一阶段将上一阶段拟制的稿件送给广告主或企业主。呈送过程中有必要把更加具体、详细的实施计划向企业主进行解释说明，解释者应该是这项计划自始至终的参与者和制定者，因为只有他才能从实质和核心上去把握这则广告。解释者应该以公正、坦诚的心态与企业主进行沟通，以便二者真正达成一致和共识，这直接关系到广告设计及实施者与企业的合作状况，从而影响广告的整体效果。这一过程是一个沟通与协调的过程，使广告与产品真正达成浑然一体。这对二者的利益关系也有潜在的影响,如果这一协调过程失败或没有达到圆满,很有可能在未来的实施过程中留下很多后患。

评议者收到计划后一般会提出一些修改意见,这时的修改与广告设计人员和执行人员没有关系,主要是企业主的意见反馈,是对稿件来自非设计人员的审定,也是整个广告计划的最后审定工作,其目的是为更加有效地提高广告效果。一般来说,企业主的修正与广告设计人员的设计不会有根本性的冲突,因为二者在总体目标上没有利益冲突,但是也显然会有一些不合的地方,这时广告制作者应充分听取企业主的意见,因为企业主对该种产品的商业环境有更充分、更深刻、更准确的把握。广告设计者毕竟只是从某些方面出发去把握产品,很难做到全面。当然,在明显的失误面前,广告设计者应坦诚地提出来并讲明道理,相信企业主会理解的。在实践中,许多广告人埋怨企业主专横、武断,这也许是二者在沟通上存在困难,这一阶段的沟通应该是很重要的,它不仅关系到广告的实施,而且对双方的敬业精神也是一个考验。只有坦诚的合作,才会有双方的敬业,才会带来广告的成功。

4. 实施阶段

网络广告操作的最后一个阶段是实施阶段。经过设计人员的测评与修正,最后还要经由企业主的测评和修改。整个计划就确立了下来。确定好的策划方案呈送到广告主手中,广告主再与网站沟通进入实施阶段。这几方的权利义务关系在实施阶段也需要从书面上以合同的形式加以确认,合同一经签订,整个网络广告的策划工作可谓大功告成。签约方可以根据合同中的权利义务具体行事。只要在上述过程中不出现大的问题,设计者、执行者能坦诚相待,广告的实施只需按部就班,并不复杂。关键的环节在实施之前,这其中如果有某个环节出现问题,则有可能导致整个计划失败,因此有人说网络广告的成功在文字背后,就是指网络广告策划的操作过程是至关重要的。

2.3 网络广告消费者心理研究

2.3.1 我国上网顾客的概貌[①]

1. 上网消费者的结构特征

(1)网民性别。男性网民占56.4%,女性网民占43.6%。男性依然占据网民主体。从普及率的角度来看,互联网在男性中的普及程度仍然要高于女性。但女性网民的增长速度明显高于男性网民。

(2)年龄结构。网民中20~29岁的年轻人所占比例最高,达到31.5%,其次是10~19岁的网民(22.8%)和30~39岁的网民(23.8%),40~49岁的网民占到12.3%,50岁以上的网民所占比例都比较低,50~59岁的占到5.9%,60岁以上的网民占2.4%,10岁以下的网民占1.7%,网民在年龄结构上仍然呈现低龄化的态势。从普及率上来看,仍然是20~29岁间网民的普及率最高,达到31.5%,高出一年前0.3个百分点。10~19岁间网民普及率以22.8%居

---

① 本节数据全部来源于中国互联网络信息中心(CNNIC):第35次"中国互联网络发展状况统计报告",2015年2月3日。

第二位。年轻网民确实是网民中的活跃分子。年轻网民依然是中国网民的主力军。

（3）学历结构。网民中文化程度为初中的比例最高，达到36.8%，其次是高中和中专以及技校（30.6%）和小学及以下（11.1%），比例最低的是大学本科（11.0%）和大专（10.4%）。文化程度为本科及以上的网民比例为11.1%，文化程度为本科以下的网民比例达到了88.9%。可见，文化程度为本科以下的网民仍然占据大多数。文化程度为大学本科以下的网民在这一年内的增长速度要高于文化程度为大学本科及以上的网民。文化程度为大学本科以下的网民所占比例略有下降，达到88.9%。

（4）收入结构。其中家庭居民个人月收入在500元以下（包括无收入）的家庭网民所占比例最高，达到15.2%，其次是月收入为2001～3000元和3001～5000元的网民（比例分别为18.8%、20.2%），10.7%的网民个人月收入在501～1000元，个人月收入在5000元以上的网民所占比例为12.8%，月收入为1501～2000元和1001～1500元的网民比例分别为10.3%、8.1%。低收入网民仍然占据主体。由此看来，收入并不是影响高校在校学生是否上网的主要因素（注：高校在校学生个人月收入包括奖学金、个人打工收入、学校生活补助等）。

（5）职业结构。网民中学生所占比例最多，达到了23.8%，其次是个体户和自由职业者，占总数的22.3%，排在其后的是企业及公司一般职员，所占比例为14.2%，无业、下岗以及失业人员所占比例为7.7%，专业技术人员和农林牧渔劳动者所占比例分别为5.8%、6.3%。党政机关事业单位领导干部一般职员所占比例为3.4%，其他职业的网民所占比例都比较小。

（6）地区结构。2014年，我国各省市网民规模均有一定幅度增长，中国大陆31个省、直辖市、自治区中网民数量超过千万规模的省份已达25个，网民普及率超过全国平均水平的省份达12个。

2013年我国互联网发展地域性差异仍然存在，北京、上海、广东等省市的互联网普及率相对较高，超过65%，而江西、云南、贵州等省份的互联网普及率则相对较低，均不到36%。2013年，江西、云南、贵州、河南等互联网普及率相对较低的省份，互联网网民规模增速最快，而北京、上海、广东等互联网普及率相对较高的省份，互联网网民增速则有所放缓。未来，随着互联网设备的不断普及与宽带网络计划的加大推进，我国互联网发展的地域差异也将进一步减少，见表2-1。

表2-1 2013～2014年我国互联网普及率的地域差异

省份	网民数（万人）	普及率	网民规模增速	普及率排名
北京	1593	75.3%	2.4%	1
上海	1716	71.1%	2.0%	2
广东	7286	68.5%	4.2%	3
福建	2471	65.5%	2.9%	4
浙江	3458	62.9%	3.9%	5
天津	904	61.4%	4.4%	6
辽宁	2580	58.8%	5.2%	7
江苏	4274	53.8%	4.4%	8
山西	1838	50.6%	4.7%	9

续表

省份	网民数（万人）	普及率	网民规模增速	普及率排名
新疆	1139	50.3%	4.2%	10
青海	289	50.0%	5.5%	11
河北	3603	49.1%	6.3%	12
山东	4634	47.6%	7.0%	13
海南	421	47.0%	2.3%	14
陕西	1745	46.4%	3.3%	15
内蒙古	1142	45.7%	4.5%	16
重庆	1357	45.7%	4.9%	17
湖北	2625	45.3%	5.4%	18
吉林	1243	45.2%	6.9%	19
宁夏	295	45.1%	4.2%	20
黑龙江	1599	41.7%	5.6%	21
西藏	123	39.4%	6.9%	22
广西	1848	39.2%	4.2%	23
湖南	2579	38.6%	7.0%	24
四川	3022	37.3%	6.6%	25
河南	3474	36.9%	5.8%	26
安徽	2225	36.9%	3.5%	27
甘肃	951	36.8%	6.4%	28
云南	1643	35.1%	7.5%	29
贵州	1222	34.9%	6.7%	30
江西	1543	34.1%	5.1%	31
全国	64875	47.9%	5.0%	—

2. 用户的网上行为

（1）搜索引擎：搜索产品、细分市场和终端设备改变用户搜索习惯。

2014年，国内搜索行业呈现多元化的发展趋势，新进入的搜索引擎企业和现有搜索引擎企业竞争激烈，而不断细分的搜索市场和性能持续提升的终端设备正改变着用户的搜索习惯。根据CNNIC《2014年中国网民搜索行为研究报告》显示，2014年，综合搜索引擎仍然是网民最基本的搜索工具，过去半年，搜索网民使用过综合搜索网站的比例达95.4%。

1）中国搜索引擎产业半闭环状态正在形成。

搜索引擎产业半闭环状态是指搜索引擎一部分搜索结果指向自身相关内容，而非外部网站资源。随着搜索引擎行业竞争加深，各搜索引擎正加快相关内容产品的研发，同时利用自身搜索引擎的优势导入流量，以扩大业务规模，提高进入壁垒，取得竞争优势。

2）手机端与 PC 端网民搜索使用差异。

搜索情景差异：

根据 CNNIC《2013 年中国网民搜索行为研究报告》显示，从电脑和手机的搜索情景来看，通过电脑搜索情况最多的是在"了解工作学习相关内容时"，其次为"了解感兴趣的信息时"。而通过手机搜索最广的是在"了解感兴趣的信息时"，手机搜索以碎片时间使用为主，因此手机搜索的信息与电脑端相比，与工作学习关系相对较小，而与生活娱乐的关系相对较大。此外，在找周边人/朋友时，手机搜索使用比例比电脑搜索比例要高，主要因为手机搜索独有的定位功能，使得部分搜索网民常在手机上通过定位查看周边朋友，使得该项功能的使用比例相对较高。

搜索内容差异：

根据 CNNIC《2013 年中国网民搜索行为研究报告》显示，新闻搜索在电脑和手机上都位居第一，新闻仍然是网民最常搜索的内容，但网民在电脑端搜索音乐和视频的比例要高于手机端，主要在于音乐和视频搜索之后，要在线收听或收看，耗费流量较多，网速要求较高。网民在手机端搜索小说等文学作品的比例高于电脑端，小说等文学作品适合在碎片时间里使用小屏的手机观看，因而得到了手机网民的青睐。值得一提的是，虽然网民在手机上搜索手机应用的比例高于电脑端，但仍有网民通过电脑搜索手机应用，并通过手机助手等软件直接从电脑上安装手机应用。

2012~2013 年国内各省（市、自治区）网民规模和互联网普及率见图 2-1。

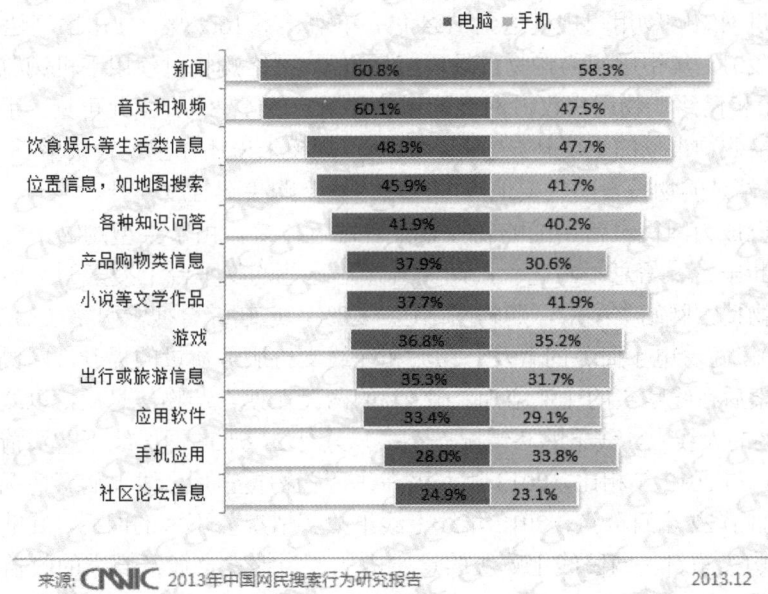

图 2-1　国内各省（市、自治区）网民规模和互联网普及率

（2）社交网站：用户活跃度下降，用户向其他应用转移。

社交类应用指带有社交元素的互联网应用，包括社交网站（SNS）、微博等垂直应用。进入 2013 年，社交类应用变化明显，表现在：1.部分传统社交应用用户使用热度下降；2.具有社交元素的新应用不断推出，分流了部分网民在社交网站、微博上的使用。

社交类网站（包括狭义的社交网站和微博）近年来用户增长趋缓，受替代应用以及网民行为变化的影响，不少社交类网站面临用户流失、用户结构变化的问题。整体上，社交网站和微博近一年来活跃度下降的用户比例大于活跃度提高的比例，而且社交网站面临着高端用户流失的问题，而微博的高端用户变动非常剧烈，具体如下：①用户变化：超过五分之一的用户活跃度下降，但仅十分之一的人活跃度提升；②社交网站：高层次（高学历、高收入）用户活跃度下降的比例最大；③微博：高层次用户活跃度变动最为剧烈，活跃度下降和提升比例都高于其他群体。

（3）电商应用：多因素驱动电子商务市场快速发展。

1）网络购物用户购买决策存在年龄代际区隔，分群分类促销效果更佳。

根据 CNNIC《2013 年中国网络购物市场研究报告》显示，不同年龄代际横向比较来看，在购买不熟悉的产品时，60 后决策更看重购物网站的品牌；70 后追求品牌的性价比，看重购物网站的品牌和产品价格的高低；80 后更看重用户评价与网站的知名度/口碑；90 后则更看重于用户评价。这与不同年龄代际的生活态度和购物习惯相关。因此购物网站在做宣传推广时，针对不同年龄段目标用户应该采取不同的促销策略。

不同年龄代际用户在购买熟悉的商品时决策因素与购买不熟悉商品时的决策考虑基本因素一致。60 后谨慎而行看网站知名度和口碑以及购物网站品牌，70 后持节俭风格看重价格高低，80 后看重用户评价和性价比，90 后更注重用户评价。

2）手机网络购物成重要消费模式，增长潜力较大。

随着我国移动网络环境的改善和智能手机的普及，我国电子商务类应用在手机端发展迅速。2013 年手机网络购物用户规模达到 1.44 亿，年增长率 160.2%，使用率高达 28.9%。此外，根据 CNNIC《2013 年中国网络购物市场研究报告》，网络购物时使用手机浏览查询的用户占比 58.2%，而手机网络购物用户仅占网络购物总体用户的 47.8%。由此可见，手机网络购物已经发展成为网络购物市场的重要补充方式，其用户规模未来还在呈现较快增长。

3）购物网站是购物搜索的主要地点，搜索与线上购买契合度提升。

购物网站已成为网民最常用的购物搜索平台，近年来，由于大型购物平台的崛起，平台内商品种类不断丰富、信息不断完善，网民直接在这些购物平台上搜索的意愿增加。网民电脑上常用的购物搜索网站类型中，购物网站达 75.8%，远超综合搜索引擎（23.7%）和垂直搜索引擎（0.5%）。随着电子商务的普及、物流和在线支付服务质量的提升，网民线上购物意愿增强，购物搜索后在线购买的比例增加。62.2%的网民在搜索购物信息后，以线上购买情况较多，还有 13.4%的人线上、线下购买情况差不多，只有 22.6%的网民线下购买情况较多，1.6%的网民不购买。与 2012 年相比，2013 年网民在进行购物搜索后，线上购买情况较多的比例大幅度提升，增加了 22 个百分点，2012 年线上线下购买情况差不多的网民，其购买渠道重心已经逐渐向线上购买倾斜。网民线上购买的意愿增加，为搜索企业及商家的收益提升带来了更多的机会。

4）硬性指标对比促进线上机票预订，软性服务促进线下预订。

根据 CNNIC《2012～2013 年中国在线旅游预订行业发展报告》，线上线下吸引用户进行机票预订的核心竞争力侧重点不同。与线下用户相比，线上用户在进行飞机票预订时主要考虑机票的折扣力度和航班时间，选择比例分别为 84.0%和 78.4%，明显高于线下旅行预订用户（线下旅行预订用户：主要通过电话和实体店进行旅游预订的用户）。

（4）网络视频：硬件技术、网络环境、线下节目推动着网络视频行业向前发展。

2013年，中国网络视频行业变化较大，基础环境、网民行为、企业竞争等方面都发生了变化。企业竞争向纵深方向发展，除了横向并购外，还与上游内容制作、下游硬件厂商结合，发展模式更加丰富。

1）围绕互联网电视的客厅争夺战变得激烈。

电视屏幕是继电脑、手机之后的第三块网络视频显示屏，是网络视频企业争夺视频显示出口的又一大焦点。当前不少网络视频企业已经推出了机顶盒、路由器、智能电视以及围绕互联网电视产生的配件产品，以此布局互联网电视产业。

2）大屏手机和4G网络助推视频网民向移动端转移。

以往由于手机性能以及网络环境的限制，视频网民在非Wi-Fi环境下的移动场所收看视频的积极性较低，网民需要更好的播放设备和网络环境来支撑移动视频的播放。2013年，多方面的发展进步，初步满足了视频网民在移动环境播放视频的要求。

3）电视热播综艺节目助推在线视频业务成长，其版权重新成为争夺焦点。

近年来，随着选秀、亲子、婚恋等综艺节目热播，综艺节目的影响力与日俱增，线上播放版权争夺也成为网络视频企业争夺的焦点之一。

（5）网络游戏：整体行业持续放缓，手机端游戏热度高。

1）整体游戏发展放缓，网页游戏已基本达到顶峰。

根据CNNIC《2013年中国网民游戏行为调查研究报告》，从用户游戏时间变化来看，游戏年限越长的用户，近半年游戏时间反而越来越短，老游戏用户黏性降低，热度消退。多端并存的游戏类型中，网页游戏是用户占比最低的，比例为40.6%。而对非网页游戏用户的调查中发现，该类人群未来会进入网页游戏的可能性相对较小，低于其他游戏，网页游戏未来发展并不乐观。

2）客户端游戏用户黏性下降，但仍具有不可替代性。

客户端网络游戏自身的游戏特质使其用户多为高黏性深度玩家，但是对于新用户的获取却遭遇了瓶颈。根据CNNIC《2013年中国网民游戏行为调查研究报告》，客户端网络游戏用户游戏年限越长，最近半年玩游戏的时间越来越长的比例则变小，用户黏性下降。

3）手机端游戏热度高，社交元素增强游戏黏性。

根据CNNIC《2013年中国网民游戏行为调查研究报告》，非手机游戏用户未来转化为手机游戏用户的意愿相对较高，为15.1%。

（6）移动互联网：行业全面发展，加速向日常生活渗透。

1）手机浏览器碎片化特点明显，阅读是核心需求。

手机浏览器成为网民接入移动互联网的主要入口。据调查，用户使用手机浏览器的频率较高，75.6%用户每天都使用，其中63.3%用户每天使用多次，相比2012年9月手机浏览器的使用频率有所增加。其中，用户平均每次使用手机浏览器的时长为10～30分钟，占比为33.1%，可见用户在使用手机浏览器的习惯上主要为每天使用多次，每次使用时间较短，碎片化特点明显，这和用户目前使用手机浏览器的主要功能相关，浏览网页和新闻阅读为主。

进一步对手机浏览器访问网站类型进行调查发现，手机浏览器用户浏览最多的网站类型为新闻资讯网站，比例为71.8%；其次为小说等文学作品网站，比例为43.1%，可见，阅读是目前手机浏览器用户的核心诉求。购物网站和视频网站的访问比例为39.1%和36.6%，处于手机浏览器用户需求的第二梯队,相比 2012 年 9 月的访问比例分别上升了 16.7 和 14.8 个百分点,上升幅度高于其他网站类型。游戏及社交网站的使用和浏览则相对较少,比例分别为 29.8% 和 24.0%(见图 2-2)。

图 2-2 用户使用手机浏览器浏览的网站类型

2)手机娱乐从"碎片化"向"长"时间发展。

根据 CNNIC《2013 年中国手机网民娱乐行为报告》,从时间上来看,手机娱乐是手机使用的主要功能,占据了手机除短信电话外使用总时间的 60.6%。据调查,手机娱乐用户平均每天除短信电话外使用手机 179 分钟,其中手机娱乐 109 分钟。从用户使用率上来看,97.6%的手机网民最近半年使用过手机娱乐类应用。

从使用场景来看,手机娱乐在"睡觉前"和"看电视、家里休息"等时间使用比例较多,说明手机娱乐不仅仅是一种交通工具上的消遣方式还成为一种家庭娱乐方式。根据调查,77.8%手机娱乐用户在晚上睡觉前使用手机,73.2%手机娱乐用户在家里/宿舍等休息时间使用。可见,手机娱乐已成为用户一种常态化的生活方式,习惯驱动作用不断凸显。

从使用时长来看,手机娱乐用户每次使用时长半个小时以上比例增多,尤其手机视频和手机阅读,半个小时以上的用户比例为 64.9%和 55.2%。随着手机娱乐用户从交通工具等场所向家里等使用场所的扩散,良好的上网环境和充足的上网时间增加了手机娱乐时长,加之各类娱乐应用的不断改进,吸引着网民对手机娱乐的持续使用。

3)手机地图将成生活信息服务的重要入口。

据 CNNIC《2013~2014 年中国移动互联网发展状况统计报告》显示,手机地图用户中,使用路线导航的用户占 64.5%,地点查找的用户占 58.7%,从目前来看用户使用比例最高的仍是地图的路线导航和地点查找等传统功能。值得注意的是,签到或位置信息分享比例为 24.4%。手机地图作为导航和查询地点的工具,对用户来说具有一定需求刚性,使手机地图在手机网民中保持相对较高的渗透率。当用户数达到一定的规模,手机地图将成为移动互联网重要的开放性平台。

2.3.2 网络消费者的购买行为模式

近年来消费者通过网络实现购买行为的比例越来越高,电子商务购物网站的飞速发展更是证明了这一点。在购买行为中,由于网民的动机与行为千差万别,人们对网络环境下消费者的购买行为的研究还没有成熟的模型。根据已有的研究成果,学者对网络环境购买行为的研究主要还是借助于传统的对线下环境的消费者购买行为研究的成熟模型。所以,网络环境的消费者购买行为模式与线下情境下的消费者购买行为模式并没有本质的区别,从而具有很大程度的共性。

1. "刺激-反应"模式

"刺激-反应"模式,即S-R模式,研究企业的市场营销刺激与其他刺激进入消费者的意识后,消费者所表现出来的购买特征及其决策过程的变化,属于行为主义心理学范畴,如图2-3 所示。公司如果真正了解消费者对不同的产品特征、价格和网络广告宣传的真实反应,就会在竞争中处于优势地位。

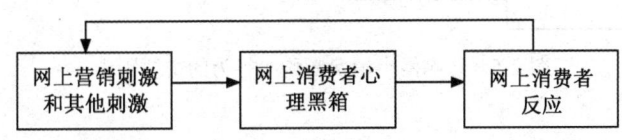

图 2-3 网上消费者购买行为的 S-R 模式

2. 行为说明模式

行为说明模式中影响最大的当属尼考西亚(F.Nicosia)模式。尼考西亚模式是由营销学者尼考西亚在《消费者决策过程》一书中率先提出的,该模式由4个领域构成。

领域1为广告信息,也称之为"从信息发布到消费者态度"。该领域表示企业通过广告宣传等手段把有关产品信息传递给消费者,这些信息经消费者处理后转变成对产品的某种态度。

领域2为调查评价,表示消费者怀着对产品的某种态度开始寻找有关信息,并对广告及其所宣传的产品做出一定的评价,形成相应的购买动机。

领域3为决策。表示消费者在某种购买动机的驱使下做出购买决策并采取购买行动。

领域4为反馈,表示消费者在使用产品的过程中将消费经验反馈给大脑保存记忆,以指导今后的购买行为,或者直接反馈给企业营销部门,如图2-4所示是尼考西亚(F.Nicosia)模式。

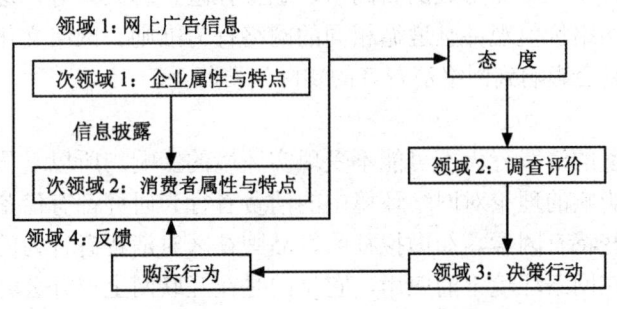

图 2-4 尼考西亚(F.Nicosia)模式

尼考西亚模式的优点是简明扼要，但其局限性在于缺乏对外界环境变量的有效评估，把消费者看成是仅与企业进行信息交流的封闭系统，因而容易使营销人员产生片面的认识。

2.3.3 影响网络消费者行为的因素

图2-5显示影响网上消费者购买行为的因素主要是文化因素、社会因素、个人因素和心理因素。这一模式与传统的对消费者购买行为的影响因素是一致的。我们只是强调在网络环境下的消费者在以下影响因素的特殊之处。

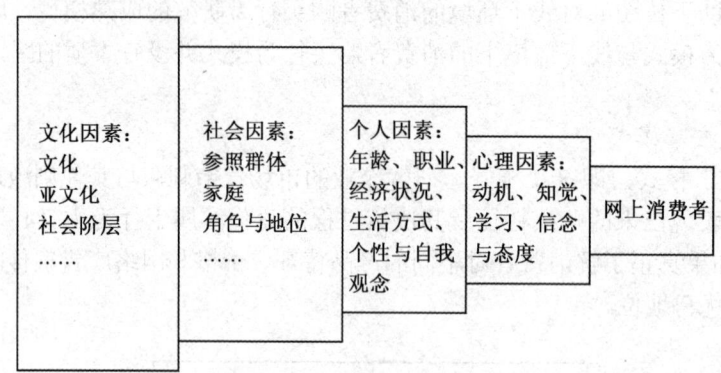

图2-5 影响网上消费者购买行为的主要因素

1. 文化因素

人的动机的形成受制于一定的文化和社会传统，具有不同文化背景的人选择不同的生活方式与产品。互联网时代，全球性和地方化的文化并存。文化的多样性带来消费品位的强烈融合，影响着人们相互理解方式的改变与观念的创新。今天的青年真正开始生活在地球村文化时代，网络消费者永无止境地追求并接受新奇的思想和事物，这种行为是由他们成长时期所处的环境和文化预先决定的，他们对高度接触的、适应个性需求的、以文化为导向的产品有着强烈的需求。互联网用户与一般人群在统计特征上形成了较大的差别。从统计资料中可以看出，互联网用户中大部分是男性而且以年轻人为主，大多数人都接受过大学（包括大专）以上的高等教育，平均收入水平要略高于总人口水平，从事的职业以信息技术、科研、教育、咨询服务等为主。这些互联网用户借助于网络进行交流和沟通，逐渐地形成了普遍认同的网络文化，比如网络礼节（netiquette）、对开放和自由的信仰以及对创新和独特事物的偏好等。

在互联网中还存在着诸多的亚网络族群和相应的亚网络文化，比如那些出于共同的兴趣或爱好（网络游戏、音乐等）而形成的新闻组、虚拟社区、聊天室等，这些亚网络族群中的成员往往具有相同的网络价值观并且遵循相同的网络行为准则。网络文化虽然只存在于虚拟的网络空间中，但必然会影响到网络消费者的实际消费行为。

2. 社会因素

消费者在网络环境的消费行为不可能不受现实环境的影响。所以，传统的关于社会因素对消费者消费行为的影响的理论对网络环境中的消费者行为研究都有借鉴意义。这里主要强调在虚拟环境下的一些特有因素。如虚拟社区、品牌社区对消费者行为的影响。虚拟社区理论是传统的社区理论在网络环境下的应用，它指的是在互联网上展开公开讲座并相互交流信息的，具有共同兴趣和需求的群体集合。这种社区不仅具有传统社区的特征，并且由于互联网拥有广泛性、时效性、交互性等特点，从而形式上更加灵活、影响力更大。早期的虚拟社区主要集中在某些非商业性行业及活动方面，但随着基于互联网的电子商务的兴起，许多迎合成员或组织者商业利益的虚拟社区开始形成并迅速发展起来。网络虚拟社区可以帮助企业更准确地把握顾客需求，提供个性化的产品及服务，增加顾客满意度。

另外，社区理论在关系营销理论的影响下，产生了品牌社区（Brand Community）这一新概念。品牌社区是围绕着特定品牌产品和服务而建立起来的特殊社区，它能够代表品牌实现大量重要的功能，比如共享信息、保持品牌历史和文化的长久性，以及提供协助等。应用品牌社区而获得商业成功的最典型例子莫过于哈雷·戴维森公司及围绕其品牌所建立起来的品牌社区 HOG（哈雷戴维森拥有者俱乐部）。在这些虚拟社区里，网民具有大致类似的兴趣爱好、个性心理，甚至是品牌偏好。因而这些虚拟社区不但为品牌爱好者提供了交流信息和心得的机会，更重要的是它形成了一个对网络消费者有很大参考作用的参考群体。因而强烈地影响着消费者对品牌的选择。

3. 个人因素

网络消费者的行为或购买决策不仅会受到网络文化的影响，而且也会受其个人特征的影响，诸如性别、所处年龄阶段、受教育程度、经济收入、个性以及使用互联网的熟练程度等方面都会对此产生一定的作用。

（1）性别。在传统实体市场中，男女性的购物行为存在着较大的不同，这种差异也同样出现在电子商务市场中。比如男性网络消费者在购物时理性成分居多，往往在深思熟虑之后才做出购买决策，而女性网络消费者购物时的感性成分则比较多，往往在浏览到自己喜欢的商品时就会下意识地放入到购物车（shopping-cart）中。另外男性网络消费者的自主性较强，他们往往会自己去寻找关于商品价格、质量、性能等方面信息的资料，然后自己做出判断；而女性网络消费者的依赖性则较强，当她们做出购物决策时往往会比较在意其他人的意见或评价。

（2）年龄阶段。互联网用户的主体是年轻人，处于这一年龄阶段的消费者思想活跃、好奇、冲动、乐于表现自己，既喜欢追逐流行时尚，又喜欢展现独特的个性，这些特征在消费行为上表现为时尚性消费和个性化消费两极分化的趋势，因此在电子商务市场中一些时尚性或个性化的商品就显得更受消费者的欢迎。

（3）教育程度和经济收入。因为受教育程度和经济收入水平具有正相关关系，因此将这两种因素对网络消费者行为的影响放在一起讨论。统计数据表明，互联网用户中大多数人都接受过高等教育，平均收入水平要略高于总人口水平，那么网络消费者的受教育程度和收入水平是如何影响其消费行为的呢？因为网络消费者的受教育程度越高，在了解和掌握互联网知识方面的困难就越低，也就越容易接受网络购物的观念和方式，越是受过良好的教育，网络购物的频率也就越高。另外，绿地在线（Greenfield Online）公司的研究发现，网络消费者的收入越高，在网上购买商品的次数也就越多。

（4）使用互联网的熟练程度。网络消费者对互联网的熟悉或使用熟练程度同样也会影响其行为，为了便于分析，此处仅从网络消费者每周上网时间的角度进行分析。当消费者刚刚接触网络时，对互联网的认识还处于比较低的水平上，操作应用也并非很熟练，这时的消费者对互联网充满兴趣和好奇，其行为主要是通过实验和学习力求认识和掌握更多的互联网知识，但由于对互联网还存在比较高的恐惧心理，因此网络购物行为发生的比率较低。随着消费者每周上网时间的增加，对互联网也就越来越熟悉，操作应用也会越来越熟练，而消费者对互联网的恐惧心理也逐渐得到了抵消，这时的消费者把互联网看成一种日常事物，并开始进行各种各样的网络购物活动。随后网络消费者的行为就开始出现分化：一部分消费者由于刚开始时的新奇和神秘感已逐渐消退，就会逐渐削减每周上网时间直至某一固定水平，只在必要时才会上网，并且形成了固定的浏览网站（网络商店）和消费习惯，这里把这部分消费者称为喜新厌旧者；另一部分消费者仍在互联网上花费大量的时间，他们把网络空间看作了现实社会的替代品，在互联网上学习、交流、消费购物、娱乐等，因为他们认为可以在网上找到更多的乐趣而且也更方便，这里把这部分消费者称为网络黏滞者。

4. 心理因素

（1）动机。心理学家已经提出多种人类动机理论，其中比较著名的有弗洛伊德的动机理论、马斯洛的需要层次理论和赫茨伯格的双因素理论等。一般来讲，网上消费者购物的动机大致有以下几个：

1）理智而求实的心理。网上消费者大多是中青年人，具有较高的分析判断能力，购物的动机往往是在反复思考、比较、精打细算后产生的，对所选购的商品的特点、性能和使用方法早已心中有数。网络提供了一个可供他们进行比较、分析和判断的工具与平台，他们在购物时可以很理智，较少受外界的影响。对所购买的商品更加注重其使用价值，重视商品的质量、效用和售后服务，以实用、实惠为主要追求目的。一般来说，他们是中档商品和大众商品的购买者，若使用后感觉好，有可能成为某一品牌商品或某一网上商城的忠实顾客。

2）追求物美价廉的心理。虽然价格对于广大消费者来说不是购物的唯一决定因素，但也是一个非常重要的参考依据。在其他条件大致相同的情况下，价格往往成为左右顾客取舍的关键因素。对于一般的商品，价格与需求量经常呈反比，价格越低，销售量越大。在网上开展商务活动，由于可以减少传统营销中的店铺费用、人员雇佣费用、中间环节的经销代理费用及相关的信息费用等，大大削减了网上产品的成本和销售费用，所以，网上商品价格普遍较低。比如，当当网上超市一般以7~8折的价格出售图书。网络营销的价格优势由此可见一斑。

3）追求时髦和奇特的心理。人的情绪和情感也是促使人们产生购物动机的一个因素。从网民的构成情况看，约有81.3%的网上个人用户的年龄在35岁以下，这类顾客富于激情，渴望变化，容易受广告宣传和流行趋势的影响，追求时尚和新颖，选购商品时特别重视商品的造型和款式的时尚程度，而不太注意商品的实用价值和价格高低，常常对选购的商品"一见钟情"。这一年龄段的消费者，由于自小就物质生活丰富，只要条件允许，想要什么就能买到什么，没有经历过物质条件十分匮乏的困难时期。在对待日常消费品的态度上，有些人就会表现出"喜新厌旧"的情绪，总是对新出现的商品有着特别的爱好和追求。进入网上商场，或是看见别人上网购物而激发购买欲望，或是网上广告做得新鲜动感而勾起好奇心。商家就抓住了这一消费心理，通过具有双向交互功能的互联网，跟踪最新的消费潮流，适时提供最直接的购买渠道，既搞活了网络经济，也满足了消费者追求时尚的心理。

4）打破时空界限的便捷心理。网上购物可以为消费者提供两个方面的便捷性。一是时间上的便捷性。网上的虚拟商店每天24小时营业，全年无休，随时准备接待顾客，为上班族业余时间购物提供了极大的方便。随着生活节奏的加快，人们用于外出购物的时间越来越少，迫切希望可以在家里与商家沟通，及时获得上门服务或得到邮寄的商品，网络购物适应了这种愿望和需求。二是选购商品的便捷性。"货比三家不吃亏"是人们在购物时常采用的技巧。

在网上挑选商品可以"货比多家",商品挑选余地大大扩展。而且,消费者还可通过公告栏告诉成千上万的商家自己的需求,吸引商家与自己联系,并从中筛选符合要求的商品或服务。再者,网上商场还可以提供异地买卖送货的业务,例如,为外地父母通过网络商场购买老人用品,为朋友购买馈赠礼品等。

5)网上消费的"孩童化"心理。网上消费者大都是个性化需求突出的群体,他们有自己的想法,对自己的判断力非常自负。同时,由于他们年青,追逐时尚,对新事物有着孜孜不倦的追求,消费品的"寿命"一般较短,产品更新的速度较快;由于兴趣广泛,好奇心强,但缺乏耐心,注意力容易转移。如果浏览一个站点很费时间,他们就会很轻易地改换其他,由此又体现出网络消费者"好奇而少耐心"的另一特点。网络消费者的消费特点,有一种类似于儿童的消费性格,需要不断地有新事物来唤起兴奋,也就是说,他们在消费行为上"孩童化"了。

6)从众心理。人们生活在一定的社会圈子中,有一种希望与他应归属的社会圈子同步的趋向,既不愿突出,也不想落伍。受这种心理支配的消费者构成了后随消费者群,这是一个相当大的顾客群。研究表明,当某种产品的消费率达到 40%后,将会产生该消费品的消费热潮。网络商品的消费者中不乏这种心态的人。

(2)知觉。网上消费者将外部环境输入的各种各样的刺激加以选择,使其有计划,并作为有意义的完整的外界印象进行解释,这个过程就是知觉。外部环境的刺激就是指网络以及与网络营销相关的媒体上传播的广告、商品和商标、服务项目等。网上消费者对这些输入的信息进行解释,再作为行为而输出,这个输出的行为也有可能变成下一个行为的输入。这个过程如图 2-6 所示。

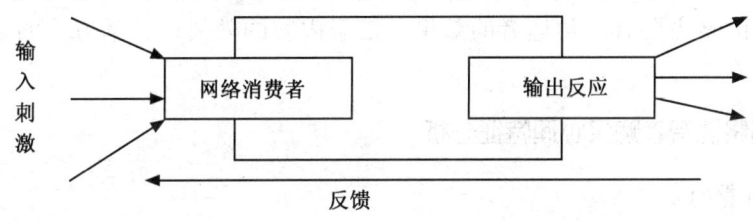

图 2-6 知觉过程

网上商店气氛就是一个影响网上消费者购买决策的输入刺激变量。有研究表明,网上商店的气氛同传统实体零售商店的气氛一样,对网络消费者的购买决策有重要影响,例如,网络商店的界面和商品陈列。另外,"帮助菜单"(help menu)和"常见问题"(FAQ)列表,是烘托网络商店气氛的基本因素。[1]

另外,对网络购物风险的知觉判断也是影响消费者购物的重要刺激变量。一般来讲,网上购物的风险主要包括财务风险、性能风险、身体风险、时间风险、隐私风险、心理风险和社会风险等维度。消费者对这个风险的认知判断直接影响网络消费者的购买决策行为。而网络使用经验和以前的网上购物经历又强烈地影响消费者对网上购物风险的认知。[2]大学生是中

---

[1] 叶文. 网络消费者购买行为分析. 上海大学学报(社会科学版),2001(4).
[2] 丁夏齐,马谋超. 消费者对网上购物的风险认知及影响因素. 商业研究,2005(22).

国网民的主力军,一项针对中国在校大学生的调查结果证实了网上购物经验对网络消费行为有显著影响。[①]

(3) 学习。网络消费者在网上的购买行为本身就是一个不断学习的过程。学习理论认为,网络消费者的学习仅仅是一个中间变量,它是介于购买行为的影响因素和购买行为之间的变量,是驱策力、刺激、诱因、反应及强化等相互作用的结果。网上消费者的学习主要包括以下几种类型:

1) 获得信息。所有的顾客都在不断地吸收新的信息,网上顾客也不例外。而且调查结果显示,上网获得信息是网民的最主要行为。他们总是能从网上相应的站点找到自己需要的信息,对之进行识记、比较和选择等加工过程,通过这种学习指导自己的购物行为。

2) 联想的形成。联想有刺激对象之间的联想,如看到某网站上有一个带有超级链接的广告,就想到通过它我们可以找到哪些商品和服务。联想也有行为及其行为结果的联想,例如从网上购买"杀毒软件",以便杀掉计算机上的病毒就是行为与结果的联想。

3) 思维。思维是抽象地、概括地、象征地解决问题的精神活动。

对于网络广告策划人员来讲,学习理论的价值就在于努力将产品与强烈的驱策力联系起来,利用刺激性的诱因并通过互联网提供正面强化等手段,来满足个性化的需要。

(4) 态度。态度是每个人评价对象优劣、思想正误和人们好坏的倾向,是着手行动的准备状态。网上消费者对商品的态度,是以对此种商品的信念为基础的,网上消费者的态度又与其行为意图有关。最后,网上消费者的行为反馈于网上顾客的信念。一旦形成态度,其态度又将影响新的信念的形成。

人们的态度可以从其意见和行动中反映出来。一般来讲,态度的组成因素有情感成分、认知成分和行为成分。网上消费者的态度一旦形成比较难以改变,但也不是绝对不变的。促成态度改变的因素主要有:传达者的效果、信息内容的效果、传播方式的效果和接受者的效果。

2.3.4 网络消费者购买心理特征分析

1. 个性消费的复归

消费品市场发展到今天,多数产品无论在数量上还是在品种上都已极为丰富,消费者能够以个人心理愿望为基础挑选和购买商品和服务。他们不仅能做出选择,而且还渴望选择。他们的需求更多,变化也更多。逐渐地,消费者开始制定自己的准则,他们不惧怕向商家提出挑战,消费者所选择的已不单是商品的使用价值,而且还包括其他的延伸物,这些延伸物及其组合各不相同。互联网给商家提供了能够低成本地满足消费者个性化需求的技术平台。

2. 注重价值和信息

首先,富裕的消费者从奢侈消费转向了开明的消费,质量和价值将成为他们主要的考虑因素。他们想用尽可能低的价格买到最好的质量,因此,价格仍然是影响消费心理的重要因素。即使在发达的营销技术面前,价格的作用仍然不可忽视;其次,明智的购买者希望全面了解产品,包括其对个人和社会的效益。通过产品和服务的信息交流,消费者了解到产品或服务符合他们关于价值的新想法。这样,产品对消费者来讲就实现了价值增值。

---

① 房野,陈毅文. 对影响大学生网上购物认知风险因素的探索. 人类工效学,2006(2).

3. 追求"绿色"道德的生活方式

为了弥补环境欠账,并重视经济的增长,可持续发展的生产和消费实践是绝对必要的。消费者对待公共问题(如环境、犯罪或其他)的方式已逐渐演变成他们的市场动机和行为的关键组成部分。消费者想要更加宁静、更有道德的生活,他们对公共问题的关注更富社会责任感,他们追求有道德、健康的产品,企业必然接受"绿色"的道德观,并将其贯彻于所有的经营活动之中。

4. 消费主动性增强

网上消费者的行为往往比较自主,独立性强。消费主动性的增强来源于社会不确定性和人类追求心理稳定和平衡的欲望。消费者不仅对购买的风险感随着选择的增多而上升,而且对单向的"填鸭式"的营销沟通感到厌倦和不信任。消费者会主动通过各种可能的途径获取与商品有关的信息并进行分析比较,从中获得心理上的平衡,减轻风险感和购后产生后悔感的可能,增强对产品的信任和争取心理上的满足。现代化的顾客不仅需要了解信息,常常还要作为整个营销过程中的一个积极主动的因素去参与产品的设计、制造、运送等,充分体现现代顾客个性化服务双向互动的特性。公司要实现个性化的顾客服务,应将重要顾客的需求作为产品定位的依据纳入产品的设计、制造和改进过程中。让顾客了解整个过程实际上就意味着企业和顾客之间"一对一"关系的建立,这种关系的建立为小企业挑战大企业独霸市场的格局提供了有力的保障。

5. 对购物方便性的需求和对购物乐趣的追求并存

一部分工作压力较大、紧张度高的消费者会以购物的方便性为目标,追求时间和劳动成本的尽量节约。网络消费的"虚拟性"能够满足这一需求。然而另一些消费者则正好相反,由于劳动生产率的提高,人们可供支配的时间增加,一些自由职业者或家庭主妇希望通过购物消遣时间,寻求生活乐趣,保持与社会的联系,减少心理孤独感。网络的"开放性"使上网者可以定向抵达某一点,也可以同时抵达多点,从而形成颇具规模的交际圈,为人们在更大的范围里交友、择友提供了前所未有的便利。同时,网络的"匿名性"使交谈者可以对对方的真实身份一无所知,这也便于人们以平等的身份进行交往,使交际变得更加自由和轻松。

6. 消费心理稳定性减小,转换速度加快

现代社会发展和变化速度极快,新生事物不断涌现,消费心理受这种趋势带动,稳定性降低,在心理转换速度上趋向与社会同步,在消费行为上则表现为产品生命周期不断缩短,产品生命周期的缩短反过来又会促使消费者的心理转换速度进一步加快。

2.3.5 网络消费者的购买过程

网上消费者的购买过程也就是网络消费者购买行为形成和实现的过程。与传统的消费者购买行为相类似,网络消费者的购买行为早在实际购买前就已经开始,并且延长到实际购买后的一段时间,从酝酿到购买后的一段时间,网络消费者的购买过程可以粗略地分为 5 个阶段,即诱发需求、收集信息、比较选择、购买决策、购后评价。

1. 诱发需求

网络购买过程的起点是诱发需求。消费者的需求是在内外因素的刺激下产生的。当消费者对市场中出现的某种商品或某种服务发生兴趣后,才可能产生购买欲望。这是消费者做出消费决定的基本前提。不具备这一基本前提,消费者也就无从做出购买决定。

传统购物诱发需求的形式是多方面的。但网络营销用于诱发需求的形式只能局限于视觉和听觉。恰当的文字表述、图片设计、声音配置可以直接诱发消费者的购买欲。这就要求从事网络营销的企业注意了解与自己产品有关的实际需求和潜在需求，了解这些需求是由哪些刺激因素诱发的，进而巧妙地设计促销手段去吸引更多的消费者浏览网页，诱发他们的需求欲望。

2. 收集信息

收集信息、了解行情是消费者购买过程的第二个环节。这个环节的作用就是汇集商品的有关资料，为下一步的比较选择奠定基础。在购物过程中，收集信息的渠道主要有内部渠道和外部渠道。内部渠道是指消费者个人所储存、保留的市场信息，包括购买商品的实际经验、对市场的观察以及个人购买活动的记忆等。外部渠道是指消费者可以从外界收集信息的通道，包括个人渠道、商业渠道和公共渠道等。个人渠道主要提供来自消费者的亲戚、朋友和同事的购物信息和体会。这种信息和体会在某种情况下对购买者的购买决策起着决定性的作用。人们对于网上商品的质量、服务的评价主要是通过语言和电子邮件传递的。这种传递可能是小范围的，也可能是很大的范围，网络营销决不可忽视这一渠道的作用。商业渠道主要是通过厂商的展览会推销、中介推销、广告宣传等有意识的活动把商品信息传播给消费者。网络营销的信息传递主要依靠网络广告和检索系统中的产品介绍，包括在信息服务商网页上所做的广告、中介商检索系统上的条目以及本企业主页上的广告和产品介绍。

一般来说，传统购物中消费者对于信息的收集大都是被动进行的，而网络购物的信息收集带有较大的主动性。商品信息的收集主要是通过互联网进行的，一方面，上网消费者可以根据已经了解的信息通过互联网跟踪查询；另一方面，上网消费者会不断地在网上浏览，寻找新的购物机会。

3. 比较选择

购买行为需要实际支付能力作为后盾，否则购买就无法进行。为了使消费需求与购物能力相匹配，比较选择是购物过程中必不可少的环节。消费者对各条渠道汇集而来的资料进行比较、分析、研究，了解各种商品的特点和性能，综合评价产品的功能、可靠性、性能、样式、价格和售后服务，从中选择最为满意的一种。

消费者对网上产品的比较依赖于厂商对商品的描述，包括文字和图片。网络营销商对自己的产品描述得不充分，就不能吸引众多的客户。而如果对产品的描述过分夸张，甚至带有虚假的成分，则可能永久地失去客户。对于这种分寸的把握，是每个从事网络营销的厂商都必须认真考虑的。

4. 购买决策

网络购买决策是指网络消费者在购买动机的支配下，从两种或两种以上的商品中选择一种满意商品的过程。购买决策是网络消费者购买活动中最主要的组成部分，它基本上反映了网络消费者的购买行为。

网络购买者的购买决策与传统的方式相比，有许多独特的特点。首先，网络购买者的理智动机所占比重较大，而感情动机的比重较小。这是因为消费者在网上寻找商品的过程本身就是一个思考的过程，他有足够的时间仔细分析商品的性能、质量、价格和外观，从容地做出选择。其次，网络购买受外界影响较小。购买者常常是独自坐在计算机前上网浏览、选择，大部分的购买决策是自己做出的或是与家人商量后做出的。网上购物的决策行为较之传统的购买决策要快得多。

要在没有实物的情况下把消费者口袋里的钱掏出来，并非一件容易的事情。网络消费者在决定购买某种商品时，一般必须具备三个条件：对厂商有信任感；对支付有安全感；对产品有好感。所以，树立企业形象，改进货款支付方法和商品交付办法，全面提高产品质量，是每一个参与网络营销的厂商必须重点抓好的三项工作。这三项工作抓好了，才能促使消费者毫不犹豫地做出购买决策。

5. 购后评价

消费者购买商品后，往往通过使用体验对自己的购买选择进行检验和反省，重新考虑这种购买是否正确，使用是否理想，以及服务是否周到等问题。这种购后评价往往决定了消费者今后的购买动向。如果他觉得满意，就会重复购买这种产品，并且会对别人赞誉这种产品。反之，如果他觉得不满意或很不满意，不仅以后不会再去购买这种产品，并且会对别人损毁这种产品。购后评价为消费者表达真实意见提供了一条非常好的渠道，同时也为厂商改进工作收集了大量第一手资料。

为了提高企业的竞争力，最大限度地占领市场，企业必须虚心倾听客户的反馈意见和建议。互联网为网络营销者收集消费者购后评价提供了得天独厚的优势。方便、快捷、便宜的电子邮件紧紧连接着厂商和消费者。厂商可以在电子订单后面附上一张意见表，在消费者购买商品的同时，就可以填写自己对厂商、产品及整个销售过程的评价。厂商从网上收集到这些评价之后，通过计算机的分析、归纳，可以迅速找出工作中的缺陷和不足，及时了解到消费者的意见和建议，改进产品性能和售后服务。

小　结

网络广告策划是整个网络广告活动的核心环节。它产生的结果是网络广告方案，这将成为以后整个网络广告活动安排和实施的战略性纲领性文件。对整个网络广告活动的成败有至关重要的影响。网络广告除了具备传统广告的特点外，它还有一些自己的特点：心理优势、覆盖范围广泛；信息容量大；视听效果的综合性、实时性与持久性的统一；网络广告投放准确。在进行网络广告策划时，同样要坚持在进行传统广告策划时的一些原则。网络广告策划的主要内容有：网络广告目标、网络广告对象、网络广告战略策划、网络广告的战术策划、网络广告地区、网络广告时间、网络广告主题与基调策划、网络广告的反馈系统策划、网络广告的投入与预算的策划等。网络广告策划同传统广告策划过程一样，都要经历准备阶段、制作阶段、检测阶段、实施阶段四个阶段，保证广告策划的科学性和准确性。

中国互联网发展非常迅猛，是目前世界互联网增长最快的国家。这为企业利用互联网开展营销提供巨大的土壤。目前，对网络背景下的消费者购买行为模式的研究主要还是以传统的、经典的消费者行为模式为框架，只是在这些模型的框架中加入了一些网络环境下的特殊因素，其中比较经典的是"刺激—反应"模式和尼考西亚（F.Nicosia）模式。在网络环境下，消费者购买决策的过程也是经过诱发需求、收集信息、比较选择、购买决策和购后评价 5 个过程。影响消费者网络消费决策的因素也是社会因素、文化因素、个人因素和心理因素。但需要强调的是关注网络环境下的特殊性。

习 题

一、多项选择题

1. 网络广告作为一种新型的广告，它和传统广告策划一样，具有（　　）特点。
   A. 事前性　　　　　　　　　　B. 指导性
   C. 高效性　　　　　　　　　　D. 全局性
2. 网络广告时间，包括哪几个方面的内容？（　　）
   A. 网络广告时限　　　　　　　B. 网络广告时序
   C. 网络广告时点　　　　　　　D. 网络广告频率
3. 广告主题应该是统一的，其含义是（　　）。
   A. 广告主题要和产品定位、市场定位吻合，要无悖于企业营销的统一战略思想
   B. 广告主题应能表达出产品的主要特点
   C. 在同一产品或同一企业的不同广告中更需保持主题上的一致性或系列性
   D. 每一则广告只能有一个基调，它具有统一性和单一性的特点
4. 一般来讲，网上消费者购物的动机大致有（　　）。
   A. 理智而求实的心理　　　　　B. 追求物美价廉的心理
   C. 追求时髦和奇特的心理　　　D. 网上消费的"孩童化"心理
5. 促成态度改变的因素主要有（　　）。
   A. 信息内容的效果　　　　　　B. 传播方式的效果
   C. 接受者的效果　　　　　　　D. 传达者的效果

二、思考题

1. 试述网络广告策划的原则。
2. AIDA 法则是网络广告在确定网络广告目标过程中的规律，何为 AIDA？

第 3 章 网络广告创意

【本章导读】

创意，可以说是网络广告的灵魂。本章的主要内容就是关于网络广告创意的方方面面。首先介绍网络广告创意包含的内容，然后结合大量的实际案例阐述网络广告创意的各种方法。最后，创意完成的结果是网络广告文案。一个好的创意需要一份完善的广告文案来体现。

【本章要点】

- 网络广告创意的概述
- 网络广告创意的方法
- 网络广告文案

写作广告策划之后，广告活动就进入了实质性的创意阶段。此时，广告创作者要考虑的是如何充分、艺术性地表达阐释广告主题的问题。成功的广告战略首先来自不同凡响的卓越创意。创意是引起消费者注意，激发消费者购买欲望的驱动力。在我们生活的这个商业社会中，广告充斥着每个角落。这些广告有的平庸无奇，有的却表现独特、新意怡人，之所以有如此大的差别，除了设计、制作方面的因素外，广告创意水平的高低也是一个极其重要的因素。

由于网络媒体的特殊性，决定了网络广告的点击率不高。有统计表明，现在网络广告的点击率大概只有1%左右。怎样才能提高网络广告的点击率，以此提升网络广告的效果呢？从根本上来讲，是要提高网络广告创意水平。有调查表明：大部分的人点击广告主要是因为被广告的创意吸引。所以，网络广告的创意是网络广告活动的关键所在。

3.1 网络广告创意的概述

3.1.1 创意的含义

在探讨创意的含义之前，先看一则平面广告，直观感受一下创意的含义。这是一则房产平面广告。

"云山诗意"是广州方圆集团推出的一个大型楼盘，其广告获得房地产类金奖，广告与楼房的精神合一，如图3-1所示。典型的中国创意味道，使它从大量的、同质化的房地产广告中脱颖而出。当前城市中充斥着高楼大厦的水泥森林，越来越使人们感到窒息、沉闷，产生一种恐惧感。这让很多人产生回归东方家园的天地相接、房树相映的居所，向往家人和睦、邻里和谐的亲情。"云山诗意"以中国独有的线描形式，虚实结合，充分留白，寓动于静的绘画手法，准确、灵秀、富有情理地将"东方人居智慧"的理念简单、明了、朴素、无华、形象地表现出来，使读者能够触动到思绪，感受到空灵，有通透的呼吸感。这种表现形式让人们眼前一亮，倍感新鲜和亲切。这就是广告的创意。

图 3-1　云山诗意广告

1. 创意

在艺术领域，创意这个词较少用，用得更多的是"创造"或"创作"。在英文里，"创造""创作"和"创意"都可以用 Creative、Creativity、Ideas 表示，有时也可以用 Production 表示。根据韦氏大辞典的解释，"创造"的意思是"赋予存在"（to Bring into Existence），具有"无中生有""原创"的意思。"创意"从字面上理解是"创造意象之意"，从这一层面进行挖掘，则广告创意是介于广告策划与广告表现制作之间的艺术构思活动。即根据广告主题，经过精心思考和策划，运用艺术手段，把所掌握的材料进行创造性的组合，以塑造一个意象的过程。简而言之，即广告主题意念的意象化。

2. 广告创意

广告创意不像艺术家们的艺术作品的创作。有人把广告创意形容为是"带着镣铐跳舞"。它不是创意人员的天马行空和自我个性的张扬。因为广告创意是广告活动的一个环节，而广告活动具有计划性和程序性，同时具有商业目的，所以广告创意必然受到各种条件的约束。广告创意人员必须在有限制的自由空间内发挥自己无限的创作潜能。

美国著名的广告创意指导戈登·E·怀特（Gorden·E·White）将创意比喻成广告策划中的 X 因子。因为与媒体策划和广告预算等不同，各种广告创意方法的潜在效力不像其他广告活动决策那样比较确定。戈登·E·怀特的比喻揭示了广告创意依赖于创造力的一面，正是因为创造力使广告创意看起来像一个不确定的 X 因子。同时，他的比喻也强调了不同广告创意方法很难进行潜在效力的比较。

美国广告大师李奥·贝纳认为，所谓创意的真正关键是如何运用有关的、可信的、品调高的方式，与以前无关的事物之间建立一种新的有意义的关系的艺术，而这种新的关系可以把商品某种新鲜的见解表现出来。李奥·贝纳的看法强调了创意是与以前无关的事物建立一种有新意义的关系。同时，值得一提的是，他强调了运用"可信的、品调高的方式"，这对于今天许多喜欢信口开河、制造虚假广告的人是一种很好的告诫。

詹姆斯·韦伯·扬在《产生创意的方法》一书中对于创意（ideas）的解释在广告界得到了比较普遍的认同，即"创意完全是各种要素的重新组合。广告中的创意，常是有着生活与事件'一般知识'的人士，对来自产品的'特定知识'加以新组合的结果"。所以，詹姆斯·韦伯·扬的创意可以简单地概括为"旧元素，新组合"。

20世纪60年代，在西方国家开始出现了"大创意"（the big creative idea）的概念，并且迅速在西方国家流行开来。大卫·奥格威指出："要吸引消费者的注意力，同时让他们来买你的产品，非要有很好的特点不可，除非你的广告有很好的点子，不然它就像很快被黑夜吞噬的船只。"奥格威所说的"点子"，就是创意。

北京广播学院广告学系的丁俊杰教授认为，广告创意最不可忽视的本质是"讯息"，广告创意是使广告讯息得到更好的传达，使广告对诉求对象起到更好的作用的手段。好的创意，必须有明确的讯息策略的指导。不包含讯息的广告创意，即便表现奇特，也很难成为好的创意。他用一个公式来概括广告创意：广告创意=创异+创益。所谓的"创异"就是要让广告做到与众不同，这是广告策略的任务。因为今天的经济是注意力经济，只有吸引消费者的注意力才可能做到销售。所谓的"创益"就是创造经济效益。大卫·奥格威说过，广告的目的不是创作艺术，而是促进销售，要创作出有销售力的广告。

我们认为："所谓广告创意就是广告人对广告创作对象所进行的创造性的思维活动，是通过想象、组合和创造，对广告主题、内容和表现形式所进行的观念性的新颖性文化构思，创造新的意念或系统，使广告对象的潜在现实属性升华为社会公众所能感受到的具象"。

3.1.2 网络广告创意的基础和前提

1. 网络广告创意的基础

网络广告只是在产品的价值链中起到一种沟通广告主与消费者之间信息的桥梁作用。所以，如果想产生有用的广告创意，广告创意人必须对营销原理有所了解；同时，必须从传播的角度去思考问题。

首先，网络广告创意人必须了解自己的目标消费者和他们的需求，并了解如何与他们沟通。只有实现有效的传播沟通，广告才可能是成功的。

其次，网络广告创意人一定要对需要做广告的产品或服务作充分的了解。如果是适合自己使用的个人消费品，广告创意人要尽量去尝试使用广告的产品或服务，去体验消费者使用商品或服务的真实感受。这一点说起来简单，做起来却实在不易。

再次，网络广告创意人同时也要分析竞争对手的情况，了解他们的产品或服务有何优点和缺点，了解竞争对手的广告是如何做的。这样，才能给自己的创意找一个恰当的方向，选择一种合适的策略。

最后，网络广告创意人在筛选提取销售信息时，必须考虑如果消费者看到这项或那项销售信息时，会有什么反应和行动。同时，广告创意人应思考消费者为什么会有这样或那样的反应和行动。目标消费者在看了广告后,是不是开始喜欢这个产品了呢?他们会去商场买这个产品吗?他们会直接通过广告邮购吗?他们看了这则网络广告后会立即在网上订购吗?广告创意人应该尽量把可能出现的情况预先想到,并从中做出最好的选择。

另外,网络广告创意人还应该对网络广告进行预算。网络广告毕竟是一种商业广告,考虑收益与成本。广告创意人必须在网络广告预算限定的范围内开展创意,否则,广告创意就无法得以实现。网络广告预算是对网络广告创意人员在金钱方面的限制,并不是对创意的限制,很少的预算下同样可以产生好的创意。

总之,网络广告创意人在创意之前应该考虑各种因素,尽量全面地掌握各方面的材料。

2. 网络广告创意的前提

对网络广告所广告的产品进行定位是网络广告创意的前提,它先于广告创意,而广告创意则是它的表现。对所广告的产品进行定位所要解决的是"做什么",广告创意所要解决的是"怎么做",只有明确"做什么",才有可能做好"怎么做"。一旦对所广告的产品进行的定位确定下来,怎样表现广告内容和广告风格才能够随后确定。对所广告的产品进行定位是根据消费者对某种产品属性的重视程度,给所广告的产品确立具有竞争力、差别化的市场定位,为本企业的产品创造、培养一定的特色,树立独特的市场形象,以满足消费者的某种需求和偏好,从而达到促进销售的目的。具体来说,广告产品定位可分为以下几种类型:

(1)功能定位。仔细分析,寻找出自己产品与其他同类产品的相异之处,然后在广告定位中突出自己产品的特异功效,使该产品在同类产品中有明显区别,给消费者留下清晰的印象,以增加选择性需求。如佳洁士强调防蛀,而高露洁强调美白,东风标致 3008 上市以来,主打 T(1.6THP 发动机)、M(Mirage 幻影战斗机座舱)、H(Hobby 分体式尾门)三大核心卖点,经过前期大半年的持续传播,受众对 TMH 三大卖点已经有了较高的认知程度(见图 3-2 和图 3-3)。广告通过打造一位白富美车主将 3008 的后备车厢改装成衣柜,在露天停车场高调的更衣换装、化妆打扮,从而与不同男士相亲的事件。白富美的 3008 衣柜里装满了鞋子、衣服、化妆品和生活用品,满足了白富美随时换装的需求。采用搜狐视频、优酷时间、网易拍客等各大网站开始在官方微博推送病毒视频内容。①

图 3-2 东风标致网络广告(1)

---

① 图片来源:回顾 2014 最 duang 的网络营销案例汽车篇. http://www.meihua.info/a/62543.

图 3-3　东风标致网络广告（2）

（2）品质定位。在网络广告宣传中强调产品的优良品质，利用自己的领先优势作为重点。因为消费者一般要求品质优良的商品，只有这样，网络广告才能在消费者心目中留下深刻的印象。一般宣传时应强调产品的具体品质，让消费者了解该产品究竟优在何处，给他留下明确的而不是含糊的印象。优酷生活《创食计》让生活家林依轮，带着他多年对美食的追求，将高品质的食材、用品、料理通过写实镜头，完整展现给观众。节目以内容为介质，搭建"追求品质受众"与"高品质各行业生活品牌"的桥梁，给品牌带来全新的产品植入渠道，让有品质的品牌走进有品质追求的受众家庭。正是《创食计》"好内容＋精准人群"的特质，让农夫山泉一眼倾心，品牌与节目一拍即合。一直以来坚持"做大自然的搬运工"的农夫山泉，结合此次节目，打出了"好水煲好汤，好水做好菜"的健康生活诉求，不仅品牌与节目在诉求上契合，农夫山泉的高品质水与节目内容也实现了无缝融合，作为制作美食的优质原材料体现在节目的整个过程中，将"好水煲好汤，好水做好菜"的理念潜移默化地传递给节目受众，见图3-4和图3-5。①

图 3-4　农夫山泉网络广告（1）　　　　图 3-5　农夫山泉网络广告（2）

---

① 图片来源：http://www.adquan.com/post-1-30402.

（3）价格定位。如果商品的品质、性能、造型等方面与市场上同类商品相近，没有什么特异的地方可以吸引消费者，在这种情况下，网络广告宣传可以运用价格定位策略。例如，20世纪70年代石油危机时期，美国人要求汽车省汽油，性能好，外型方面不特别要求，日本人很会做生意，他们很快就研制生产了一种省汽油、性能好、外型漂亮，价格又低廉的小汽车打进美国市场。广告突出省汽油，价廉物美，巧妙地运用价格定位策略击败竞争对手。运用价格定位策略时，应注意看准时机。天时、地利、人和，一样不可缺少。

（4）市场定位。这是市场细分策略在网络广告中的具体运用，将商品定位在最有利的市场位置上。如万宝路香烟开始只是对妇女有吸引力的香烟，因而销量有限，后来成立了一个新的机构，它把万宝路宣传为一种"身强力壮"的男子汉吸用的香烟，电视的画面是穿牛仔的青年骑马在奔驰，显得潇洒自如，令人神往，终于万宝路登上"世界销量第一"的宝座。同是一种商品，只因广告策略不同，推销的结果也迥然不同，足见广告的作用。

（5）是非定位。这是从观念上人为地把产品市场加以区分的策略。这种定位的典型例子是美国七喜汽水广告。在美国清凉饮料市场中，原先由可口可乐稳固地占领了可乐市场的位置，其他品牌无插足余地。但七喜汽水却创造了"非可乐"的定位，在宣传中把饮料市场区分为可乐型和非可乐型两类，而七喜汽水属于非可乐型饮料。这样就在可乐之外的"非可乐"的位置上来确立七喜的地位和形象，使其取得了销售的成功。

（6）逆向定位。一般企业做广告都采用正向定位，即在广告中突出商品在同类商品中的优越性，而逆向定位则反其道而行之，是以退为进的手法。在广告中突出市场信息上名气高的商品或企业的优越性，并表示本产品不如它好，甘居二流，但要努力迎头赶上，或者通过承认自己的不足，给人一种诚实感，而不会使人感到在自吹自擂。

（7）对抗竞争定位。逆向定位是承认强者，然后诚心诚意地准备迎头赶上，取得人们的理解和信任。而对抗竞争则是不服输，与强者对着干，以此显示自己的实力与地位，并力争取得与强者一样的甚至超过强者的市场占有率及知名度。美国的百事可乐就是采用对抗竞争方法，直接同位居举首的可口可乐展开竞争，并成为仅次于可口可乐的第二大可乐型饮料。

3.1.3 网络广告创意的原则

1. 独创性原则

所谓独创性原则是指网络广告创意不能因循守旧、墨守陈规，而要勇于标新立异、独辟蹊径。独创性的网络广告创意具有最大强度的心理突破效果。与众不同的新奇感能引人注目，且其鲜明的魅力会触发人们强烈的兴趣，能够在受众脑海中留下深刻的印象，并长久地被记忆，这一系列心理过程符合网络广告传达的心理阶梯的目标。

2. 实效性原则

独创性是网络广告创意的首要原则，但独创性不是目的。网络广告创意能否达到促销的目的基本上取决于网络广告信息的传达效率，这就是网络广告创意的实效性原则，其包括理解性和相关性。理解性即易为广大受众所接受。在进行网络广告创意时，就要善于将各种信息符号元素进行最佳组合，使其具有适度的新颖性和独创性，其关键是在"新颖性"与"可理解性"之间寻找到最佳结合点。相关性是指网络广告创意中的意象组合和网络广告主题内容的内部相关联系。

3. 简洁性原则

消费者的记忆是有限的,而且时刻都在接受各种广告的轰炸,消费者在网络中更是要接触海量信息,所以,网络广告与其他广告形式一样,要尽可能简单明了。即广告所传达的信息必须简洁、单纯和突出。好的广告一般每次只和消费者沟通一件事,只有这样消费者才可能印象深刻。

4. 系列变化原则

一种商品的推销必然是一个长期的过程,其网络广告应该在产品不同的发展阶段随之变化。大卫·奥格威说过,所有的广告都应该是系列广告的代表作,如果不能根据自己的创意发展出系列广告,那就不是杰出的创意。利用时间的连续性采用系列广告宣传一个共同主题不能不说是一种加强广告宣传效果的重要手段。

5. 及时性原则

成功的经营者一般都很注意将一些重要的事件与广告联系起来,利用一切机会来宣传自己的产品,这种原则在事件营销中最为重要。这就要求网络广告策划人能敏锐地捕捉到关键事件及产品的关联性,并及时创作出有创意的网络广告。

3.2 网络广告创意的方法

3.2.1 激发网络广告创意的方法

一则优秀的广告必须有一个优秀的创意,但一个好的创意通常是很难找到的,它需要创作人员的灵感。如何激发网络广告创意人员的灵感呢?一般广告创意思考方法包括以下几种。

1. 垂直思考法

垂直思考法也叫逻辑的思考和分析法,这种类型的思考是按照一定的思考线路,在一个固定的范围内按照一定的思考路线进行,自上而下进行垂直思考,故被称为垂直思考法。此方法偏重于利用已有经验和知识,以对旧的经验和知识的重新组合来产生创意,能够在社会公众既定的心理基础上交出广告创意的诉求,但是在广告形式上难以有大的突破,结果比较雷同。其一向被评价为最理想的思考法。优点是比较稳妥,有一个较为明确的思考方向。其缺陷是偏重于以往的经验、模式,只是对旧意识进行重版或改良。

2. 水平思考法

水平思考法又称为横向思考法,是今天广泛使用的一种思考问题的方法。它在思考问题时向着多方位方向发展,探究新的关系,打破已有的激发创意的思考模式,摆脱已有知识和旧的经验约束,冲破常规,要求努力突破思维定势,提出富有创造性的见解、观点和方案。此方法有益于产生新的创意却无法取代垂直思考法,只能弥补后者的不足。任何构想的思考,仍旧选用垂直法,同时水平思考法又可提醒创意者在思考时不可固步自封,两种方法相互配合,加以灵活运用,可以收到事半功倍的效果。水平思考法一般是基于人的发散性思维,故又把这种方法称为发散式思维法。例如,在人们普遍考虑"人为什么会得天花"的问题时,琴纳考虑的则是"为什么在奶牛场劳动的女工不得天花?"正是采用这种发散式思维法,使他取得了医学上的重大发现。

如表 3-1 所示是垂直思考法与水平思考法的区别。①

表 3-1　垂直思考法与水平思考法的区别

垂直思考法	水平思考法
可选择	可再生
分析性	争论性
顺序性	跳跃性
必须正确	不必正确
否定排除选择	确认没有负面因素
剔除无关者	发现新机会
寻找最可能的途径	探索最不可能的途径
有限论	或然论

3. 跳跃联想法

这种思考方法是在进行广告创意时，为了找到令人惊异的构思，而在看似毫无关联的两个问题之间构想出特定关系。这种方法是以跳跃而产生联想，而并不把自己思考的基准点加以固定。

4. 转移经验法

广告创意的转移经验法是指把一种知识或经验转移到其他事物上的思维方法。在进行经验的转移时，既可以是同类、同质经验上的转移，也可以是异类异质经验上的转移。

3.2.2　网络广告的创意策略

1. USP 策略

罗素·瑞夫斯提出的 USP 策略是指广告要有独特的销售主题（Unique Selling Proposition），只有当广告能指出产品的独特之处时才能行之有效，即应在传达内容时发现和发展自己的独特销售主题。USP 有三部分特点：

（1）必须包含特定的商品效用。即每一广告都要对消费者提出一个说辞，给予消费者一个明确的利益承诺。

（2）必须是独特的、唯一的。这是其他同类竞争商品不具有或没有宣传过的说辞。

（3）必须有利于促进销售，即这一说辞一定要强有力到能招来数百万计的大众。由于科学技术急速发展，人类社会不断向前推动，单靠一般化、模式化的广告创意和表现已不能引起大众的注意和兴趣，必须在产品中寻找并在广告中陈述产品的独特之处，即实施独特的销售主题。这一新的广告创意策略一经问世便立即在广告界引起热烈响应，并在 20 世纪五六十年代得到普遍推广。

2. 品牌形象理论

该理论产生在二战后的美国，由大卫·奥格威提出。当时产品的同质化越来越高，这样

---

① 来源：出自爱德华·德·巴诺. 管理的水平思考. 纽约：美国管理协会，1971.
引自蒙勒·李，卡拉·约翰逊. 广告原理. 延边人民出版社，2003.

寻求产品的"独特卖点"就越来越难。大卫·奥格威认为，在产品完全同质的基础上，谁更有独特气质，谁就能脱颖而出。因此，应该为品牌产品建立一个个性和发起一个成功广告运动是非常重要的。企业必须决定品牌有一个怎样的形象（Image），即个性。广告不仅要挖掘产品本身的卖点，同时还要赋予产品人格化的形象，即一个产品就像一个人，要有自己的个性，就是这个形象决定了产品在市场的地位是成功还是失败。

在关于如何建立形象的问题上，他认为，广告不是娱乐，而是要提供信息，促使顾客购买的不是广告的形式，而是广告的内容。这个广告内容是什么呢？按照形象理论看法，这个内容就是包含着创意（Creative）的个性形象。所以，形象论认为，一个好的广告应该让人们感觉这不是一个广告，不强卖，而是应该让顾客在无意识下去购买你的产品。

罗杰·瑞夫斯对 USP 理论与品牌形象理论的关系做过一段评价：USP 和品牌形象之间的关系是：一个演讲者的穿戴、气质、说服力就是品牌形象，演讲内容是 USP，并主张将二者结合起来，认为纯粹的 USP 和纯粹的品牌形象都不可取。换句话说，USP 是内核，而品牌形象是外壳。因此说 USP 仍然是一个广告的关键。USP 理论并不会随着时间的推移而暗淡无光。

3．定位理论

定位（Positioning）是由著名的美国营销专家艾尔·莫瑞斯（AlRies）与杰克·特劳特（Jack Trout）于 20 世纪 70 年代早期提出来的。定位理论的产生源于信息爆炸造成的人类各种信息传播渠道的拥挤和阻塞，几乎把消费者推到了无所适从的境地。

定位的对象是从产品开始，可以是一件商品、一项服务、一家公司、一个机构，甚至是一个人，也可能是你自己。

定位并不是要对产品做什么事情，而是要将产品在未来潜在顾客的脑海里确定一个合理的位置。也就是说，定位是要针对潜在顾客的心理采取行动。因此，定位是对顾客的头脑进行争夺的理论，其目的是在潜在顾客心中得到有利的地位。定位的真谛就是"攻心为上"，消费者的心灵才是营销的终级战场。要抓住消费者的心，必须了解他们的思考模式，这是进行定位的前提。《新定位》一书列出了消费者的五大思考模式。

模式一：消费者只能接收有限的信息。在超载的信息中，消费者会按照个人的经验、喜好、兴趣甚至情绪，选择接受哪些信息，记忆哪些信息。因此，较能引起兴趣的产品种类和品牌，就拥有打入消费者记忆的先天优势。

模式二：消费者喜欢简单，讨厌复杂。在各种媒体广告的狂轰滥炸下，消费者最需要简单明了的信息。广告传播信息简化的诀窍就是不要长篇大论，而是集中力量将一个重点清楚地打入消费者心中，突破人们复杂的心理屏障。

模式三：消费者缺乏安全感。由于缺乏安全感，消费者会买跟别人一样的东西，免除花冤枉钱或被朋友批评的危险。所以，人们在购买商品前（尤其是耐用消费品），都要经过缜密的商品调查。而广告定位传达给消费者简单而又易引起兴趣的信息，正好使自己的品牌易于在消费者中传播。

模式四：消费者对品牌的印象不会轻易改变。虽然一般认为新品牌有新鲜感，较能引人注目，但是消费者真能记到脑子里的信息，还是耳熟能详的东西。

模式五：消费者的想法容易失去焦点。虽然盛行一时的多元化、扩张生产线增加了品牌多元性，但是却使消费者模糊了原有的品牌印象。美国舒洁公司在纸业的定位就是一例。舒洁原本是以生产舒洁卫生纸起家的，后来，它把自己的品牌拓展到舒洁纸面巾、舒洁纸餐巾以及其他纸产品,以至于在数十亿美元的市场中,拥有了最大的市场占有率。然而,正是这些盲目延伸的品牌,使消费者失去了对其注意的焦点,最终让宝洁公司乘虚而入。难怪一位营销专家以美国人的幽默方式发问:舒洁餐巾纸,舒洁卫生纸,到底哪个牌子是为鼻子而设计的呢?

4. 共鸣理论

这种理论要求创作人员要对目标受众的世界——包括他们的经历和情感在内有较深的理解。运用这种理论的广告并不强调产品说明或品牌形象,而是设计情景或渲染感情,以激发回应者对记忆的积极联想。如1998年下半年,雕牌洗衣粉曾全面退市,1999年初,又以全新的包装切入洗衣粉市场,获得二次创业的成功。此次出击的雕牌大打情感牌,借助"下岗潮"的出现,其不失时机地抓住这一引起社会普遍关注的资源,借势进行品牌的打造与传播。"雕"的情感诉求比较成功,其创造的"下岗篇",就是其中比较好的情感宣传方式。妈妈下岗了,家庭生活日显拮据,并随着妈妈找工作的画面把情感推向了高潮,片中小主角的真情表白:妈妈说,雕牌洗衣粉,只用一点点,就能洗好多多衣服,可省钱了。妈妈,我能帮您干活了。随着下岗这一普遍社会现象的出现,这一宣传引起了消费者内心深处的震撼以及强烈的情感共鸣,品牌迅速得到认同与提升。

3.2.3 网络广告的诉求方法

广告的诉求指的是广告中用以吸引消费者注意或兴趣和影响其对产品或服务的感觉的基本方法。一般来说,广告诉求有两种方法:理性诉求和情感诉求。

1. 理性诉求

理性诉求是指广告侧重于运用说理的方法,直陈商品或服务对于消费者的重要性、迫切性以及该商品或服务的若干优点与特点。这种诉求方式的理论假设是:人类的大部分行为都是有意识的,受其理智控制的。欲使其形成或改变某种态度、出现某种行为,最关键的是要形成或改变某种认识。从心理学角度看,理性诉求广告要达到预期的最佳效果,须遵循下列策略或准则:

(1) 拟定说服的重点。说服重点是目标消费者的心理特点与产品特点的结合。

(2) 论据比论点、论证更重要。论据一般分为人和物两种形式。人,一是选择具有权威人物,或有影响力的人物;二是选择用过该产品的消费者。物,以物作为论据的形式有:实物演示、实验数据、图表等。所有这些演示、数据、图表所反映的内容都必须是真实的、经得起重复实验的。

(3) 适度利用"恐惧唤起"。美国心理学家施肯认为,宣传必须使人们的内心感到有压力与威胁,只有听从劝告,按宣传者说的去做,才能消除心理上的负担。许多广告,尤其是药物广告不断告诉人们,你现在的状态如何,发展下去会如何;用了这种药物又会如何,以此作为说服消费者的手段。如螨灵霜的祛痘产品广告就是利用唤起恐惧达到宣传效果的。

(4) 运用双向信息交流,增加可信度。即在大力彰扬产品优点的同时,也说出产品的一些不足之处。

2. 情感诉求

情感诉求广告也称情绪诉求广告,是指广告制作者通过极富人情味的诉求方式,针对消费者的心理、社会或象征性需求,表现与企业、产品、服务相关的情感和情绪,通过引起消费者情感上的共鸣，引导消费者产生购买欲望和行为。在进行广告创意的过程中，创作人员会把情感诉求作为创意的切入点，试图用情感来影响消费者，通过对消费者心理需求的研究，运用合理的艺术表现手法进行广告创作，寻求最能够引发消费者情感共鸣的出发点，从而促使消费者在动情之中接受广告，激发购买行为。

情感方式则是通过非理性知觉通道传输到大脑中枢。这条通路较之理性知觉通路要短得多，也直接得多，因而传递速度也就快得多，并能够更加深刻地"印刻"在人们的心灵中，产生巨大的感染力与影响力。在广告中运用情感诉求的方式不仅是重要的，也是可能的。这里介绍几个常见的表现手法。

（1）以充满情感的语言、形象，作用于消费者的需求兴奋点。说实话、抒真情是广告的生命。只有老实诚恳的广告诉求，才能以情动人，才能使人们向它靠近并对它产生好感，最后从情感上被它征服并产生共鸣。如广西南方儿童食品厂的南方黑芝麻糊广告，以浓郁的怀旧情调展开：在遥远的年代，江南麻石小巷，天色近晚。一对挑担的母女向幽深的陋巷走去，伴随着"南方黑芝麻糊哎——"的叫卖声，音乐响起。而在深宅大院门前，一个小男孩拨开粗重的橙栊，挤出门来，深吸着飘来的香气。小男孩再也坐不住了，跑了出来，看着一位阿婆端着热气腾腾的芝麻糊，急得直搓手，舔唇。这时妇女也给小男孩舀了一碗，他埋头猛吃，大碗几乎盖住了脸庞。碾芝麻糊的小女孩投去新奇的目光。小男孩也不在意，吃完了还大模大样地将碗舔得干干净净，逗得小女孩掩嘴善意地笑起来。看着小男孩可爱的样子，妇女爱怜地给他添上一勺芝麻糊，轻轻地抹去他脸上的残糊。这时小男孩默默地抬起头来，目光里似羞涩、似感激、似怀想，意味深长。此时，字幕加画外音："一股浓香，一缕温暖，南方黑芝麻糊"。

（2）利用谐趣幽默的语言作用于消费者的兴奋点。如中国移动请影星葛优为神州行品牌做的广告堪称经典。"就说这手机卡，有一说一啊，我不挑号，号好不好是虚的，我挑卡！神州行，是吧？用的人多。这就跟进饭馆儿一样，是啊？一条街上，哪家人多我进哪家，神州行，听说将近两亿人，我……相信群众。喂！神州行，我看行。"幽默的广告词再加上葛优的葛式幽默，让广告深入人心。

（3）增加产品的心理附加值。人类的需要具有多重性，既有物质性需要又有精神性需要。并且这两类需要常处于交融状态，即物质上的满足可以带来精神上的愉悦；精神上的满足有时又需要物质作为基础。人类的如此心态，便给广告制作者辟出了一个发挥聪明才智的广阔空间。如，"麦氏咖啡，情浓意更浓。"——麦氏咖啡广告。

3.2.4 网络广告创意的程序

广告创意是内容与形式的统一体。对一个广告创意的产生，广告大师们各有心得。但有一点是肯定的，创意不会凭空而来，创意也并不那么高深莫测，无章可循。掌握了一些方法之后，任何人都可以激发出无与伦比的创意。一般来讲，网络广告创意过程可分为下列五个阶段：

（1）准备期。研究所搜集的资料，根据旧经验，启发新创意，资料分为一般资料或特殊资料，所谓特殊资料，指专为某一网络广告活动而搜集的有关资料。

（2）孵化期。把所搜集的资料加以咀嚼消化，使意识自由发展，并使其结合。因为一切创意的产生，都是在偶然的机会突然发现的。

（3）启示期。大多数心理学家认为：印象是产生启示的源泉，所以本阶段是在意识发展与结合中产生各种创意。

（4）验证期。把所产生的创意予以检讨修正，使其更臻完美。

（5）形成期。以文字或图形将创意具体化。

3.3 网络广告文案写作

3.3.1 网络广告文案的特点

网络广告是一种新型的广告形式，已经逐渐成为商家与消费者之间进行信息交流的主要形式。网络广告在技术上通过设计软件和脚本语言来实现，依托于网络而存在，通过网民的点击向广大网民传递新产品或服务的信息，具有高度的互动性和即时性。网络广告面对的是一群追逐时尚、肯花时间泡在网上的青年消费者，他们受教育程度较高，相对富裕，具有较强的消费能力。点击率是网络广告的生命力。网络广告能否对网络消费者产生影响，达到预期的广告效果，一定程度上取决于网络广告文案的创意、表现形式和特点、写作技巧等。网络广告文案依据网络广告在多种网络技术和多媒体技术中的具体操作方式而产生相应的特点和文本风格。

1. 超文本性

网络区别于传统媒介的本质特征之一，就在于它改变传统文本的线性方式，具有超文本链接功能。传统媒体广告的线性结构，使受众在接受广告信息时，只能在一个平面上接受。而网络广告却可以通过国际互联网，把相关的广告信息通过链接组织在一起，不间断地传播到世界各地。网络消费者一层一层地点击，可以深入到无穷无尽的网络信息世界。这就要求网络广告文案的作者具有超文本的写作能力，在文字文本的基础上轻松插入图片、声音和视频，提高广告内容表达的准确性。

2. 简洁性

互联网连接着整个世界，但任何一个网站一次性呈现给受众的页面只有电脑屏幕那么大的面积，而且网络媒体也不适宜长时间阅读，因此大多数网站都将广告的长度限制在一定的范围之内，留给广告文案写作的空间很小。加之网络受众在线阅读受上网费用的限制、视力消耗过度等因素影响而难以持久。因此，网络广告语言要简洁精炼，通俗易懂，并且赋予新的内涵。同时广告语言尽量使用短标语、短文案。网络广告的标题和正文往往合二为一，用简短的几个词组甚至几个字，起到吸引受众注意力和传达信息的作用，要具有诱导性、号召性。至于对详细的广告信息和电子商务内容的了解，可以通过吸引受众点击链接到企业网站主页当中。虽然网络无国界，但网络消费者还是会受到语言的限制，因而网络广告要根据企业的传播目标而选择网站，决定运用何种语言。网络广告文案的写作，一定要做到开门见山，直截了当，真正做到"立片言以居要"。

3. 交互性

互联网突破了传统媒体单向传播的局限，为网络受众与媒体间的双向交流提供了可能。交互性是由网络媒体传播的优势所决定的。网络受众不再是广告信息的被动接受者，他们可以发布信息，主动寻找信息，同时也可以随时反馈接收到广告信息后的感受，告知是否购买，或询问产品更为详细的相关信息等。网络广告不仅要提升品牌的知名度，传播品牌的新形象，更要吸引网络受众进行更深的接触，因而需要将广告与企业主页相链接，提高企业主页点击率。网络广告文案写作要结合网络传播的交互性特点注意设置悬念和参与内容，引起网络受众的兴趣，强化网络广告信息与网络目标受众之间的双向沟通和自由交流。

4. 生动性

网络广告面向的受众是多层次的。在网络传播的积极推动下，网络广告客观上已经成为网络文化中的一部分。广告属于低关注度的传播活动，如果要激发起人们的接受兴趣，广告语言应有很强的冲击力和表现力。研究表明，人们的心情轻松愉快时，对信息的接受率比平时要高得多。在诸多的表现手段中，幽默是通往广告受众心里的一条捷径。网络广告的创意比其他媒体广告更应注重风趣和幽默的特点。网络广告除了文案的表述要生动幽默以外，在图片中使用卡通形象往往可增加生动性、趣味性。当然，网络广告文案的写作同其他广告文案的写作一样，生动有趣的语言来源于精妙的创意和对语言规律的熟练掌握。由于网络可以根据不同兴趣和爱好，把受众高度细分化，因而针对不同目标受众，要注意运用他们所熟悉的语气、词汇，从而增加他们的认同感，更好地传播广告信息内容。

5. 时尚性

从把握受众好恶倾向的角度看，网络广告文案写作选择词语时，合理、适当地选择使用网络中的流行语，注意运用网民所熟悉的语气、词汇，增加他们的认同感。这样能够更加符合网民消费者的心态，更能吸引网民的注意。在使用当前网络流行语的时候，增加文字的创新性，选择感性的诉求方式，在风格上形成与众不同的个性，这一点显得非常重要。在网络广告文案写作中，优美的文辞、充沛的情感、时尚的文化特色均是给网民留下好感、产生消费注意和消费兴趣的重要因素。

6. 艺术性

广告既是一门科学，也是一门艺术。广告文案的写作不仅要新颖独特，更要讲究艺术性。网络广告文案的写作应做到构思巧妙，耐人寻味，具有艺术欣赏价值，对网络消费者要有强大的吸引力。将网络广告信息本身的内容和多媒体效果完美地结合起来，创造出精美的网络广告作品，以达到广告信息传递的最佳效果。

3.3.2 网络广告文案的写作

在网络广告中，虽然亮丽的色彩、精美的图片是吸引用户点击的重要因素，但广告中的文字语言也有着不可忽视的一面。网络广告中语言文字的主要作用是运用文字艺术直接或间接地向消费者传递商品或劳务信息，吸引消费者的注意力，从而引起兴趣，继而产生需求欲望。如果图片是通过视觉效果引导受众，那么文案内容就是决定广告是否能吸引受众关注的重要因素。

广告的文字语言来自于文学艺术品，但又不同于一般的文学作品。人们愿意花时间和精力去研读、思考一般的文学作品，理解其中的内在含义，而广告必须是受众在接触的最初就能吸引受众，继而引导受众了解其所要传达的信息。所以，广告文案中的文字不但要能使广告应该传递的信息传递出去，还要在第一时间能吸引受众。所以，创作难度很大。

一般网络广告文案的内容包括三部分：广告标题、广告说明文和广告标语。其中广告标题是最为重要的因素。因为标题是吸引力注意的焦点，一个成功的标题不仅能吸引受众，还能促进销售。广告标语又叫广告口号，是为了强化人们对商品或品牌的印象，在一定时期内反复使用的特定宣传语。例如，诺基亚——科技以人为本；戴比尔斯——钻石恒久远，一颗永流传；海尔——真诚到永远。

1. 网络广告标题

互联网上存在的海量信息是网络广告吸引接受者的最大障碍。在这种情况下，访问者看什么，不看什么，标题能起很大作用。同时，由于上网是需要付费的，因此，消费者只会选择真正感兴趣的网络广告点击进去浏览，这时，一则醒目而吸引人的标题是至关重要且必不可少的。广告大师大卫·奥格威说过："平均起来，人们读广告标题的次数是读广告正文的 5 倍。"所以，广告标题是广告的生命线。

（1）网络广告标题的表现形式。

通常，标题的撰写可以采取以下几种形式来抓住受众的眼球。

1）悬念式。网络广告的标题可以用设问等形式制造悬念，引起受众的兴趣和好奇心，从而去点击广告，希望从相关链接中寻找答案。如清华同方的真爱 X 电脑广告，其标题"瘦，这是我要的瘦身？"配以一仪态万方的窈窕淑女图片，让受众顿起兴趣，欲一探究竟，到底是什么的吸引力竟比该美女还大，最后谜底揭开，原来是瘦身电脑！此外，如"它害得我很惨——NISSAN 汽车"，NISSAN 汽车是世界知名品牌，其安全性能极佳，怎么会"害得我很惨"呢，标题给访问者留下深深的悬念，诱使他们看下去。

2）号召式。在标题中运用号召的语气可以使广告产生鼓动效果，从而提高广告的点击率。如迪士尼冰上世界首次来华演出的冰舞表演《美女与野兽》推出的免费情侣套票，广告标题为"数量有限，快来抢啊！昙花一现，免费看演出机不可失！"，相信看到的人一定会该出手时就出手的。

3）诱导式。诱导式的标题通常会明确指出产品为消费者提供的明显利益点，目标消费者在被这些利益点吸引后会主动点击广告。这种方式增强了广告信息传递的个人化，让每个接受广告信息的受众都感觉到这个产品是为其度身订做的，从而实现了传受双方之间的互动。如必胜客在搜狐上做的促销广告标题"想拿 60000 元好礼吗？就来必胜客"，看了真是让人禁不住怦然心动。另外，新浪短信广告："短信世界杯为中国队助威等你拿大奖。"三句话轮番跃出，对浏览者施以利益诱惑，并用号召式的语气使广告产生强大的鼓动效果。

在现实的网络世界中，诱使受众互动经常被使用到，诱使受众参与网络广告互动，可以采用诱导性语言使访问者产生兴趣，并进而产生互动式行为；很多大品牌，都有一以贯之的广告主题，譬如可口可乐的"欢乐"，麦当劳的"爱"，而 102 岁的奥利奥，则喋喋不休地说：来"玩"我吧，来"玩"我吧。不论是经典的"扭一扭，舔一舔，泡一泡"，还是最近奥利奥发起的"与奥利奥一起玩耍（Play With Oreo）"，"玩"的主题是一直坚持的。"与奥利奥一起玩耍"活动中，奥利奥号召粉丝们用独特的方式，或扭、或舔、或滚动、或堆叠奥利奥饼干。新近推出的一支广告片中，奥利奥作为主角，被种种玩法折腾着——甚至被切开——并乐此不疲。只要你能想到，怎么玩都可以，如图 3-6 和图 3-7 所示[1]。如图 3-8 所示是一则人头马的网络广告。[2]

---

[1] 图片来源：艾瑞咨询．http://a.iresearch.cn/am/20150309/247309.shtml．

[2] 图片来源：艾瑞咨询．http://a.iresearch.cn/am/20150309/247309.shtml．

图 3-6　奥利奥网络广告（1）

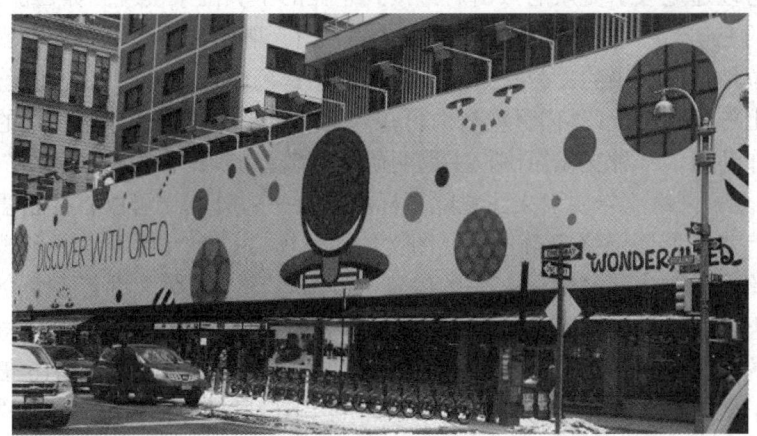

图 3-7　奥利奥网络广告（2）

图 3-8　人头马的网络广告

另外，还有新闻式标题、提问式标题等都能起到吸引消费者眼球的作用。

（2）网络广告标题的创作原则。

1）主旨明确。与其他传统媒体广告的受众相比，网络广告的受众更加缺乏耐心，而且同时还要考虑上网的费用。如果诉求的重点不突出，语言拖沓，即使广告传达的信息是有价值的，也很难继续抓住受众的注意力。因此网络广告文案的撰写要注意主旨明确。另外，还必须考虑到网络广告要达到的目标是什么。如果广告的目的是提升品牌知名度、传播品牌形象，那么，就可以用较直接的或号召式的方式来表现。如果广告的目的是吸引访问者进一步获得更深入的信息，可采用设问形式制造悬念。如果能确定访问者对设问中提出的问题感兴趣，而且确信他们可能点击这个广告，实行相关链接，去获得答案，那就不妨故意在广告中包括一部分含糊的、不明确的信息，以引导他们深入访问。

2）语言精练。"立片言以居要"，用精练简洁的语言传递完整全面的广告信息。至于更详细的产品信息可以通过吸引受众的点击后链接到企业的主页上来实现。如白加黑的网络广告，文案只有短短的三句话："白加黑表现就是这么好！白天服白片不瞌睡，晚上服黑片睡得香！"精练而准确到位地把白加黑的疗效特点以及与其他感冒药的最大不同展现在受众面前。再如，微软在其网页上的招聘广告："你喜欢自由自在、手拿可乐、边听音乐边工作的环境吗？"强调的是一种工作环境、一种文化氛围，主题明确，有较强的吸引力。

3）引人注意。网络广告要引人注意除了标题有吸引力外，还可以将标题语言与画面巧妙配合。和电视广告类似，网络广告也讲究图文的相互配合，而且由于动画形式比静态图形更吸引人，在网络广告中大量与商品有关的信息可以通过动态影像来诉诸于受众，在这种情况下，文案无须再画蛇添足地将信息重复，而应该服务于动态影像，有重点地进行阐释和补充，实现图文结合的完美效果。我们都知道图画比语言的力量强很多，大约在 16 倍，这也就是常说的：一图胜千文。图文搭配得当即加分，搭配不当不但减分，还可能造成广告诉求 down 下去，有效的图文搭配，有如画龙点睛。在移动广告上，对于插屏广告一般可按照"四格"搭配，即把图分为上下左右四个部分、左上下或右上下三个部分、上下或左右两个部分进行图文搭配。图 3-9 中的三星 Galaxy Note 4 就是按照左右下的三部分进行搭配，把主要信息放在上半部的左右端，次要信息放在底部的一小块范围内，有主有次搭配得当。①

图 3-9 三星产品的网络广告

---

① 图片来源：艾瑞咨询。http://a.iresearch.cn/am/20150206/246220.shtml。

4）语言形式灵活多样。网络媒体有国际性和地方性之分，网络广告文案的语言也要根据其投放的站点不同而进行灵活的选择。如果选择国际性的网站投放广告，则可以采用英语这一国际通用语言，或者根据目标消费者选择针对性强的语言，有时可并用两种语言。如果目标受众是国内人士，则通常只需用中文即可。

5）针对特定对象。广告与其他营销手段一样，都要针对产品或企业的目标顾客群，要有极强的针对性。例如："如何让 38 岁以上的女人看起来年轻？"这是大卫·奥格威为美国一家专业护肤公司所作的广告标题。标题开门见山，看似平常，实则画龙点睛，就是因为它有极强的针对性，同时，直击目标顾客的心理弱点。

2. 网络广告说明文

网络广告说明文是对广告标题的具体解释和说明，网络广告受众可以从中进一步了解广告产品的相关内容，可以说正文部分是网络广告与受众亲和程度最大的环节。网络广告说明文的长短受产品和广告要传递的信息类型有关，在写作网络广告说明文时应注意以下几点：

（1）最吸引人的内容先说，然后再将其他的内容展开。

（2）正文与标题配合良好。

（3）语言通俗易懂，尽量使用口头用语。

（4）开宗坦意，直截了当。

3. 网络广告标语

广告标语在传统广告中十分重要，它能帮助消费者建立消费观念，起到长期的推销效果。网络广告中，特别是横幅广告适当地使用标语也不失为增强广告效果的一种手段。

小　　结

创意是网络广告的灵魂。一则优秀的网络广告全赖于广告的创意和构思。广告创意就是广告人对广告创作对象所进行的创造性的思维活动，是通过想象、组合和创造，对广告主题、内容和表现形式所进行的观念性的、新颖性文化构思，创造新的意念或系统，使广告对象的潜在现实属性升华为社会公众所能感受到的具象。要创作好的网络广告必须首先了解三个方面的情况：目标市场的需求、产品的特征和竞争对手的情况。网络广告和传统广告其本质都是传播企业文化或产品定位的一种手段。所以，在进行网络广告创作之前，还要理解企业或产品的准确定位。营销学课程中的定位方法都可以用来理解广告定位。网络广告创作坚持独创性原则、实效性原则、简洁性原则、系列变化原则、及时性原则等。创作一幅优秀的网络广告需要丰富的生活经验和独特的思维方法。一般来讲，有垂直思考法、水平思考法、跳跃联想法、转移经验法等方法。从目前的广告创意来看，大都根据 USP 理论、品牌形象理论、定位理论和共鸣理论作为网络广告的策略基础，一般都通过理性诉求和感性诉求两种表达手法。最后，创意完成的结果是网络广告文案。一个好的创意需要一份完善的广告文案来体现。所以，写好网络广告文案是创意人员的基本功。

【案例】　耐克——Air Jordan XX2

广告背景：本活动是配合 Nike 旗下第 22 代乔丹鞋的上市而进行的网络营销，互动平台为粉丝网。用户可以上传乔丹的视频、图片和文章。参与活动者根据点击率可获得 Nike 护腕、

Nike 帽子、Nike 袜子等精彩礼品。三项征集都参与的用户,将会综合评定一位大奖,获得 Air Jordan XX2 一双。

活动设计:乔丹在中国几乎尽人皆知,本次活动利用乔丹的号召力,通过用户上传发布关于乔丹的资讯内容而告知第 22 代篮球鞋的上市,将明星号召力与产品资讯巧妙结合,活动以粉丝网庞大的互动人群为基础,以站内推广作为辅助传播,吸引了大量用户参与。

总体评价:传播方式的创新,与一般从点到面的传播方式不同,本次活动抓住"互动"这个关键词,在粉丝网庞大的粉丝团体内形成点对点质子碰撞型的传播方式,真正以互动促传播。耐克与乔丹本身就已经有足够的号召力,而 Air Jordan XX2 活动设置的有奖参与环节更能吸引粉丝网用户的注意力。如图 3-10 所示是耐克——Air Jordan XX2 的网络广告。[①]

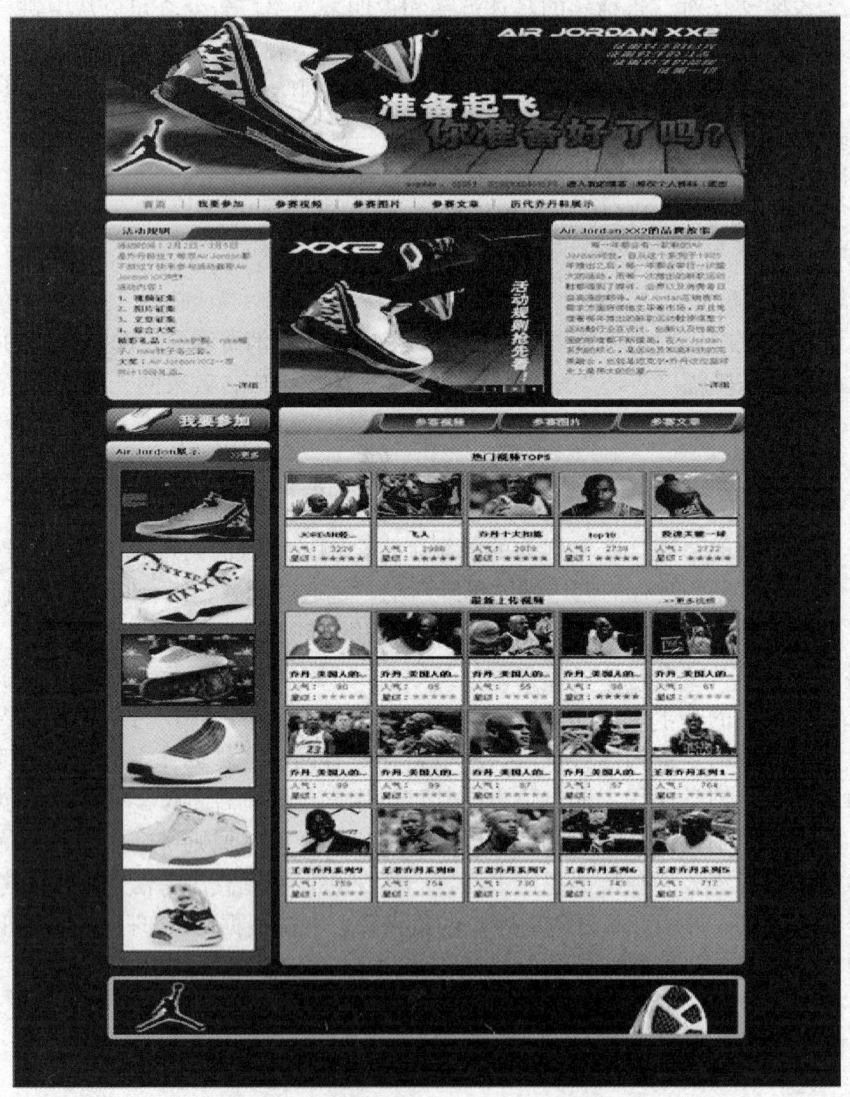

图 3-10 耐克——Air Jordan XX2 网络广告

---

① 图片来源:艾瑞咨询. http://www.iadchoice.com/case/adinfo.asp?id=293.

习 题

一、多项选择题

1. 一般广告创意思考方法包括（　　）。
   A. 垂直思考法　　　　　　　　B. 水平思考法
   C. 跳跃联想法　　　　　　　　D. 转移经验法
2. 网络广告创意的原则有（　　）。
   A. 实效性原则　　　　　　　　B. 简洁性原则
   C. 及时性原则　　　　　　　　D. 独创性原则
3. 网络广告的创意策略包括（　　）。
   A. 品牌形象理论　　　　　　　B. 定位理论
   C. 共鸣理论　　　　　　　　　D. USP 策略
4. 广告诉求方法包括（　　）。
   A. 理性诉求　　　　　　　　　B. 法律诉求
   C. 情感诉求　　　　　　　　　D. 道德诉求
5. 一般的网络广告文案，其内容包括（　　）。
   A. 广告口号　　　　　　　　　B. 广告标语
   C. 广告说明文　　　　　　　　D. 广告标题

二、思考题

1. 试述网络广告创意的基础。
2. 广告产品定位可以分为哪几种类型？
3. 简述网络广告策划的内容。
4. 广告标题的撰写可以采取哪些形式来抓住受众的眼球？

第 4 章 网络广告设计

【本章导读】

本章首先介绍网络广告的构成要素以及展示的形式，进而对广告设计中的色彩原理进行阐述，在了解色彩的基本概念的基础上，理解色彩的心理效应，形成合理的色彩搭配。同时，对广告中的文字设计要求以及原则进行论述。在网络广告的编排设计中，要根据表现主题与创意的要求，将传达内容的各构成要素，如插图、标志、色彩、文字等进行创造性的结合，安排要素间的视觉关联与配置，使其成为一个有机整体。最后，简要介绍网络广告的制作与审查。

【本章要点】

- 网络广告的构成要素
- 网络广告的展示形式
- 色彩的基本概念
- 色彩的心理效应
- 色彩的搭配
- 网络广告图像的格式
- 网络广告中的文字设计
- 网络广告中的编排设计
- 网络广告制作与审查

当形成好的网络广告创意以后，网络广告的实施并没有完成。网络广告最后的效果还取决于网络广告的设计水平。网络广告设计要能准确表达原有的广告创意，否则就不能取得理想的广告效果。

所谓的广告设计就是通过多种技术和手段，如文字、图形、图像、声音、动画和视频等，将广告构思和创意要表现和传达的信息和内容形象化、具体化。一个完整的网络广告设计可以细分为图像设计、色彩设计、文字设计、声音设计、空间编排设计，以及展示形式的选择等环节。

4.1 网络广告设计概述

与传统广告相比，网络广告有了更多的表现元素和形式。同时，也不再具有传统广告的强制或被动接受的缺陷。受众完全可以按自己的爱好下载文字、图片、声音或影像信息。因此，网络广告的设计与传统广告有明显的区别。

4.1.1 网络广告的构成要素

网络广告的六大传达要素是文字、色彩、图像、空间、时序和声音。网络广告的表现手法与传统广告相比，虽然构成广告画面的元素大致相同，但网络广告却增加了一些新的元素。相对平面广告而言，网络广告增加了声音，而且还有画面的活动与时序的变化；相比影视广告而言，网络广告在不失其画面丰富、生动的基础上，增添了空间上的层级链接。

网络广告的构成要素可以细分如下：

1．标题

标题主要是表达广告主题的短文，一般在平面设计中起画龙点睛的作用，以获取瞬间的打动效果，经常是运用文学的手法，以生动精彩的短句和一些形象夸张的手法来唤起消费者的购买欲望。不仅要争取消费者的注意，还要争取到消费者的心理。

标题应该选择简洁明了、易记、概括力强的短语，不一定是一个完整的句子，也有只用一两个字的短语，但它是广告文字最重要的部分。

标题在设计上一般采用基本字体，或者略加变化，而不宜太花，要力求醒目、易读，符合广告的表现意图，标题文字的形式要有一定的象征意义，粗壮有力的黑体适用于电器和轻工商品；圆头黑体带有曲线，适宜妇女和儿童商品的应用；端庄敦厚的老宋体，用于传统商品标识，稳重而带有历史感；典雅秀丽的新宋，适用于服装、化妆品，而斜体字则给画面带来动感。

标题在整个版面上应该处于最醒目的位置，应注意配合插图造型的需要，运用视觉引导，使读者的视线从标题自然地向插图、正文转移。例如美国运用篮球巨星脚穿"耐克鞋"在球场上腾空飞跃，配以"谁说我不能飞！"的感叹语句，使标题与照片融为一体，形象地夸耀了鞋子的质量，让人感到生动活泼，形成了自己的个性。

标题从形式还上可分为引题、正题、副题、旁题等。

2．正文

正文一般指的就是说明文，说明广告内容的本文，基本上是结合标题来具体地阐述、介绍商品。正文要通俗易懂、内容真实、文笔流畅、概括力强，常常利用专家的证明、名人的推荐、名店的选择来抬高档次，利用销售成绩和获奖情况来树立企业的信誉度。

正文的字形一般采用较小的字体，常使用宋体、单线体、楷书等字体，一般都安排在插图的左右或下方，以便于阅读。

3．广告标语

广告语是配合广告标题以加强商品形象而运用的短句，它顺口易读、富有韵味、具有想象力、指向明确、有一定的口号性和警告性。例如：柯达的 "串起生活每一刻"，感觉非常随意的一句话，却紧紧地抓住生活这个主题，作为全球最大的感光材料生产商，柯达在胶卷生产技术方面的领先已无须再用语言来形容，因此柯达更多地把拍照片和美好生活联系起来，让人们记住生活中那些幸福的时刻，因此请用柯达胶卷，这正是柯达想要的。在字体设计方面，柯达采用了一种比较洒脱的字体，更贴近生活。

4．插图

插图是用视觉的艺术手段来传达商品或劳务信息，增强记忆效果，让消费者能够以更快、更直观的方式来接收信息。同时为了给消费者留下更深刻的印象，插图内容要突出商品或服务的个性，通俗易懂、简洁明快，有强烈的视觉效果。一般插图是围绕着标题和正文来展开的，对标题起衬托作用。现在插图的表现手法主要有以下几种：

（1）摄影。在产品广告中经常用摄影的形式来体现，以加强广告的真实感。

（2）绘画。大部分以抽象的形式给人一种悬念，或是一种意念，来创造一种理想的气氛。

（3）卡通漫画。通常卡通漫画分为幽默性和滑稽性两种。幽默可逗人一笑，滑稽可使人难以忘怀，都能发挥很好的宣传效果。

5. 商标和标志

商标是消费者借以识别商品的主要标志，是商品质量和企业信誉的象征。名优商品提高了商标的信誉，而卓有信誉的商标又促进了商品的销售。

在平面设计中，商标不是广告版面的装饰物，而是重要的构成要素，在整个版面设计中，商标造型最单纯、简洁，视觉效果最强烈，在一瞬间就能识别，并能给消费者留下深刻的印象。

商标在设计上要求造型简洁、立意准确、具有个性，同时易记、易识别，例如中国农业银行行徽以麦穗图形为主，直截了当地表达出这一专业银行——农业银行的特征。麦穗中部横与竖的十字形处理不仅简练地概括了麦穗形，而且恰成一个"田"字，从而更加强了"农业"的含义。上端麦芒与圆形交接的断开处理，完善了整体的内外关系，强化了标志形象的个性特色。

6. 公司名称

公司名称可以指引消费者到何处购买广告所宣传的商品，也是整个广告中不可缺少的部分，一般都是放置在整个版面下方较次要的位置，也可以和商标配置在一起。公司地址、电话号码、电报挂号等，可以安排在公司名称的下方或左右，在字体上采用较小的字体或使用比较标准的字体，常使用宋体、单线体、黑体等。

7. 轮廓

轮廓一般是指装饰在版面边缘的线条和纹样，这样能使整个版面更集中，不会显得那么凌乱。公式轮廓使广告版面有一个范围，以控制读者的视线。重复使用统一造型的轮廓，可以加深读者对广告的印象。轮廓还能使广告增加美感。广告轮廓有单纯和复杂两种，用直线、斜线、曲线等构成的轮廓属单纯的轮廓，由图案纹样所组成的轮廓则是复杂轮廓，现在一般使用较多的是比较单纯的轮廓。

8. 色彩

色彩是把握人的视觉的第一关键所在，也是一幅广告表现形式的重点所在，有个性的色彩往往更能抓住消费者的视线。色彩通过结合具体的形象、运用不同的色调，让观众产生不同的生理反应和心理联想，树立牢固的商品形象，产生悦目的亲切感，吸引与促进消费者的购买欲望。

色彩不是孤立存在的，它必须体现商品的质感、特色，又能美化装饰广告版面，同时要与环境、气候、欣赏习惯等方面相适应，还要考虑到远、近、大、小的视觉变化规律，使广告更富于美感，是广告的一个重要组成部分。

一般所说的平面设计色彩主要是以企业标准色、商品形象色，以及季节的象征色、流行色等作为主色调，采用对比强的明度、纯度和色相突出画面形象和底色的关系，突出广告画面和周围环境的对比，增强广告的视觉效果。

同时在运用色彩上必须考虑它的象征意义，这样才能更贴近主题，比如，红色体现的是强有力的色彩，能引起肌肉的兴奋、冲动；绿色具中性特点，是和平色，偏向自然美、宁静、生机勃勃。充分考虑这些色彩的象征意义，就可以增加广告的内涵。

网络广告中的这些要素各具有不同的使命与作用。网络广告设计不但要设计好各个要素，还要完成各要素的整合与统一编排，这样网络广告才能实现其预定的功效。

4.1.2 网络广告的展示形式

网络广告的展示形式与其设计密切相关，不论何种形式的网络广告都必须以一定的形式展示出来。一般来讲，网络广告主要有以下几种展示形式：

1. 静态展示

静态展示是指网络广告中的文案或画面都保持静止，而不以跳动、闪动的形式出现。较常见的有巨幅静态广告和弹出式静态广告，也有各类旗帜广告和方形静态广告，通常以 JPG 格式或 BMP 格式出现，所占空间较小。

2. 动态展示

动态展示是指广告中的文字或画面以动态形式出现，分整页动态展示和局部动态展示两种。整页动态展示包含规格不等的条幅类 GIF 动画和 Flash 动画广告；局部动态展示主要从文件大小的需求出发，在设计上采用拼图的方法，让动画部分只在需要的地方出现。

3. 重叠展示

重叠展示是指画面与浏览页面相重叠的一种展示形式，包括弹出式重叠、游动式重叠和胶着式重叠。弹出式重叠指在浏览页面时同步弹出的小型广告窗口；游动式重叠指页面上的游动式 LOGO；胶着式重叠则是指一个小型广告胶着于屏幕的某一固定位置，即使翻页其位置也不改变。

4. 交互式展示

网络广告的交互指广告中部分元素与鼠标的即时交互反应，例如点击、移动、跟随等。交互式展示指在网络中出现"Click""Click Here""Enter""Visit Now""点击这里""进入"等提示，便于受众点击后进入另一页面，并做出反馈。

4.2 网络广告设计的色彩原理

在任何形式的广告中，色彩都比文字能更快地传递给受众群体。所以，色彩的运用在广告设计和制作中的作用非常重要。合理使用色彩能使广告作品看上去十分典雅、有品位和令人赏心悦目，从而在众多广告中脱颖而出。

4.2.1 色彩的基本概念

1. 色彩三要素

色彩三要素包括色相、明度和彩度。

（1）色相。色相说明色彩所呈现的相貌，如红、橙、黄、绿等色。色彩之所以不同，决定于光波的长短，通常以循环的色相环来表示。

（2）明度。明度表明色彩的明暗程度。决定于光波的波幅，波幅越大，亮度越大，但和波长也有关系。

（3）彩度。彩度即色彩的强弱程度，或色彩的纯净饱和程度，它决定于所含波长的单一性或复合性。单一波长的颜色彩度大，色彩鲜明；混入其他波长时彩度降低。在同一色相中，把彩度最高的色称为该色的纯色，色相环一般均采用纯色表示。

2. 原色

原色，也叫"三原色"。

电脑屏幕的色彩是由 RGB（红、绿、蓝）三种基本颜色合成的。自然界中的色彩种类繁多，变化丰富，但在电脑屏幕中，这三种颜色是最基本的原色，原色是其他颜色调配不出来的。除白色外，把三原色相互混合，可以调和出其他多种颜色。根据三原色的特性做出相应的色彩搭配，有最迅速、最有力、最强烈的传达视觉信息的效果。大部分图像处理软件中都提供色彩调配功能，可以输入三原色的数值，也可以通过软件提供的调色板来选择调色。

3. 色彩类别

根据色彩的不同属性，可以将其分成以下几个类别：

（1）同种色。在同一种颜色中加入不等量的黑色或白色所产生的深浅浓淡不同的各种色称为同种色，如深红、大红、粉红等。

（2）同类色。两种以上的颜色，其主要的色素倾向比较接近，都含有同一色素，这样的颜色称为同类色，如柠檬黄、藤黄、中黄、土黄，可以称为同类色，朱红、大红、玫瑰红可以称为同类色。

（3）类似色。含有少量共同色素的，在色相环上相邻边的颜色称为类似色，如红与橙，青与紫等。

（4）对比色。在色相环上相对应的色（包括其邻近的色）称为对比色，例如，绿对应红（包含相邻的红橙、红绿色），红对应绿（包含相邻的绿黄、绿蓝）。

（5）补色。补色亦称强对比色，在色相环上，任何直径两端相对的色称为互补色，例如，最强的补色对比在色环上有三对，即黄与紫，橙与蓝，红与绿。

（6）色的适应。当眼睛从亮处进入暗处时，先是什么也看不见，但渐渐又能看见东西了，这叫暗适应。我们看鲜艳的色久了，就不觉得颜色像刚看时那样鲜艳了，这叫做色适应。

（7）色的易见度。分别用黑色和黄色在红纸上写字，看黑字时很吃力；而黄字就很醒目。原因是黑色与红色明度接近，易见度低。黄色与红色明度差距大，易见度高。

（8）色的前进与后退。色相中的暖色（红、橙、黄）有前抢感，称前进色；冷色（蓝色系）有隐退感，称后退色。明暗并置，亮的为前进色，暗的为后退色。彩色中，艳色前进，灰暗色后退。

（9）色的膨胀与收缩。白色、暖而艳的色有扩张感，称色的膨胀；黑色、冷灰色具有收缩感。在灰纸上放着同样大小的白色块与黑色块时，我们会感到白色块比黑色块大。

（10）错觉。同样的橙色，放在红底上和黄底上，颜色就有变化。同样的灰色，同时放在黑纸上与白纸上，灰色却有深浅之分，这就是错觉现象。

4.2.2 色彩的心理效应

不同波长色彩的光信息作用于人的视觉器官，通过视觉神经传入大脑后，经过思维，与以往的记忆及经验产生联想，从而形成一系列的色彩心理反应。

1. 色觉心理

(1) 色彩的冷、暖感。色彩本身并无冷暖的温度差别,是视觉色彩引起人们对冷暖感觉的心理联想。如暖色是指人们见到红、红橙、橙、黄橙、红紫等色后,马上联想到太阳、火焰、热血等物像,产生温暖、热烈、危险等感觉。冷色是指人们见到蓝、蓝紫、蓝绿等色后,则很易联想到太空、冰雪、海洋等物像,产生寒冷、理智、平静等感觉。

色彩的冷暖感觉不仅表现在固定的色相上,而且在比较中还会显示其相对的倾向性。如同样表现天空的霞光,用玫红色画早霞那种清新而偏冷的色彩感觉很恰当,而描绘晚霞则需要暖感强的大红了。但如与橙色对比,前面两色又都加强了寒感倾向。

中性色:绿色和紫色是中性色。黄绿、蓝、蓝绿等色使人联想到草、树等植物,产生青春、生命、和平等感觉。紫、蓝紫等色使人联想到花卉、水晶等稀贵物品,易产生高贵、神秘等感觉。至于黄色,一般被认为是暖色,因为它使人联想起阳光、光明等,但也有人视它为中性色,当然,同属黄色相,柠檬黄显然偏冷,而中黄则感觉偏暖。

人们往往用不同的词汇表述色彩的冷暖感觉,暖色——阳光、不透明、刺激的、稠密、深的、近的、重的、男性的、强性的、干的、感情的、方角的、直线型、扩大、稳定、热烈、活泼、开放等。冷色——阴影、透明、镇静、稀薄、淡的、远的、轻的、女性的、微弱的、湿的、理智的、圆滑、曲线型、缩小、流动、冷静、文雅、保守等。

(2) 色彩的轻重感。这主要与色彩的明度有关。明度高的色彩使人联想到蓝天、白云、彩霞及许多花卉,还有棉花、羊毛等,产生轻柔、飘浮、上升、敏捷、灵活等感觉。明度低的色彩易使人联想起钢铁、大理石等物品,产生沉重、稳定、降落等感觉。

(3) 色彩的软硬感。这种感觉主要来自色彩的明度,但与纯度也有一定的关系。明度越高感觉越软,明度越低则感觉越硬,但白色反而软感略高。明度高、纯度低的色彩有软感,中纯度的色也呈柔感,因为它们易使人联想起骆驼、狐狸、猫、狗等好多动物的皮毛,还有毛呢、绒织物等。高纯度和低纯度的色彩都呈硬感,如果它们的明度又低则硬感更明显。色相与色彩的软硬感几乎无关。

(4) 色彩的前后感。由于各种不同波长的色彩在人眼视网膜上的成像有前后,红、橙等光波长的色在后面成像,感觉比较迫近,蓝、紫等光波短的色则在外侧成像,在同样距离内感觉就比较后退。实际上这是视错觉的一种现象,一般暖色、纯色、高明度色、强烈对比色、大面积色、集中色等有前进感觉;相反,冷色、浊色、低明度色、弱对比色、小面积色、分散色等有后退感觉。

(5) 色彩的大小感。由于色彩有前后的感觉,因而暖色、高明度色等有扩大、膨胀感,冷色、低明度色等有显小、收缩感。

(6) 色彩的华丽、质朴感。色彩的三要素对华丽及质朴感都有影响,其中纯度关系最大。明度高、纯度高、丰富、强对比的色彩感觉华丽、辉煌,明度低、纯度低、单纯、弱对比的色彩感觉质朴、典雅。但无论何种色彩,如果带上光泽,都能获得华丽的效果。

(7) 色彩的活泼、庄重感。暖色、高纯度色、丰富多彩色、强对比色感觉跳跃、活泼有朝气,冷色、低纯度色、低明度色感觉庄重、严肃。

(8) 色彩的兴奋与沉静感。其影响最明显的是色相,红、橙、黄等鲜艳而明亮的色彩给人以兴奋感,蓝、蓝绿、蓝紫等色使人感到沉着、平静。绿和紫为中性色,没有这种感觉。纯度的关系也很大,高纯度色有兴奋感,低纯度色有沉静感。最后是明度,暖色系中高明度、高纯度的色彩呈兴奋感，低明度、低纯度的色彩呈沉静感。

2. 色彩的心理联想

色彩的联想带有情绪性的表现，受到观察者年龄、性别、性格、文化、教养、职业、民族、宗教、生活环境、时代背景、生活经历等各方面因素的影响。色彩的联想有具象和抽象两种：

（1）具象联想。人们看到某种色彩后，会联想到自然界、生活中某些相关的事物。

（2）抽象联想。人们看到某种色彩后，会联想到理智、高贵等某些抽象概念。

一般来说，儿童多具有具象联想，成年人较多抽象联想。

3. 色彩性格

各种色彩都有其独特的性格，简称色性。它们与人类的色彩生理、心理体验相联系，从而使客观存在的色彩仿佛有了复杂的性格，如表4-1所示。

表4-1 颜色的具象联想与抽象联想

色彩	具象联想	抽象联想
白色	纸、雪、白兔、白糖	纯洁、明亮、清洁、神圣
灰色	老鼠、水泥、阴天	忧郁、平凡、沉默
黑色	头发、煤、夜晚	黑暗、死亡、绝望、深沉、悲哀
红色	太阳、血、红旗	热情、革命、危险、卑俗、喜悦
黄色	香蕉、月亮、柠檬	明快、希望、高贵、光明、消极
蓝色	天空、海洋、冰川	平静、理智、冷淡、高深、孤独
绿色	草地、树林、田野	和平、希望、永恒、青春、理想
紫色	葡萄、茄子、紫兰花	神秘、古朴、高级、魅力、疲劳

（1）红色。红色的波长最长，穿透力强，感知度高。它易使人联想起太阳、火焰、热血、花卉等，感觉温暖、兴奋、活泼、热情、积极、希望、忠诚、健康、充实、饱满、幸福等向上的倾向，但有时也被认为是幼稚、原始、暴力、危险、卑俗的象征。红色历来是我国传统的喜庆色彩。深红及偏紫色的红给人感觉是庄严、稳重而又热情的色彩，常见于欢迎贵宾的场合。含白的高明度粉红色，则有柔美、甜蜜、梦幻、愉快、幸福、温雅的感觉，几乎成为女性的专用色彩。

（2）橙色。橙与红同属暖色，具有红与黄之间的色性，它使人联想起火焰、灯光、霞光、水果等物象，是最温暖、最响亮的色彩。感觉活泼、华丽、辉煌、跃动、炽热、温情、甜蜜、愉快、幸福，但也有疑惑、嫉妒、伪诈等消极倾向性表情。含灰的橙呈咖啡色，含白的橙呈浅橙色，俗称血牙色。

（3）黄色。黄色是所有色相中明度最高的色彩，具有轻快、光辉、透明、活泼、光明、辉煌、希望、功名、健康等印象。但黄色过于明亮而显得刺眼，并且与其他色混合极易失去其原貌，故也有轻薄、不稳定、变化无常、冷淡等不良含义。含白的淡黄色感觉平和、温柔，含大量淡灰的米色或本白则是很好的休闲自然色，深黄色却另有一种高贵、庄严感。由于黄色极易使人想起许多水果的表皮，因此它能引起富有酸性的食欲感。

（4）绿色。在大自然中，除了天空和江河、海洋，绿色所占的面积最大。草、叶植物几乎到处可见，它象征着生命、青春、和平、安详、新鲜等。绿色最适应人眼的注视，有消除疲劳、调节的功能。黄绿带给人们春天的气息，颇受儿童及年轻人的欢迎。蓝绿、深绿是海洋、森林的色彩，有着深远、稳重、沉着、睿智等含义。含灰的绿，如土绿、橄榄绿、咸菜绿、墨绿等色彩，给人以成熟、老练、深沉的感觉。

（5）蓝色。与红、橙色相反，蓝色是典型的寒色，表示沉静、冷淡、理智、高深、透明等含义，随着人类对太空事业的不断开发，它又有了象征高科技的强烈现代感。浅蓝色系明朗而富有青春朝气，为年轻人所钟爱，但也有不够成熟的感觉。深蓝色系沉着、稳定，是中年人普遍喜爱的色彩。其中略带暖昧的群青色，充满着动人的深邃魅力，藏青则给人以大度、庄重的印象。靛蓝、普蓝因在民间广泛应用，似乎成了民族特色的象征。当然，蓝色也有其另一面的性格，如刻板、冷漠、悲哀、恐惧等。

（6）紫色。紫色具有神秘、高贵、优美、庄重、奢华的气质，有时也感孤寂、消极。尤其是较暗或含深灰的紫，易给人以不祥、腐朽、死亡的印象。但含浅灰的红紫或蓝紫色，却有着类似太空、宇宙色彩的幽雅、神秘之时代感，为现代生活所广泛采用。

（7）黑色。黑色为无色相、无纯度之色。往往使人感觉沉静、神秘、严肃、庄重、含蓄，另外，也易让人产生悲哀、恐怖、不祥、沉默、消亡、罪恶等消极印象。尽管如此，黑色的组合适应性却极广，无论什么色彩特别是鲜艳的纯色与其相配，都能取得赏心悦目的良好效果。但是不能大面积使用，否则，不但其魅力大大减弱，还会产生压抑、阴沉的恐怖感。

（8）白色。白色给人的印象是洁净、光明、纯真、清白、朴素、卫生、恬静等。在它的衬托下，其他色彩会显得更鲜丽、更明朗。多用白色还可能产生平淡无味的单调、空虚之感。

（9）灰色。灰色是中性色，其突出的性格为柔和、细致、平稳、朴素、大方，它不像黑色与白色那样会明显影响其他的色彩。因此，作为背景色彩非常理想。任何色彩都可以和灰色相混合，略有色相感的灰色能给人以高雅、细腻、含蓄、稳重、精致、文明而有素养的高档感觉。当然，滥用灰色也易暴露其乏味、寂寞、忧郁、无激情、无兴趣的一面。

（10）土褐色。含一定灰色的中、低明度的各种色彩，如土红、土绿、熟褐、生褐、土黄、咖啡、咸菜、古铜、驼绒、茶褐等色，性格都显得不太强烈，其亲和性易与其他色彩配合，特别是和鲜色相伴，效果更佳，也使人想起金秋的收获季节，故均有成熟、谦让、丰富、随和之感。

（11）光泽色。除了金、银等贵金属色以外，所有色彩带上光泽后，都有其华美的特色。金色，富丽堂皇，象征荣华富贵，名誉忠诚；银色，雅致高贵，象征纯洁、信仰，比金色温和。它们与其他色彩都能配合，几乎达到"万能"的程度。小面积点缀，具有醒目、提神的作用；大面积使用则会产生过于眩目的负面影响，显得浮华而失去稳重感。如若巧妙使用，装饰得当，不但能起到画龙点睛的作用，还可以产生强烈的高科技现代美感。

4.2.3 色彩的搭配

1. 基本概念

色彩搭配的基本概念，是我们在运用色彩时常常遇见的问题，若能了解这些概念，在颜色的搭配上自然比较占优势。

（1）色相对比。将相同的橙色放在红色或黄色上，将会发现在红色上的橙色会有偏黄的感觉，因为橙色是由红色和黄色调成的，当它和红色并列时，相同的成份被调和而相异部分被增强,所以看起来比单独时偏黄,与其他色彩比较也会有这种现象,称为色相对比。除了色感偏移之外,对比的两色有时会发生互相色渗的现象,而影响相隔界线的视觉效果,当对比的两色具有相同的彩度和明度时,对比的效果越明显;两色越接近补色,对比效果越强烈。

(2)明度对比。将相同的色彩放在黑色和白色上,比较色彩的感觉,会发现黑色上的色彩感觉比较亮,放在白色上的色彩感觉比较暗,明暗的对比效果非常明显。

(3)彩度(饱和度)对比。色彩和另一彩度较高的色彩并列时,会觉得本身彩度变低,而和另一个彩度较低的色彩并列时,会觉得彩度变高,这种现象称为彩度对比。在摄影实践中,常用灰、黑等低饱和度的背景来衬托高饱和度的景物。

2. 色彩搭配

(1)红色。广告设计中,红色的色感温暖,性格刚烈而外向,是一种对人刺激性很强的色。红色容易引起人的注意,也容易使人兴奋、激动、紧张、冲动,还是一种容易造成人视觉疲劳的颜色。

1)在红色中加入少量的黄,会使其热力强盛,趋于躁动、不安。
2)在红色中加入少量的蓝,会使其热性减弱,趋于文雅、柔和。
3)在红色中加入少量的黑,会使其性格变得沉稳,趋于厚重、朴实。
4)在红色中加入少量的白,会使其性格变得温柔,趋于含蓄、羞涩、娇嫩。

(2)广告设计中,黄色的性格冷漠、高傲、敏感,具有扩张和不安宁的视觉印象。黄色是各种色彩中最为娇气的一种色,只要在纯黄色中混入少量的其他色,其色相感和色性格均会发生较大程度的变化。

1)在黄色中加入少量的蓝,会使其转化为一种鲜嫩的绿色。其高傲的性格也随之消失,趋于一种平和、潮润的感觉。
2)在黄色中加入少量的红,则具有明显的橙色感觉,其性格也会从冷漠、高傲转化为一种有分寸感的热情、温暖。
3)在黄色中加入少量的黑,其色感和色性变化最大,成为一种具有明显橄榄绿的复色印象。其色性也变得成熟、随和。
4)在黄色中加入少量的白,其色感变得柔和,其性格中的冷漠、高傲被淡化,趋于含蓄,易于接近。

(3)蓝色。广告设计中,蓝色的色感冷嘲热讽、性格朴实而内向,是一种有助于人头脑冷静的颜色。蓝色的朴实、内向性格,常为那些性格活跃、具有较强扩张力的色彩提供一个深远、平静的空间,成为衬托活跃色彩的友善而谦虚的朋友。蓝色还是一种在淡化后仍然能保持较强个性的颜色。如果在蓝色中分别加入少量的红、黄、黑、橙、白等色,均不会对蓝色的性格构成较明显的影响力。

(4)绿色。广告设计中,绿色是具有黄色和蓝色两种成分的色。在绿色中,将黄色的扩张感和蓝色的收缩感相中庸,将黄色的温暖感与蓝色的寒冷感相抵消。这样使得绿色的性格最为平和、安稳,是一种柔顺、恬静、优美的色。

1)在绿色中黄的成分较多时,其性格就趋于活泼、友善,具有幼稚性。
2)在绿色中加入少量的黑,其性格就趋于庄重、老练、成熟。
3)在绿色中加入少量的白,其性格就趋于洁净、清爽、鲜嫩。

(5)紫色。广告设计中,紫色的明度在有彩色的色料中是最低的。紫色的低明度给人一种沉闷、神秘的感觉。

1）在紫色中红的成分较多时，其知觉具有压抑感和威胁感。
2）在紫色中加入少量的黑，其感觉就趋于沉闷、伤感、恐怖。
3）在紫色中加入白色，可使紫色沉闷的性格消失，变得优雅、娇气，并充满女性的魅力。

（6）白色。广告设计中，白色的色感光明，性格朴实、纯洁、快乐。白色具有圣洁的不容侵犯性。如果在白色中加入其他任何色，都会影响其纯洁性，使其性格变得含蓄。

1）在白色中加入少量的红，就成为淡淡的粉色，鲜嫩而充满诱惑。
2）在白色中加入少量的黄，则成为一种乳黄色，给人一种香腻的印象。
3）在白色中加入少量的蓝，给人感觉清冷、洁净。
4）在白色中加入少量的橙，有一种干燥的气氛。
5）在白色中加入少量的绿，给人一种稚嫩、柔和的感觉。
6）在白色中加入少量的紫，可诱导人联想到淡淡的芳香。

4.3 网络广告图像的格式

在网络广告设计和制作中，我们会接触到很多图像格式，大概有十几种格式。在 Internet 上最流行的就是 BMP、GIF 和 JPEG 格式，因为所有的浏览器都支持这三种格式的图像。除此之处，还有许多其他格式。

1. BMP 格式

BMP（Bitmap），即位图，它是 Windows 操作系统中的标准图像文件格式，能够被多种 Windows 应用程序支持。随着 Windows 操作系统的流行以及丰富的 Windows 应用程序的开发，BMP 位图格式理所当然地被广泛应用。这种格式的特点是包含的图像信息较丰富，几乎不进行压缩，但也由此导致了它与生俱来的缺点——占用磁盘空间过大。所以，目前 BMP 在单机上比较流行。

2. GIF 格式

GIF（Graphics Interchange Format），即图形交换格式。顾名思义，这种格式是用来交换图片的。事实上也是如此，20 世纪 80 年代，美国一家著名的在线信息服务机构 CompuServe 针对当时网络传输带宽的限制，开发出了这种 GIF 图像格式。

GIF 格式的特点是压缩比高，磁盘空间占用较少，所以这种图像格式迅速得到了广泛的应用。最初的 GIF 只是简单地用来存储单幅静止图像（称为 GIF87a），后来随着技术发展，可以同时存储若干幅静止图像进而形成连续的动画，使之成为当时支持 2D 动画为数不多的格式之一（称为 GIF89a），而在 GIF89a 图像中可以指定透明区域，使图像具有非同一般的显示效果，这更使 GIF 风光十足。目前 Internet 上大量采用的彩色动画文件多为这种格式的文件，也称为 GIF89a 格式文件。

此外，考虑到网络传输中的实际情况，GIF 图像格式还增加了渐显方式，也就是说，在图像传输过程中，用户可以先看到图像的大致轮廓，然后随着传输过程的继续而逐步看清图像中的细节部分，从而适应了用户"从朦胧到清楚"的观赏心理。目前 Internet 上大量采用的彩色动画文件多为这种格式的文件。

GIF 格式只能保存最大 8 位色深的数码图像，所以它最多只能用 256 色来表现物体，对于色彩复杂的物体它就力不从心了。尽管如此,这种格式仍在网络上大量应用,这和 GIF 图像文件短小、下载速度快、可用许多具有同样大小的图像文件组成动画等优势是分不开的。

3. JPEG 格式

JPEG 也是一种常见的图像格式,它由联合照片专家组(Joint Photographic Experts Group)开发并命名为 ISO10918-1,JPEG 仅仅是一种俗称而已。JPEG 文件的扩展名为.jpg 或.jpeg,其压缩技术十分先进,它用有损压缩方式去除冗余的图像和彩色数据,获取到极高的压缩率的同时能展现十分丰富生动的图像,换句话说,就是可以用最少的磁盘空间得到较好的图像质量。由于 JPEG 格式的压缩算法是采用平衡像素之间的亮度色彩来压缩的,因而更有利于表现带有渐变色彩且没有清晰轮廓的图像。

同时 JPEG 还是一种很灵活的格式,具有调节图像质量的功能,允许用不同的压缩比例对这种文件进行压缩,如最高可以将 1.37MB 的 BMP 位图文件压缩至 20.3KB。当然也完全可以在图像质量和文件尺寸之间找到平衡点。

由于 JPEG 优异的品质和杰出的表现,它的应用也非常广泛,特别是在网络和光盘读物上。目前各类浏览器均支持 JPEG 这种图像格式,因为 JPEG 格式的文件尺寸较小,下载速度快,使得 Web 页有可能以较短的下载时间提供大量美观的图像,JPEG 同时也就顺理成章地成为网络上最受欢迎的图像格式。

当使用 JPEG 格式保存图像时,Photoshop 给出了多种保存选项,可以选择用不同的压缩比例对 JPEG 文件进行压缩,即压缩率和图像质量都是可选的。

4. JPEG 2000 格式

JPEG 2000 同样是由 JPEG 组织负责制定的,它有一个正式的名称,叫做 ISO15444。与 JPEG 相比,它是具备更高压缩率以及更多新功能的新一代静态影像压缩技术。

JPEG 2000 作为 JPEG 的升级版,其压缩率比 JPEG 高约 30%左右。与 JPEG 不同的是,JPEG 2000 同时支持有损和无损压缩,而 JPEG 只能支持有损压缩。无损压缩对保存一些重要图片是十分有用的。JPEG 2000 一个极其重要的特征在于它能实现渐进传输,这一点与 GIF 的"渐显"有异曲同工之妙,即先传输图像的轮廓,然后逐步传输数据,不断提高图像质量,让图像由朦胧到清晰显示,而不是像现在的 JPEG 一样由上到下慢慢显示。

JPEG 2000 可应用于传统的 JPEG 市场,如扫描仪、数码相机等,也可应用于新兴领域,如网路传输、无线通信等。

5. TIFF 格式

TIFF(Tag Image File Format)是 Mac 中广泛使用的图像格式,它由 Aldus 和微软联合开发,最初是出于跨平台存储扫描图像的需要而设计的。它的特点是图像格式复杂、存储信息多。正因为它存储的图像细微层次的信息非常多,图像的质量也得以提高,故而非常有利于原稿的复制。

该格式有压缩和非压缩两种形式,其中压缩可采用 LZW 无损压缩方案存储。不过,由于 TIFF 格式结构较为复杂,兼容性较差,因此有时软件可能不能正确识别 TIFF 文件(现在绝大部分软件都已解决了这个问题)。目前在 Mac 和 PC 机上移植 TIFF 文件也十分便捷,因而 TIFF 现在也是微机上使用最广泛的图像文件格式之一。

6. PSD 格式

这是著名的 Adobe 公司的图像处理软件 Photoshop 的专用格式 Photoshop Document

（PSD）。PSD 其实是 Photoshop 进行平面设计的一张"草稿图"，它里面包含有各种图层、通道、遮罩等多种设计的样稿，以便于下次打开文件时可以修改上一次的设计。在 Photoshop 支持的各种图像格式中，PSD 的存取速度比其他格式快很多，功能也很强大。

此外，还有 PNG 格式、CDR 格式、SWF 格式、SVG 格式、PCX 格式、DXF 格式、WMF 格式、EMF 格式、LIC（FLI/FLC）格式、EPS 格式、EPS 格式、TGA 格式和 PICT 格式等。

4.4　网络广告中的文字设计①

信息传播是文字设计的一大功能，也是最基本的功能。文字设计重要的一点在于要服从表述主题的要求，要与其内容吻合一致，不能相互脱离，更不能相互冲突，破坏了文字的诉求效果。尤其在商品广告的文字设计上，更应该注意任何一条标题、一个字体标志、一个商品品牌都是有其自身内涵的，将它正确无误地传达给消费者，是文字设计的目的，否则就失去了它的功能。抽象的笔画通过设计后所形成的文字形式往往具有明确的倾向，这一文字的形式感应与传达内容是一致的。如生产女性用品的企业，其广告的文字必须具有柔美秀丽的风采，手工艺品广告文字则多采用不同感觉的手写文字、书法等，以体现手工艺品的艺术风格和情趣。

4.4.1　网络广告文字设计的要求

1. 文字的要求适合性

根据文字字体的特性和使用类型，文字的设计风格大约可以分为下列几种。

（1）秀丽柔美。字体优美清新，线条流畅，给人以华丽柔美之感，此种类型的字体，适用于女用化妆品、饰品、日常生活用品、服务业等主题，如图 4-1 所示。

图 4-1　秀丽柔美

（2）稳重挺拔。字体造型规整，富于力度，给人以简洁爽朗的现代感，有较强的视觉冲击力，这种个性的字体，适合于机械科技等主题，如图 4-2 所示。

图 4-2　稳重挺拔

（3）活泼有趣。字体造型生动活泼，有鲜明的节奏韵律感，色彩丰富明快，给人以生机盎然的感受。这种个性的字体适用于儿童用品、运动休闲、时尚产品等主题，如图 4-3 所示。

---

① 本节的图片来自于国际广告人网站（www.iadver.com）。

图 4-3　活泼有趣

（4）苍劲古朴。字体朴素无华，饱含古时之风韵，能带给人一种怀旧的感觉，这种个性的字体适用于传统产品、民间艺术品等主题，如图 4-4 所示。

图 4-4　苍劲古朴

2. 文字的可识性

文字的主要功能是在视觉传达中向消费大众传达信息，而要达到此目的必须考虑文字的整体诉求效果，给人以清晰的视觉印象。无论字形多么富于美感，如果失去了文字的可识性，这一设计无疑是失败的。因此，在设计时要避免繁杂零乱，减去不必要的装饰变化，使人易认、易懂，不能忘记了文字设计的根本目的是为了更好、更有效地传达信息，表达内容和构想意念。字体的字形和结构也必须清晰，不能随意变动字形结构、增减笔画使人难以辨认，如图 4-5 所示。如果在设计中不遵守这一准则，单纯追求视觉效果，必定会失去文字的基本功能。所以在进行文字设计时，不管如何发挥，都应以易于识别为宗旨，这也是对字形做较大的变化常常应用于少字数的原因。

图 4-5　文字的可识性

3. 文字的视觉美感

人们对于作用于其视觉感官的事物以美丑来衡量，这是人们的感观规律。文字作为画面的形象要素之一，在视觉传达中具有传达感情的功能。因而，它必须具有视觉上的美感，能够给人以美的感受。在文字设计中，美不仅体现在局部，更是对笔形、结构以及整个设计的把握。文字设计要注意文字的横、竖、点和圆弧等线条组合的形态、结构和线条的搭配，以及笔画与笔画、字与字之间的协调、节奏和韵律。创造出更富表现力和感染力的设计，把内容准确、鲜明地传达给观众，是文字设计的重要课题。优秀的字体设计能让人过目不忘，既起着传递信息的功效,又能达到视觉审美的目的,如图 4-6 所示;相反,字形设计丑陋粗俗、组合零乱的文字,使人看后心里感到不愉快,视觉上也难以产生美感。

图 4-6　文字的视觉美感

4．文字设计的个性

根据广告主题的要求,极力突出文字设计的个性色彩,创造与众不同的独具特色的字体,给人以别开生面的视觉感受,将有利于企业和产品良好形象的建立。在设计时要避免与已有的一些设计作品的字体相同或相似,更不能有意摹仿或抄袭。在设计特定字体时,一定要从字的形态特征与组合编排上进行探求,不断修改,反复琢磨,这样才能创造富有个性的文字,使其外部形态和设计格调都能唤起人们的审美愉悦感受,如图 4-7 所示。

图 4-7　文字设计的个性

4.4.2　网络广告文字设计的原则

1．整体风格的统一

在进行设计时必须对字体做出统一的形态规范,这是字体设计最重要的准则。文字在组合时,只有在字的外部形态上具有鲜明的统一感,才能在视觉传达上保证字体的可认性和注目度,从而清晰、准确地表达文字的含义,如图 4-8 所示。如在字体设计时对笔画的装饰变化必须以统一的变化来处理,不能在一组字中每个字的笔画变化都不同、各自为政,否则必将破坏文字的整体美感,让人感觉杂乱无章,不成体系,这样就难以收到良好的传达效果。

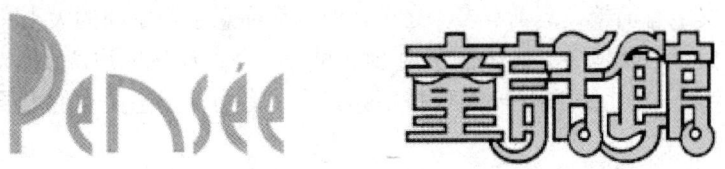

图 4-8　整体风格统一

2．笔画的统一

字体笔画的粗细是构成字体整齐均衡的一个重要因素,也是使字体在统一与变化中产生美感的必要条件,初学文字设计的人只有认真掌握这条准则,才能从根本上保证文字设计取得成功。

字体笔画的粗细要有一定的规格和比例，在进行文字设计时，同一字内和不同字间的相同笔画的粗细、形式应该统一，如图4-9所示，不能使字体因变化过多而丧失了整体的均齐感，使人在视觉上感到不舒服。

图4-9 笔画统一

字体笔画的粗细一致与字体大小的一致一样，不是绝对的，因为其中尚有一个视觉修正的问题。例如汉字中的全包围结构的字，就不能绝对四边顶格，否则会感到它比周围其他的字大，若往里适当地收一下，在视觉上就会与周围的字感到一样大小了。一组字中，横笔画多的字，要作必要的笔画粗细的调整才会均齐美观，与其他字统一。

3. 方向的统一

在字体设计中有两层含义：一是指字体自身的斜笔画处理，每个字的斜笔画都要处理成统一的斜度，不论是向左或向右斜的笔画都要以一定的倾斜度来统一，以加强其统一的整体感。二是为了造成一组字体的动感，往往将一组字体统一有方向性地斜置处理。在作这种设计时，首先要使一组字中的每一个字都按同一方向倾斜，以形成流畅的线条；其次是对每个字中的副笔画处理时，也要尽可能地使其斜度一致，这样才能在变化中保持统一的因素，增强其整体的统一感，如图4-10所示。而不至于因变化不统一，显得零乱而松散，缺乏均齐统一的美感，难以产生良好的视觉吸引力。

图4-10 方向统一

4. 空间的统一

设计字体时不能仅看到其形式、笔画粗细、斜度的一致，统一产生的美感往往还需要字体笔画空隙的均衡来决定，也就是要对笔画中的空间作均衡的分配，才能使字体有统一感，如图4-11所示。文字有简繁，笔画有多少之分，但均需注意字距空间的大小在视觉上的统一，不能以绝对空间相等来处理。笔画少的字内部空间大，在设计时应注意要适当缩小才能与其他笔画多的字达到统一。空间的统一是保持字体紧凑、有力、形态美观的重要因素。

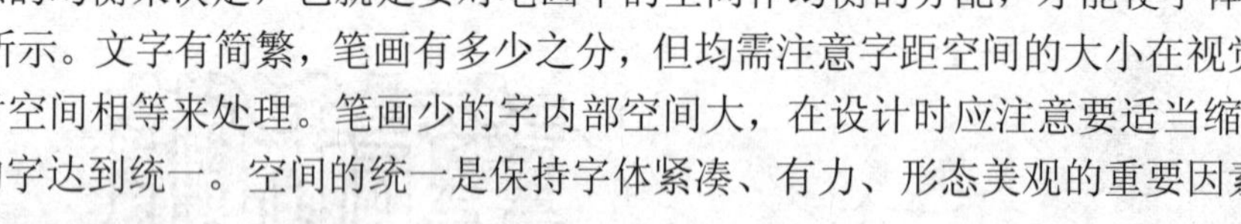

图4-11 空间统一

另外，网络广告中文字的设计还要了解中西文、各种字体的类型及其特点，这样才能结合各字体本身的特点进行创新设计。

4.5 网络广告中的编排设计

网络广告的内容构成比较丰富，不可能一眼通观全部。所以，网络广告设计除了要设计广告中的各个要素外，还要对整个网络广告的版面进行合理布局，以使各要素形成一个整体，从而符合受众浏览网络广告的习惯，最后使广告产生更大的效果。这是因为人们观察事物、浏览事物都有一定的规律性，依据这种规律，结合广告内容的特点，将广告创意具体化、视觉化，将能成功地传达广告信息。

4.5.1 网络广告编排设计的概述

1. 网络广告编排的含义

网络广告编排设计是根据表现主题与创意的要求，将传达内容的各构成要素，如插图、标志、色彩、文字等以及品牌名称、标题、标语等文字要素，进行创造性的结合，根据均衡、调和、律动、视觉导向及空白等形式处理的法则，安排要素间的视觉关联与配置，使其成为一个有机整体，和谐地呈现于电脑显示屏上，发挥最佳诉求效果，实现广告主意图的工作过程。

网络广告的编排要面面俱到，更要重点突出，这样才能进行有效的视觉传达。为体现广告的诉求策略，必须选择恰当的重点，或将商标、品牌名称或广告标语强化字体形象及文字内容，形成语义上的理性穿透力；或利用特大字号，有影响力的广告标语夺人眼目，形成冲击力。这样才能将消费者无意识的即兴注意，变成有意识的阅读。

2. 网络广告编排的设计顺序

网络编排与其他传统广告一样，也要坚持一定的编排设计顺序。一般来讲，要注意以下几点。

（1）根据表现广告主题的需要和网络广告版面的大小，确定版面的各构成要素。

（2）根据广告主题及创意的要求，确定各版面构成要素何为主体、副主体及从属体，分配它们在视觉表现上的大小比重。

（3）从网民视觉接受心理出发，确定突出和强调广告主题的关键要素在版面的适当位置。

（4）选定广告诉求文句（主标题、前标题和副标题、标语、说明文）与广告图像（图形、场景、广告人物形象），决定它们各自适当的位置和相互间的配合呼应关系。

（5）决定版面的整体结构形态。结构形态必须为表现广告主题服务。

（6）考虑各构成要素的视觉诱导以及联系它们的视觉流程。

（7）对初步编排设计进行必要的修改调整，务求各构成视觉要素组合合理、紧凑、有主有从、有轻有重，总的视觉效果具有鲜明的个性特点且富于美感。

3. 版面编排的设计原则

（1）内容与形式统一，形式服从表现内容的要求。

（2）视觉流程自然、流畅，突出广告主题。

（3）版面相对均衡。均衡可以是正常均衡，也可以是异常均衡，但以不失必要的安定感为原则。

（4）突出主体要素。众多构成要素中要突出一个主体要素，尽可能使它成为受众阅读广告时的起点，否则受众的视线将无所适从，或者偏离了设计者的诱导意图。主体要素一般大于其他要素，但也可以反其道而行之，将主体要素设计安排得特别小，但位置十分抢眼，占有视觉优势。

（5）讲究空白处理。空白处理对提高版面的视觉效果有重要作用，恰当的空白处理，能使版面编排流畅明快，疏密有度，有利于突出诉求重点。

（6）注意对比。要注意各构成要素的轻重、大小、虚实、多少等方面的对比，以加强视觉张力，增加版面的吸引力。

（7）着力强调诉求重点。对广告的诉求重点，应从大小、位置、虚实等各方面予以突出，使消费者一眼就能看出重点，并产生兴趣。

（8）注意错觉的运用。由于外界因素的干扰和生理机制上的原因，人对于物体的视觉往往发生与实际情况不相符合的情况，这就是视错觉。恰当运用视错觉，有时能取得意想不到的效果。

（9）注意提高文案的可视性。要注意广告文案的视线视觉效果，字体形态、大小变化，字间距、行间距的安排，各视觉区的高宽比例及其变化，都要做出恰当处理。

（10）韵律感。有规律、有节奏的变化，转换线条的力度，形体的态势，色彩的色相，彩度、明度，引导受众快慢相间、续断有致、张弛有度，感受富于韵律的美感。

4.5.2 网络广告编排的视觉流程

网络广告编排要根据人们观察事物的视觉规律进行编排设计，以引导受众按照设计者的意图移动，最大限度地发挥广告的信息传达功能。

所谓的视觉流程，就是页面内容的一种视觉传达过程，是以人的生理和心理习惯的认知模式进行的，是将各种构成要素在视觉运动的规定下进行空间定位，即从注意力的捕捉起，通过视觉流向的诱导，直至最后的印象留存，体现出这一程序的规划和诱导性。合理的视觉流程应在与人们认识过程的心理顺序和思维发展的逻辑一致的基础上，根据信息的主次（即传达重点）来确定各元素的顺序，并通过精心安排从而影响、引导浏览者的视线移动。

1. 视线移动的规律

（1）有较强的刺激度的视觉信息，容易为人所感知到，人的视线向其移动，形成有意识注意，这是视觉流程的第一段。

（2）当某一信息被注意以后，如果在形态和构成上具有强烈的个性，与周围环境形成强烈的反差，就能进一步引起兴趣，引导视线在物像上按一定的顺序流动。人们在阅读时视线通常是：从左到右，从上到下，从左上到右下。因此在构图中，一般注意力最大的位置依次是版面的上部、左部、中上，它们即是画面的最佳视域。主题不同，则各个构成元素的重要性也不同，把它们放在不同的视觉领域，则会产生不同的注意力价值。

2. 视觉流程与诱导

视觉过程是一个从总体感知到局部感知，然后形成总体印象的过程。广告设计者要对受众的视觉过程进行充分诱导。人们在观看广告作品时，会首先快速浏览整个画面，形成初步的整体印象，接着视线会被可视性最强处吸引，并沿可视性由强到弱的方向有序流动，读完画面。常用的诱导方式有：

（1）形状诱导。具有强烈方向感的标志，如一个箭头、手势、指标性的几何图形，将受众的视线引向其所指的方向。

（2）线形诱导。垂直线引导人的视线作上下移动；水平线引导人的视线作左右移动；斜线更有张力，使视线斜方向移动；折线和正方形使视线作四个方向的辐射；圆形则是一种均衡的辐射状的扩散；三角形使视线沿三个方向运动。

（3）运动诱导。动作姿态——如人的奔跑、上冲、旋转或一个具有方向感的倾斜，能有效诱导受众视线沿其移动。

（4）相似诱导。相同或相似的元素连续排列，可使视线顺排列方向移动。相同或相似的渐变排列，可使视线顺渐变方向移动，产生深度感或凸现感。

此外，网页版面的视觉流程设计因网页的多维性和超链接性、视觉在空间上无限延展的连贯性而同样很重要。网站内容一次性全部呈现，浏览者的阅读顺序也不是单线性的。很多层次中隐藏的信息会被不同的浏览者发现或忽略，导致同一网站对不同的浏览者会有不同的呈现面貌。浏览者的阅读自由性，对设计者而言则是不确定性，因此，除了要考虑单个页面的视觉流程外，更要注意各种可能发生链接的页面与页面之间视觉流程的巧妙安排和诱导。

4.5.3 网络广告编排的构图类型

网络广告编排设计的构图有如下基本类型。

1. 标准型

这是一种常见的、简单的、规则化的构图类型。图片在版面上方，其次是标题，然后是文案与商标。这种构图具有良好的安定感，首先用图片吸引观众的兴趣，然后用标题诱导观众注意标题与商标。受众视线自上而下移动，阅读效果良好，被广泛用于编排设计。

2. 标题型

标题在版面上方，往下是图片、文案和商标。这种构图以标题作为图片的先导，让网民先对标题有印象，然后看图片，对商品有一个感性认识，激发起兴趣，进而在版面下方阅读文案、观看商标，获得完整的商业讯息。

3. 中轴型

这是一种对称的构图方式，标题、图片、文案与商标都放在中轴线内边，中轴线可以是有形的，也可以是无形的。这种构图具有良好的平衡感。在安排构成要素时，要把诉求重心放在左上方或右下方，使受众的视线一开始就投向诉求重心，抓住主要商品讯息。

4. 斜置型

这是一种富有动感的构图方式，全部构成要素或主要构图要素向左或向右，作适当倾斜，受众视线随倾斜势态，由上而下或由下而上移动。向右倾斜，能增加易见度，显得有活力；向左倾斜的效果不明显。有时，斜置主体构图要素，将其他要素作水平配置，能产生一种对比效果，使构图富于变化，整个版面既有动感，又有一定的安定感。

5. 圆图型

构成要素的排列顺序与标准型相同，以正圆形或半圆形图片作为画面的中心要素，在此基础上安排标题、文案和商标等要素，受众视线首先被中心部的图片吸引，然后向其他部分作发射状移动。圆形是自然、完满的，有象征生命圆满自在的意义。它具有向四周放射的动势，能引人注目，激发兴趣。这种构图适用于女性用品广告或着意表达一定情调的广告。

6. 全图型

用一张图片占据整个页面，图片可能是广告人物形象或广告创意所需要的场景，在图片的适当位置嵌入标题、文案和商标，或用"开窗"方式安排其他的构成要素。这是一种具有现代感的构图方式。图片具有强烈的直观性，在信息传达中扮演着重要角色，具有视觉冲击力和感染力。

7. 重复型

重复型将同一构成要素，在版面上作三四次或更多次的重复，被重复地构成要素，可能是图片，也可能是标题或商标。重复具有强烈的作用，能收到增强注意力的特殊功效，能使版面具有节奏感，富于动势，活力四射。重复固然有相当的表现功能，但用起来要慎重，尤其是斜置、跳动较大的重复，用起来更要慎重。一般只使用色彩或某一单纯图形的重复，并运用其他要素，调整版面布局，保持视觉上的安定感。

8. 文字型

文字型以文字做主体构成版面，图片仅起点缀作用。对某些特定的广告主题，以及某些意义较为抽象的信息，是无法用图像表达的，只有用文字来说明。构图的吸引力，首先在于文案的感染力，其诉求主要触及受众的关心点。在字体安排上要阅读方便、井然有序、明快清爽、富有变化。同时，注意图片的点缀作用，起到增添情趣和引起注意的作用。

9. 水平型

将图片或产品形象水平置于版面，构图安定而平稳，受众视线左右移动，能在瞬间形成整体印象。与垂直构图相比，水平构图更符合受众的视觉习惯，而且给人一种新颖别致的感觉，具有现代感。例如一瓶饮料是垂直还是水平放置，给人的感觉是不同的。水平放置更具浪漫气息。

10. 散点式构图

散点式构图的构成要素在版面上作不规则的散点分布，形成一种随心、任意的效果，使人感觉轻松潇洒。其图形没有主次之分，没有明确的方向感或动势感。其原因就在于，要反映的事物需要平等对待，在构图上所表现的特征就是平列、稳定，要防止呆板。但要在总体上形成统一的气氛，获得统一的效果。

11. 放射型

放射型的构成要素纳入到一个呈放射状的结构中，统一于视觉中，具有多样统一的综合视觉效果、强烈的外向放射动势感，有很强的刺激力度，能很快捕捉人们的视线。这种构图具有现代气息，很吸引人。放射型构图显得不稳定，可以安排点缀作用的构成要素，但不宜出现重叠、交叉，以免造成视觉混乱。

12. 交叉型

交叉型是将图片与标题两个重要的构成要素交叉放置，可作水平十字交叉，也可以倾斜十字交叉。两个交叉的构成要素中有一个被另一个局部遮盖，于是就产生了前后层次感，增加了版面的视觉深度，两个构成要素交叉的部分成为版面的视觉中心，引起受众注意。至于图片与标题，哪个放在上面，主要取决于创意，一般的原则是标题在上面。

13. 背景型

背景型以实物或纹样或某种肌理效果作为版面的背景，把标题、文案及商标置于其上，如时装广告可用呈现不同色彩的肌理效果的衣料为背景；片状药品广告可用药片规则排列，形成一种满底图案背景。用实物作背景，能形成一种饱满、丰富的气氛，有很强的诱惑力，将广告主题表现出来。这种类型要在背景上做文章，实物背景应作小规则的变化，不宜跳动过大,以免破坏"静"的形态,影响整体效果。

14. 字体型

字体型对商品名称或文字组合体的商标进行放大处理,使其在画面上成为夺人眼目的要素。还可将个别字母着意转换成产品形象,增加情趣,突出广告主题。

总之,网络广告的构图类型在不断创新,只要在遵循规律的基础上发挥想象力和创造力,就可以创造出更多新颖的构图类型。

4.6 网络广告制作与审查

4.6.1 网络广告制作的一般流程

1. 图片和文字的输入

网络广告一般有两种形式:文字和图片。GIF 和 JPEG 文件是在网络广告中运用较为广泛的图片格式,GIF 文件是 8 位 256 色,支持连续动画格式;JPEG 是一种压缩图像格式,压缩比可任选。为提高图像在网络上的上传和下载速度,在网页中此类格式被广泛采用。

2. 图形绘制和图像处理

通过电脑绘制的矢量图形一般都要转为标准图像格式用于网页设计。Photoshop 以其强大的图像处理功能见长,且具有很强的兼容性,支持多种图像格式。Adobe Photoshop 附带专门处理网页图形的 ImageReady,弥补了其针对网页设计的不足。

3. 网页动画的制作

网络广告表现形式的发展速度令人吃惊,而且潜力无限,两三年前网上还充斥着静态的网幅广告,如今的网幅广告却以动态的居多。网页动画技术的引进,使网络广告变得异常生动。

制作动画网页的 GIF 动画,最简单的办法可以用 Photoshop 生成一个包含全部动画元素的文件,对于每一个独立的帧,先隐含不必要的对象再分别导出成单个的 GIF 文件,最后用 GIF Animator 这类网页动画软件将各帧组合成动画文件,也可以安装 Photoshop 的动画插件,直接在 Photoshop 文件上生成动画。当然,如果用 Adobe ImageReady 和 Fireworks、Flash 这类专门为网页图像设计的软件可以直接制作动画 GIF。目前越来越受到重视的 Rich Media Banner 的制作就要复杂得多了。类似于 Enliven V-Banner 和 Java Banner 都需要一些专门的工具。

随着多媒体技术在 Internet 领域的发展,在 Web 上出现了很多新的多媒体技术。比如视频非线性编辑软件 Adobe Premiere,通过自身的发展以及一些第三方厂商的努力,在 Web 开发上也成为了一个首选的素材制作工具。"动画流"技术也称为下载即播技术,这是为了让上网的用户不用等到多媒体文件完全下载完就开始播放的一种技术,可使用户免受等待时的煎熬。经常用到的有 RealVideo、StreamWorks 等。现在最流行的是 RealVideo RealNetworks 为 Adobe Premiere 开发的一个叫作 Real Publisher Premiere Plugin 的插件,可用 Premiere 来制作 RealVideo。Adobe 也为自己开发了制作 Gif89a 动画的 Plugin,使用户直接可生成 Gif89a 动画。

4. 影像及声音的输入和编辑

数字影像输入的最好办法是用数字摄像机,然后直接存入电脑的硬盘备用。声音需要通过声卡输入,当然,一些传统的影音资料都可以通过专门的硬件设备进行格式转换输入电脑。

随着互联网传输速度的不断提高,计算机处理速度不断加快,真正能体现网络多媒体优势的数字影音将广泛被采用。但目前网络广告中此类应用并不广泛，主要是局限于传输速率。虽然几乎所有的数字影音格式都能在 Web 上广泛使用（如 mov、avi、qt 等），但用户是没有耐心等很长时间下载浏览你的"数字电影广告"的。影像能够正常播放的速度取决于网络传输速率、访问者自己的计算机硬件处理能力和视频显示卡/系统的速度。影像一般都采用了一种或更多的文件压缩方法（如 MP3、MP4、RM 等高倍压缩格式）。

为了增加影像在可接受的速度下运行的机会，设计时一般采用小画面模式。例如，采用 320×240 像素点显示，或者干脆采用 160×120 像素点显示；最后的制作一般采用一种或更多的文件压缩方法。但是即便这样，在网上播放影像文件至少也需要稳定的高传输速率。

5. 完成各广告要素及不同文件、页面间的链接

最后的步骤就是完成各广告要素及不同文件、页面间的链接，为 WWW 提供 HTML 文档。HTML 允许文档创建者在文档中嵌套指向其他任何文件的链接指令。当用户点击鼠标激活这些嵌套的链接时，就可以直接跳转到该链接所指的文件。无论该文件存储在本地还是远程计算机里，都可以利用 HTTP（Hypertext Transfer Protocol，即超文本传输协议）协议跨空间在网络上的不同 Web 页面间自由切换。

大多数通用文本编辑器及文字处理软件都能编辑 HTML 文档，只要该编辑器或字处理软件能把文档以纯文本方式储存即可。一些专门的网页制作软件和多媒体制作软件也具备强大的链接编辑功能，常用的有 FrontPage、Dreamweaver、Fireworks 等。

4.6.2 网络广告的审查

1. 能否完整、准确地表现广告原始的创意主题

这是网络广告在制作完成以后，首先要审查的内容之一，以确认消费者不会产生理解歧义，所以，制作完成的广告应该经过小范围的测验。

2. 网络广告各元素以及其版面布局是否合理

不但要审查各元素本身的设计与制作质量，还要审查整体版面效果，是否符合目标受众的浏览习惯，能否对他们产生吸引力等。

3. 后端内容的审查

网络广告不同于任何其他形式的广告，是因为它由两个部分组成：前端展示部分和后方说明部分。除了要审查前端的展示部分，还要注意后端说明部分的设计。后端说明部分是放置在自己网站上的，可以是网页，也可以是相关的文字、音响、图片及影像资料等，可以随时增加、修改、删减，随时维护它、改变它。

4. 形式审查

各种广告方式对广告前端的展示部分有不同的形式规定。一般的形式规则是：图片类广告，其图片文件格式原则上只能是.jpg、.gif 或者.png，并且必须满足不同广告规格对像素规格和图片文件大小的规定。

文字类广告都会有字数限制。正式提交发布之前，请务必通过"预览""查看"等功能加以检查，确认无误以后再正式提交。

网页类广告都会有幅面像素规格和文件大小的限制，在提交之前，应根据发布网站的要求仔细检查。

5. 合法性审查

不论什么创意和形式的网络广告都要符合国家的各种法律和法规，如《中华人民共和国广告法》和与互联网有关的管理条例等。

总之，网络广告的审查是全面的审查，这个审查从最初的创意到最后的制作形式所有的环节都应该进行全方位、仔细的审查，以避免广告发布后引起一些问题，给企业造成损失。

小 结

网络广告设计就是通过将广告元素如标题、正文、标语、公司名称、商标、色彩和轮廓等通过一定的设计原则和规律，整体地呈现出来，以表达广告创意和主题，吸引消费者的注意。一般的网络广告展示形式有静态展示、动态展示、重叠展示、交互式展示四种类型，广告色彩的设计要在了解色彩基本概念的基础上，理解色彩的心理效应，形成合理的色彩搭配。广告文字的设计要在了解字体的基本类型和特点的基础上，理解文字设计的基本规律和原理。网络广告的编排设计是根据表现主题与创意的要求，将传达内容的各构成要素，如插图、标志、色彩、文字等以及品牌名称、标题、标语等文字要素，进行创造性的结合，根据均衡、调和、律动、视觉导向及空白等形式处理的法则，安排要素间的视觉关联与配置，使其成为一个有机整体，和谐地呈现于电脑显示屏上，发挥最佳诉求效果，实现广告主意图的工作过程。网络广告的编排要面面俱到，更要重点突出，这样才能进行有效的视觉传达。所以，在编排设计时要合理布局和整体设计，突出主题。一般的编排有标准型、标题型、中轴型等几种形式，网络广告的编排要符合视觉流程的规律，这样才能发挥最佳的设计效果。另外，在设计制作完成以后，还要从创意到创意的表现形式，以及网络广告的发布形式等各个方面对广告进行全方位的审查，以符合各方对广告的要求。

习 题

一、多项选择题

1. 下列属于网络广告构成要素的是（　　）。
   A. 正文　　　　　　　　　　　B. 广告标语
   C. 色彩　　　　　　　　　　　D. 标题
2. 网络广告的主要展示形式有（　　）。
   A. 静态展示　　　　　　　　　B. 动态展示
   C. 重叠展示　　　　　　　　　D. 交互式展示
3. 色彩的三要素是指（　　）。
   A. 明度　　　　　　　　　　　B. 彩度
   C. 色阶　　　　　　　　　　　D. 色相
4. 网络广告文字设计的原则是（　　）。
   A. 整体风格的统一　　　　　　B. 笔画的统一
   C. 方向的统一　　　　　　　　D. 空间的统一

5. 关于网络广告的编排，说法正确的有（　　）。
   A．网络广告编排，要面面俱到
   B．网络广告编排，应重点突出
   C．形成语义上的理性穿透力
   D．利用特大字号，有影响力的广告标语夺人眼目，形成冲击力

二、思考题

1．根据色彩的不同属性，可以将色彩分为哪几个类别？
2．如何能够从色觉心理来把握网络广告的设计？
3．网络广告设计中，常见的图片格式有哪些？
4．简述网络广告制作的一般流程。

第 5 章　网络广告的费用与预算

【本章导读】

本章首先介绍网络广告费用，主要内容有：网络广告费用的分类、网络广告的收费模式。通过结合案例阐述网络广告定价的影响因素。同时，指出目前网络广告收费存在的问题。最后，对网络广告的预算进行论述，如网络广告预算的定制过程、编制方法，以及网络广告预算的分配与控制。

【本章要点】

- 网络广告定价的影响因素
- 网络广告常用的收费模式
- 网络广告收费模式的比较
- 网络广告收费存在的问题
- 网络广告预算的影响因素
- 网络广告预算的定制过程
- 网络广告预算的编制方法

网络广告预算的分配与控制作为一项企业活动，无论对广告代理商或广告主本身，都是自己经营活动的一部分，它必须纳入企业整体的商业活动之中进行成本与收益分析，以对整个广告计划的效绩进行检评。网络广告与传统广告相比，有自己特殊的计费及预算模式，既与传统广告费用的计算有共同之处，又表现出特有的不同。对网络广告费用与预算的分析，有助于广告主及代理商形成理性化的广告行为。

5.1　网络广告费用

5.1.1　广告费用的定义和分类

广告费用，是指可以列入广告预算的费用。一般包括开展广告活动所需要的广告调研费、广告设计费、广告制作费、广告媒体费、广告机构办公费与人员工资及差旅费等。在实际操作中，不同企业常常有不同的做法。依据不同的分类标准，广告费用可作如下细分：

（1）根据广告主体不同，可划分为自营广告费与非自营广告费。自营广告费是企业自行组织制作广告的全部费用，包括各种直接支出和间接支出。非自营广告费在网络广告中更常见，主要是企业主将广告交给网站去做，网站收取酬金，企业主支付的费用就是非自营费用。在网络广告中，费用的分类更多的属于非自营性质，也有些是混合而成的，这需要分别计费。

（2）根据广告业务角度不同，广告费用可划分为直接广告费用和间接广告费用。直接广告费是投入广告信息收集、广告制作、广告传播的费用，间接费用则是与广告有间接关系的花费，如人事管理费、办公费等。

（3）根据广告投入项目不同，可以分为固定项目广告费和流动项目广告费。前者不随经营活动而改变，后者则随经营活动的大小、升降而改变。

（4）根据广告媒体的不同，可以把广告费用分为网络广告费用、电视广告费用、报纸广告费用等。作为一种新型的媒体广告形式，网络广告在费用上与传统广告有很多共同之处，但它又有自身的特点，最大的区别在于价格水平和收费模式。由于目前网络广告费用主要用于支付网站的酬金，因此，网络广告的费用与网站对广告的定价息息相关。

5.1.2 网络广告定价的影响因素

网络广告的定价受到多种因素影响，总的来说主要有以下几个：

1. 网络广告发布平台的知名度

网络广告发布平台的知名度直接影响到了网络广告的价格水平，这里的平台实际包含两层意思：一是指不同的网络广告代理商；二是指相同网络广告代理商中不同的频道。

（1）网络广告代理商。网络广告代理商知名度越高，业务分布范围越广，其网络广告的价位越高。相同广告类型在不同网络广告代理商上的价格相差可以用悬殊来形容。同样一个通栏广告在新浪要支付45万元/天，而在大洋网上发布仅需支付2.2万元/天，在中国新闻网上需要13万元/天（见表5-1~表5-3）。

表5-1　大洋网2014年广告报价

形式说明	广告位置	报价（元/天）
标准通栏	L1、L2（485×60，JPG<15K，SWF<20K）	22000
广告物料格式GIF，JPG，Flash（没有特别说明均为标准通栏）	L4（440×60，JPG<15K，SWF<20K）	12100
	L8、L11（440×60，JPG<15K，SWF<20K）	8800

信息来源：http://www.s-tad.com/html/products_413.html

表5-2　新浪网2014年广告报价

频道	页面	产品名称	售卖单位	最新刊例价（元）
新浪首页	首页	首页顶部五轮播1000×90通栏	天	450000
		首页顶部五轮播非定向1000×90通栏（GPM天）	CPM天	100
		首页两轮播1000×90通栏01	天	430000
		首页两轮播1000×90通栏02	天	300000
		首页两轮播1000×90通栏03	天	240000

信息来源：http://www.s-tad.com/html/products_413.html

表5-3　中国新闻网2014年广告报价

广告形式	编号	位置	规格	大小	价格
通栏	F0	网站首页，顶部通栏	1000×90	<25K	130000元/天
	F1	网站首页，第一通栏	1000×90	<25K	80000元/天

续表

广告形式	编号	位置	规格	大小	价格
通栏	F2	网站首页，第二通栏	1000×90	<25K	60000元/天
	F3	网站首页，第三通栏	1000×90	<25K	60000元/天
	F4	网站首页，第四通栏	1000×90	<25K	60000元/天

信息来源：http://www.s-tad.com/html/products_413.html

目前，国际上还没有定量衡量网络广告代理商知名度的标准。判断网络广告代理商的知名度，一要看在包括 Yahoo、Altavista、Infoseek、Excite、HotBot、WebCrawler、YCOS、PlanetSearch、百度等全球知名的主要导航台中该网络广告代理商是否有注册。这些导航台本身就是刊登网络广告的最好站点。2004 年 9 月 7 日，上海搜捕网络公司从当日开始以每汉字 1300 元人民币（折合 157 美元）的价格每日在百度网站上发布一条文字链接广告，从而打破了新浪此前创造的每汉字 1150 元人民币（折合 139 美元）/天的记录。同时这些导航台也是衡量其他导航站点知名度高低的标尺，没有在上述导航台中注册的网络广告代理商的知名度非常小。二要用网点类别的关键词在这些导航台中检索一下，看一看检索结果中该网络广告代理商所排的位置。一般来讲，排在前 20 位的网络广告代理商的知名度较高，而排在 20 位之后的网络广告代理商，其网络广告的作用就会小得多。

今后，评估网络广告商知名度应学习企业评估的方法，从资产、服务项目、服务质量、访问人数等方面对每个网络广告代理商打分，进而评出不同等级。

（2）网页频道。网页频道是指在同一网站里具有不同性质内容的网页。如中国新闻网就拥有包括首页、新闻中心以及各分类频道。这些不同的网页频道有不同的受众，因而也具有不同的浏览率、点击率和知名度。这使得其网络广告的价格具有明显的差距。例如，相同的广告类型，同样都是在中国新闻网上发布，由于频道位置的不同，价格也是不同的，同时价格的差价也是很明显的。一个通栏广告在首页上发布需要 13 万元/天，在新闻中心频道需要 8 万元/天，价格相差了整整 9 倍。而在专题频道只需要 4 万元/天。

2. 网络广告的幅面大小、位置和发布时段

同传统广告一样，因特网上网络广告的价格也因幅面大小的不同而有所不同。幅面越大，价格越贵。对客户来讲，在可视范围内，尺寸越小越好。这不仅是因为尺寸小价格便宜，更因为尺寸小传输速度快。网络广告放置的位置也很有讲究。在导航网站中选择主题相符的主页放置网络广告的效果会好于其他位置。而在某页的上面放置广告，人们不用下移屏幕就可以看到图标，显然又要比放在下面的效果好。位置不同，价格自然也会不同。

统计结果显示，网民一天中使用互联网的时间波动非常大：凌晨 1 点至早上 7 点是网民最少上网的时间，从早上 8 点起上网的人数逐渐增加，到上午 10 点达到一天当中的第一个高峰，有 27.1%的网民在这一时间上网，中午 11 点略有回落；从 12 点开始回升，到下午 14 点达到一天当中的第二个高峰，有 36.0%的网民在这一时间上网，此后上网人数开始下降；从晚上 19 点开始上网人数激增，晚上 20 点至 21 点之间达到一天中的顶峰，有超过 58.0%的网民在这一时间段上网，这之后上网人数又急剧减少。可以看出，人们日常生活的作息时间在一定程度上影响着人们使用互联网的时间。所以，上午 10 点到 12 点，下午 14 点到 16 点，晚上 19 时到 21 时被称为"网络广告黄金时段"，其网络广告的价格最高。

3. 网页浏览次数和网页浏览率

网页浏览次数（pageview）是指当网民在网上漫游或在导航站点上检索时，插在页面中的网络广告会给浏览者留下视觉印象的次数。在这种印象阶段，浏览者只是浏览了网页，并没有形成点击图标的行为。刊登这种网络广告的提供商，会使用程序来统计含有网络广告的网页被浏览的次数，即在浏览者视觉中留下印象的次数，一次就叫一个 pageview，或叫一个 impression，1000 pageview 为 1CPA。主页被浏览的次数越多，表示在人们视觉中留下的印象越深。在一定时间里统计出来的浏览次数就叫做网页浏览率。不同的导航网站具有不同的网络浏览人次，因而具有不同的广告价值，其广告价格自然也有所不同。

一般而言，网络广告的价格与网页浏览次数和网页浏览率成正比关系。网页浏览次数和网页浏览率越高，其广告价格越高。

4. 点进次数和点进率

点进次数（click-through）是指网络广告被用户打开、浏览的次数。网络广告被点进的次数与被下载次数之比（点进/广告浏览）即为点进率（click-through rate）。据统计，产生点击行为的浏览者一般只占主页访问人数的 2%左右。不同的点进次数和点进率使得广告的效果大大不同，其广告价格自然也有所差别。一般来说，点进次数和点进率越高，广告价格越高，反之则较低。

5. 单次点击成本

作为一个衡量网络广告费用的标准，单次点击成本（cost per click）的概念很简单。如果你打算为用户每次点击你的广告付 0.50 元的话，可以找提供这样广告成本计算服务的网络广告商帮助你代理整个策划过程。国外企业在使用这个标准时，仍然需要与相同条件下千人广告成本做一个比较，看哪一种定价标准更合算。

5.1.3 网络广告常用的收费模式

1. CPM 收费模式

千人印象成本（Cost Per Thousand Impression，CPM），指网络广告产生每 1000 个广告印象数广告主要支付的费用。以千人为计价标准是沿用传统广告媒体的计价习惯，因为在传统媒体的广告业中，通常是以每千人成本作为确定该媒体广告价格的基础。这里的"印象"（Impression）是以页面访问次数（Page Views）为标准，而不是访问人次（User Sessions）。例如，有 1000 个人次（User Sessions）访问某个网站，而 Page Views 是 1300 的话，那就说明有一些人看了两次或两次以上这个网页。这样的收费类似于电视广告的收费方式，如果一个电视广告每个晚上放三次，虽然可能是同一个人看到，也是按三次收费。不过传统媒体无法对实际接触广告信息的人数做准确地统计，而网站有专用软件可以将每次访问的情况详细统计下来，按照精确的数字计费。因此，CPM 收费模式下，广告费用的计算公式为：

$$广告费用 = CPM \times 广告页面访问人数 / 1000$$

也就是说，用户仅仅登录了广告所在的网站是不够的，必须浏览了广告页面才能计入受众人数。例如，一个旗帜广告的单价是$1/CPM，意味着每一千人次浏览到这个广告就收 1 美元，依此类推，若有 1 万人次浏览了该广告就是 10 美元。如果一个广告主购买了 30 个 CPM，其所投放在广告商网页上的广告就可以被浏览 3 万人次。

CPM 收费模式从理论上讲比较科学。第一，它将广告与广告对象联系起来，保证了广告主的利益，使其付出的广告费用和上网浏览的人数成正比。第二，它以访问次数为单位来计费，可以更加公平、科学地把主页广告与非主页广告区分开。如果以页面来计算，显然更多的广告主会争夺主页的广告权，非主页则由于受访问次数的限制，没有主页的传播效果好。即使对主页与非主页区别定价，也难以有科学的划分标准，因此更多的网站在实践中是同等对待，这就更加突出了主页广告而冷落了非主页广告。以访问次数为计算标准则解决了这一矛盾：在首页做广告和在其他页面做广告的收益和支出比是一样的。这样就可以避免客户只愿在网站的首页做广告的弊病。第三，CPM 的广告收费模式对网站也有激励，由于只按实际的访问人次定价，网站会想办法提高网页的浏览人数，这对加大广告效果非常有利。如果实行包月制或笼统付费方式，则广告的实际效果与网站没有直接关系，互相也不存在激励，广告效果会大打折扣。

因此，这种收费模式被大多数的网站认可，并被门户网站普遍采用。到目前为止，它仍是网络广告收费模式的主流，在世界范围内获得了最广泛的应用。不过不同的网站价格大相径庭：著名网站 Yahoo 的价格可高达$75/CPM，而一些鲜为人知的网站只要$1/CPM。定价的依据是主页的热门程度（即浏览人数）。在划分不同价格等级后，CPM 一般采取固定费率。国际惯例是每 CPM 定价从 5 美元至 200 美元不等。美国著名的 Excite 导航网站的旗帜广告报价如下：一般价格，以$30/CPM 为计算的参考标准，每 75 万人次价格为$6000；针对某个地区或区域的价格为$30/CPM；按内容或主题定价为$40/CPM；按关键词定价为$60/CPM。国内的网络广告服务商，如 Chinabyte、Sohu 等也都采用 CPM 收费模式。

即便如此，CPM 收费模式也存在一定的问题。主要的问题在于流量的计算。由于流量是按照页面被显示的次数进行统计的，作弊起来十分简单：只要让代理服务器不停地自动 Reload 即可。因此，广告主的利益实际上得不到保证，很多广告主对网站的统计数据产生了怀疑，在 CPC 收费模式产生以后，CPM 收费模式受到了很大的冲击。

2. CPC 收费模式

每千次点击成本（Cost Per Thousand Click-Through，CPC）收费模式，是以网页上的广告被点击并链接到相关网站或详细内容页面 1000 次为基准的网络广告收费模式。它仍然以 1000 次点击为单位。比如，一则广告的单价是 40/CPC，则表示 400 元可以买到 10×1000 次点击，不点击不收费。CPC 收费模式下，广告费用的计算公式为：

$$广告费用 = CPC \times 点击广告数 / 1000$$

CPC 与 CPM 都是网络广告中应用最广泛的收费模式之一，但 CPC 的费用比 CPM 高得多。即便如此，广告主往往更倾向选择 CPC 这种付费方式，因为它的计费标准更为科学和细致，它以实际点击次数而不是页面浏览量为标准，这就排除了有些网民只浏览页面，而根本不看广告的虚量。这种方式可以为广告主带来最有价值的访问人群。

从技术上看，互联网对点击行为和点击量有精确的统计方法。通过及时和精确的统计机制，广告主能够直接对广告的发布进行在线监控。通过监视广告的浏览量、点击率等指标，可以统计出多少人看到了广告，其中又有多少人对广告感兴趣并进一步了解了广告的详细信息，可以使广告主能够更好地跟踪和衡量广告的效果以及受众的反应，及时了解用户和潜在用户的情况。同时，CPC 收费模式加上点击率限制可以加强作弊的难度，从而测量出网络广告的真实效果。另外，相对于包时投放和 CPM 收费模式的网络广告，CPC 广告投放实现了广告主节约化经营的目标，广告主只需对点击广告的行为付费，避免了包时投放广告费用的浪费,提高了投入产出比。因此,这种收费模式受到很多广告主的偏爱和推崇。

但是,不少经营广告的网站并不喜欢 CPC 收费模式,认为这种方式对他们来说并不公平。比如,虽然浏览者没有点击,但是他已经看到了广告,对于这些看到广告却没有点击的流量来说,网站无法定价,广告创意和发布费用等于做了无用功。这个和平面媒体相同,即使消费者已经阅读了该报纸,但是也不能说明他一定阅读了报纸中的广告,所以很多网络媒体都不愿采用 CPC 的交易方式。有一些网站改良了 CPC 收费模式,采用每点击成本(Cost Per Click)作为计费方式,即以每点击一次广告内容(图片、文字或 Flash 等)作为一次计费标准。这样使计费更方便,同时可以确定更具竞争力的单价,也方便根据广告效果适时调整。

CPC 收费模式对网络媒体的用户流量要求比较高。只有达到一定的 IP 量,CPC 广告才有价值。现在很多大型搜索引擎(如百度竞价、Google 等)和大型门户网站(如 Yahoo、微软、太极网)普遍采用这种方式,一些大型的专业网站也逐渐开始尝试使用,取得了不错的效果。例如,维普资讯网(www.cqvip.com)是国内著名的中文网上期刊文献网,日均浏览 IP 量 40 万左右,其网络广告采用 CPC 定价。2007 年,它发布了一次学术会议的网络广告,每点击成本 0.3 元。在一个月的时间里,点击量达到了 312 次,最终报名人数 47 人,总收入 42300 元,投资回报率达到 451.92%。[①]

在 Google、雅虎、百度等搜索引擎巨头的支持和大量广告主的追捧下,CPC 广告已经形成了较成熟的盈利方式,正在稳步提升市场份额。

3. CPA 收费模式

每行动成本(Cost Per Action, CPA)是根据每个访问者对网络广告所采取的行动定价。这里的 Action 即为用户行动,可以是达成一次交易、获得一个注册用户、获取一个用户的留言或者对网络广告的一次点击等。CPA 收费模式是指按广告投放的实际效果来计费,而不限广告投放量。

对广告主来说,CPA 无疑是比 CPM 和 CPC 更有吸引力的收费模式。它只需要为真正的客户或潜在客户支付广告费用,而不需要为无效的浏览和恶意的点击花冤枉钱。因此,CPA 方式诞生之初即受到广告主的关注。但是,CPA 方式在应用上并没有实现很大的市场突破,主要原因是由于投放网络广告的网络媒体多数不愿意接受这种方式。对他们来说,CPA 方式有各种各样的缺陷,下面是一些网站的说法:[②]

"我绝不想为这样的事(做 CPA 广告)再承担风险,也没有必要再去测试,另外也是因为这样的话,资金回笼很慢。"——资金回收慢,且有风险。

"我们的广告是有自己的成本的,每一次都在消耗自己的成本,所以单从这一点来说,以 CPA 的方式可能性就很小。"——事先要付出成本,违背了现行的网络广告游戏规则。

"我们的广告只是直接的潜在客户与您的网站之间的桥梁或者是纽带,我们只负责把潜在客户通过我们的广告带到您的网站,但至于意向客户来到您的网站上的时候,最终会不会在您的网站上免费注册会员,我们其实是无能为力的,或者说是起不到太大的作用。"——CPA 中的这个 A,影响的因素太多,对广告平台而言是缺乏可控性的。

---

① 谈谈 CPC 广告在学术会议营销中的成功运用. http://blog.china.alibaba.com/blog/redsky21/article/b43-i2731791.html.

② 探索 CPA 方式的网络营销. http://china.hardwaretoday.com/info/2007-11-10/52802.html.

"所有的广告都是有一定的风险的,做了不一定有非常好的效果,但是不做就肯定没有效果"——广告本身就意味着有风险和浪费,从包时定价转做 CPA 太高尚了,风险全部自己承担,很难接受。

因此,虽然多数广告主愿意接受 CPA 方式的广告投放,但由于在充分考虑广告主利益的同时却忽略了网站的利益,CPA 方式遭到了越来越多的网站的抵制。大多数的网站认为:CPA 广告被点击后是否会触发网友的消费行为或者其他后续行为(如注册账号等行为),最大的决定性因素不在于网站媒体,而在于该产品本身的众多因素(如该产品的受关注程度和性价比优势、企业的信誉程度等)以及用户对网上消费的接受状况等因素。因此,越来越多的网站媒体在经过实践后拒绝 CPA 方式,CPA 定价广告很难找到合适的媒体。目前所有广告收费模式中最能同时平衡广告主和网站主利益的收费模式是 CPC 和包时计费。

目前 CPA 广告所占据的市场份额很小。CPA 收费模式的网络广告主要出现在广告联盟平台上,像国外的 zanox,国内的智易、亿起发。典型的 CPA 方式的广告主主要有淘宝、eBay 易趣、招聘网等。缺少主流网站的强大背景,CPA 收费模式广告的发展尚需时日,产品形式也略显单薄,在短期内难有大的作为。

4. 其他收费模式

(1)按位置、时段和广告形式综合计费。这种收费模式以广告在网站中出现的位置、时间段和广告形式为基础对广告主征收固定费用。它是目前中国互联网广告的主要计价方式。它与广告发布位置、时间和广告形式挂钩,而不是与显示次数和访客行为挂钩。在这一方式下,广告主可以按照自己的需求来选择广告定价标准。如表 5-4 所示是网易 2008 年度的网络广告报价。

表 5-4 网易 2008 年度广告报价(部分)

广告形式	广告尺寸	文件大小	广告位置		价格(RMB/年)
弹出窗口广告 Pop up	400×300	gif: 18KB、swf: 20KB	新闻	首页	50000
			娱乐	首页	60000
				栏目	46000
			体育	首页	65000
				栏目	46000
			女人	首页	52000
				栏目	42000
			财经	首页	60000
				栏目	42000
			科技	首页	38000
				栏目	22000
			汽车	首页	52000
				栏目	42000
			手机	首页	38000
				栏目	22000

续表

广告形式	广告尺寸	文件大小	广告位置		价格（RMB/年）
弹出窗口广告 Pop up	400×300	gif: 18KB、swf: 20KB	数码	首页	40000
				栏目	22000
备注			• 次弹出窗口：关掉第一个弹出窗口后弹出该广告，报价同上 • 后弹出窗口：在关闭的当前页面弹出该广告，报价同上 • 新闻频道弹出窗口每个用户每天只可弹出一次		

（2）包时制定价。包时制就是买断某一时期的广告，实行固定定价制。通常是以月为计价单位，叫做"包月制"。它有一定的优点：不仅操作简单，对网站技术水平要求也低，不需要对浏览量、点击率进行统计，而且，广告主与网民间的权利义务关系也十分明了。正因如此，它是许多技术水平较低的小网站普遍采用的方法。它的缺点也十分明显：首先就是广告投入费用与实际效果脱钩，这就意味着网站与广告主之间总会有一方在这种误差之间受损。其次，它难以调动网站加大广告宣传力度的积极性。因为定价是以时段为标准，网站不必要花哪怕是小钱去加强广告效果，反正不管效果好坏，不管访问量有多少，广告费都是一个价。这样的广告效果自然就无法保证。第三，这种方式也不利于广告主对广告效果进行测评，无法得到广告效果的有关数据。

（3）CPS（Cost Per Sales）。按每次的销售量定价，即以实际销售的产品数量来换算发布网络广告的费用金额。

（4）CPO（Cost Per Order）。也称为 Cost Per Transaction，即根据每个订单/每次交易来定价的方式。它是按广告投放的实际效果，即按回收的有效问卷或订单来计费，而不限广告投放量。这种收费模式对于网站而言有一定的风险，但若广告投放成功，其收益比 CPM 的计价方式要大得多。

（5）CPL（Cost Per Lead 或 Cost Per Acquisition）。对每次通过网络广告而产生的引导进行付费的收费模式，即根据提供给广告主有效访问者信息的记录数量来收取费用。例如，访问者点击广告完成了在线表单之后，广告主根据完成的表单数向广告服务商付费。这种方式常用于会员制营销方式的网站。

（6）CPP（Cost Per Purchase）。每购买成本收费模式，是指广告主为规避广告费用风险，只有在网络用户点击网络广告并进行在线交易后，才按每笔销售的成本付给广告站点费用。CPP 根据商品的购买成本来决定广告费用，其好处就是把商品的购买与广告费用联系起来。当然，这必须借助于一些软件的支持。国际上著名的 Value Commerce 公司利用其 ITrack 软件，构造了一个根据交易来定价的广告模式，该模式也可算作 CPP 的一种变体。它借助 ITrack 软件，当交易完成时才开始计费，把广告与销售的实际效果联系起来。

（7）CPR（Cost Per Response）。每回应成本收费模式，是以浏览者的每一个回应计费。这种广告计费充分体现了网络广告"及时反应、直接互动、准确记录"的特点，但是，这个显然是属于辅助销售的广告模式，对于那些实际只要亮出名字就已经达到一半要求的品牌广告，几乎所有的网站都不会接受，因为得到广告费的机会比 CPC 还要渺茫。

（8）PFP（Pay For Performance）。按业绩付费，是以业绩为计费基准，如点击次数、销售业绩、导航情况等，来衡量网络广告费用的收费模式。著名的市场研究机构福莱斯特

（Forrerster）研究报告认为，近几年时间内，互联网将从目前大多数网络广告媒体所采用的定价模式——CPM 转变为按业绩定价的 PFP 模式。但它同时指出，虽然基于业绩的广告模式受到广泛欢迎，但并不意味着 CPM 模式已经过时。相反，如果广告媒体坚持这样做，受到损失的只会是它自己，因为目前许多网站还并不接受 PFP 模式。

5.1.4 网络广告收费模式的比较

以上几种收费模式各有利弊，可以从媒体地位、风险分担和统计难度三个方面加以区别，如表 5-5 所示。

表 5-5 常见网络广告定价方法的特点及利弊分析

序号	定价方法	媒体地位	风险分担	统计难度
1	CPM	强势	对广告主和媒体都有利	流量的不稳定性
2	CPC	比较弱	对广告主比较有利	效果精确统计
3	CPA	比较弱	对广告主比较有利	效果精确统计
4	CPR	比较弱	对广告主比较有利	效果精确统计
5	CPP	比较弱	对广告主比较有利	效果精确统计
6	包月方式	一般	对双方都不利	流量的不稳定性
7	PFP	一般	对广告主比较有利	效果精确统计
8	CPL	比较弱	对广告主比较有利	效果精确统计
9	CPS	比较弱	对广告主比较有利	效果精确统计

目前比较流行的计价方式是 CPM 和 CPC，最为流行的则为 CPM。网络广告有其自身的发展规律，企业要想利用好网络媒体来宣传自己的产品或服务，除了要求自身产品过硬和有一定的知名度外，还要求网站要具备相应数量的媒体受众和一定的广告价值。在目标市场决策后挑选不同内容的网站，进而考察其历史流量和浏览者进行估算，这样就可以算出网络广告在一定期限内的大致价格。在这个价格基础上，根据不同产品的生命周期阶段和相应的企业整体经营计划，进行网络广告的预算和网络广告活动的计划，分别计算出 CPM、CPC、CPA 等。只有这样才能使企业的广告活动既经济又有效。

5.1.5 网络广告收费存在的问题

尽管当前已经有多种多样的收费模式，但网络广告的收费依然存在着很多问题。

1. 网络广告收费标准混乱

一方面是因为网络广告很新，没有价格衡量的参照物。目前，许多网站都提供大量的免费服务，这些免费服务的费用主要来自网站的广告收益，网络广告是维持这些站点正常运转的主要经济来源。由于各个站点的经营情况不同，各站点对广告的计费方法也不一样。有的按照 CPM 定价，有的按包月方式定价，还有的按点击次数定价，甚至在一个站点内部，由于情况复杂，定价标准也有较大差别。

另一方面是由于网络广告还没有统一有效的测量标准。目前，用于广告测量标准的一些技术参数，如点击次数、点击率、印象人次等的定义就各有各的说法。在美国的 600 多个商业性站点中，单单旗帜广告就有 900 多种尺寸规格。这些状况的存在，严重影响了企业使用网络广告的积极性，也极大地阻碍了网络广告的进一步发展。

2. 很多收费模式难以实现

尽管网络广告越来越受到人们的重视，越来越多的企业开始采用在线方式做广告。但从整体上看，企业在网络广告上的支出仍然很低，美国每年用于网络广告的预算数字还不到其全年广告总预算的 1%。由于 Internet 跨时空的特点，广告客户有充分的选择权利，在网络广告已成为一种时尚的同时，客户也变得更加理智，不会贸然在网上做广告。据美国 AdKnowledge 公司的调查，近年来网络广告的价格一直呈下降趋势，网络广告已成为买方市场的状况现在和将来都不会改变。因此广告商为争夺客户只好采取后者能够认可的定价模式，这些定价模式对网站或客户不一定是不公平的，从而保障客户的利益。

3. 广告代理商和广告主在广告效果的认同上存在着差异

广告服务商可以用访问者浏览广告的时间、浏览目的页面的深度和浏览页数等指标来衡量其广告的影响，而广告主为的是销售产品或服务，对他们来说，真正能够解释广告是否有效的不是点击率，而是访问者进入网站后对页面显示出来的兴趣和购买行为，即实际结果。因此，衡量网络广告有效性的标准应该围绕广告的影响力和实际结果来制定，应该选择能够精确描述影响力和实际结果的衡量方法。

5.2 网络广告预算

5.2.1 网络广告预算的意义

网络广告预算是预先制定广告投入并合理安排的管理过程。网络广告预算对广告主的网络广告投放具有非常重大的意义。

1. 为广告主控制网络广告活动提供手段

作为出资者，广告主希望最有效地管理和控制网络广告活动，使其能按照自己的意愿去进行，力求花最少的钱获得最大的效益。通过网络广告预算，广告主可以对费用的多少、如何分配、起到什么效果等，做出系统的规定，从而有效地对整个活动进行管理和控制，以确保此次网络广告活动的顺利进行。

2. 有助于广告费用的规划和使用

广告费用使用效率的提高对公司整体的运作，成本的降低具有举足轻重的作用。制定网络广告预算的目的在于合理地、有计划地使用广告经费，使有限的经费能够满足计划期内营销对网络广告的需要。广告预算对每一项活动、每一段时间上应投入多少经费都做了合理安排，把有限的资金用到最关键的环节，并对整个广告作统一布置，并有比例地留出弹性经费以应付突发事件，这就保证了网络广告经费有计划和合理的支出，避免经费支出的随意性和防止工作中的不正之风等造成的浪费。

3. 促进网络广告投入效益的提高

网络广告经费作为企业的一种营销投资，力求发挥其最大的效用，为企业带来尽可能高的效益。在广告成本的基础上进行的广告预算，其主要目的在于有计划地、宏观地对广告费用、广告经费进行分配,使有限的广告经费能够满足广告计划的每一环节。这种预算的实际意义就在于对广告实施中的每一环节、每一个时间安排、每一媒体上的分配做到互相权衡,合理分配,从而提高网络广告投入的效益。

4. 有利于网络广告效果的评估

广告预算为广告效果量的评估提供了最原始的经济数据。评价网络广告效果的主要标准是进行投资回报的分析和研究,看整个活动在多大程度上实现了网络广告目标的要求。在进行网络广告的投入和产出比分析时,常用的方法是将广告带来的销售额上升幅度与广告投入支出比较。只有明确了网络广告投入的具体情况,广告效果评估才有实际意义,否则不能形成量化的指标,无法准确判断广告投入与广告效果的关系。广告预算是对广告费用每项支出的具体安排,因此为评价网络广告效果提供了有效的指标。

5.2.2 影响网络广告预算的因素

影响广告预算的因素很多,主要有以下几个:

1. 产品因素

产品的性质、质量、市场生命周期、销售区域等因素都会影响企业网络广告的预算产品,可以分为消费品和工业品两大类,广告是消费品促销组合中最重要的一个策略,因而其广告预算相应比较高;工业品则反之。

企业的广告预算与产品的市场生命周期息息相关。当产品处于试销期或成长期阶段,为了进行有效的消费者教育,广告成为主要的促销策略,因此广告预算要大一些。当产品进入成熟期,促销策略以营业推广为主,但此时为了保持产品的知名度,广告预算的费用也应稳定在一定的水平上。而一旦产品进入饱和期或衰退期,广告费用便大幅度削减了。

另外,产品销售区域的大小也影响着广告预算的大小。很明显,销售区域大,必然需要大的广告预算;而小的销售区域,也相应地用小的广告预算。这样,才能因地制宜,充分利用好广告经费。

2. 竞争者因素

竞争者广告策略和投入的改变一般会导致企业相应的调整。企业的广告预算不能脱离产业和整个市场的竞争状况。广告是市场竞争的一个营销手段,竞争在一定程度上可以通过广告表现出来。广告预算的大小,经常受竞争对手的影响。如果竞争对手突然大幅度提高广告预算,那么,本企业也可以考虑相应提高广告费,以摆脱不利地位。

3. 消费者因素

消费者是市场的主体,也是广告宣传的受众。消费者的行为不仅影响市场的走向,也影响广告预算的制定。当消费者对某种商品反应较为冷淡时,广告主应该加大广告宣传力度,刺激消费,使消费者逐渐认识商品;当商品已被消费者认同,在消费者心目中有较高的地位时,广告主可以适当地控制或减少广告预算规模。所以,广告预算规模也受消费者行为的影响。

另外,消费者参与度的高低也会影响广告预算。面对高参与度的受众,为避免反感,可以减少广告预算;而面对低参与度的受众则应增加广告预算。

4. 企业因素

不同实力的企业的广告不仅在行为上不同,投入也会有很大差别。广告预算的规模大小,归根到底是受企业的规模、实力制约的。企业的规模大、实力强、产量高、资金雄厚,当然可以把广告预算制定得规模宏大。反之,如果企业的资金、产品规模都比较小,那它在编制广告预算时应该量力而为,不可盲目求大。

5. 网络广告平均费用水平

广告预算是与广告费用相对应的一个环节,是将广告的投入进行合理配置的过程。网络广告预算归根到底是为了支付网络广告费用的,因而,网络广告费用水平的高低就会影响到网络广告预算的大小。

5.2.3 网络广告预算的定制过程

网络广告预算是由一系列调研、分析、预测、协调等工作组成的。这些工作应遵循一定的科学步骤进行,才能保证预算编制的合理性和有效性。广告预算大致可分为调查研究、综合分析、拟订方案及落实方案等阶段。具体程序为:

1. 调查研究影响网络广告预算的主要因素

企业在着手编制网络广告预算之前,必须对企业所处的市场环境、竞争环境、经济与社会环境进行全面且系统的调查;同时又要对企业自身的情况和竞争者的情况进行详细的比较和研究。正所谓"知己知彼,百战不殆",这是制定网络广告预算的先决条件。

2. 分析企业上一年度的销售额

企业在制定下一年度网络广告活动预算时,应先对上一年度的销售额进行细致分析,以了解上一年度的实际销售数量和销售额是否符合上一年度的预测销售量和预测销售额。通过此项分析,可以预测下一年度的销售情况,从而安排适当的广告经费,以适应实际销售和推销活动的需要。

3. 分析历年来本企业产品的销售周期性

产品销售跟随着该产品的整个经济周期的变化也呈现出周期性变化的规律性,要充分研究计划期产品销售所处的周期阶段,对网络广告经费做出合理的预算。大部分产品在一年的销售中,由于受季节、节假日等因素的影响,也呈现出一种周期性的变化,即在某些月份销售额上升,而在另外几个月中销售额又下降,也即有销售的淡、旺季的更替。通过对企业产品销售周期的分析,可以为网络广告的总预算提供依据,从而确定不同月份的广告费用的分配,做到因时而异。

4. 确定广告投资总额

通过上述对市场现状的调研和分析后,提出网络广告投资总额的计算方法和理由,从而确定投资总额的多少。

5. 网络广告预算的具体分配

根据前几项工作的结论,确定一个年度中广告经费的具体分配。企业可根据自身的实际情况及市场状况,将网络广告费用分配到合适的时间和地区,从而使总预算落实到每一个具体的活动细节上。

6. 制定控制与评价的标准

在网络广告预算的编制中,还应确定每笔广告支出所要达到的目的或效果,以及对每个时期每一项广告开支的记录方法。通过这些标准的制定,就可以结合广告效果对广告费的支出进行控制和评价。

7. 确定机动经费

网络广告预算中还应对一定比例的机动支出做出预算，如在什么情况下可投入机动开支、机动开支额的大小、效果如何评价等。

5.2.4 网络广告预算的编制方法

网络广告预算的编制方法有许多种，各具优点，也各有不足。目前世界常用的方法有以下几种：

1. 期望行动法

期望行动制是以购买者的实际购买行动为参照来确定广告费用。一般的做法是，先预期一个可能的购买量的范围，再乘以每一单位购买行动的广告费，取其平均值就得到广告预算结果。预期的购买人数一般参照同类商品以往年份的统计数字，每一单位的广告费用可根据商品及企业的目标来定。

$$网络广告预算=单位购买行为广告费用×预期购买人数$$

例如，假如某网站认为在其页面上做广告的手机产品每成交一台，它应该收 10 元的广告提成，某手机生产厂家预期其可能购买数量为 10000 台，则如果这家手机厂商希望在这家网站上做广告，就应该做 100000 元的网络广告预算。

这种方法的优点是操作简易，但是缺点也非常明显：在某些时期，产品的销售量难以预测；加重经营多种产品的企业的管理难度。总的来看，这种做法尤其适合于农产品、大众消费品、家用电器等这些有较稳定购买量的商品，这些商品的购买数目较容易得到接近客观的数字。

2. 产品跟踪法

产品跟踪制通常首先确定单位商品广告费用，再根据实际成交量来确定预算费用。

$$网络广告预算=单位商品广告费用×当期成交量$$

这种方法是一种事后行为，所以在制定当期广告预算计划时，常常使用的是当期期末的销售数据，具有滞后性。其优点是便于操作，且具有一定的客观性。

3. 阶段费用法

阶段费用制是广告预算中最常用的方法之一。它一般以企业的营销目标为基础，以实际销售目标为依据，根据不同的营销目标来确定广告目标，然后根据不同的营销阶段来确定广告的战略、设计、制定出完整的广告计划，再计算其费用。

一般来说，企业做广告有不同的目标，有降低未知率、提高知名度、让消费者理解自己的产品、建立消费者忠诚度、购买、依赖这六个逐渐加深的阶段。每一阶段广告的计划是不同的，因而预算也不相同。阶段费用制就是根据企业营销计划要达到的阶段或目标来制定广告预算表。在不同阶段，所需的广告方式、广告设计、广告地域以及具体的广告实施计划是不同的，当然广告的预算也就因此不同。

阶段费用法的缺点是不易操作。首先，一个公司一般很难把营销计划的各个阶段严格分开；其次不同阶段广告预算的制定仍然要依赖于其他方法。但是，它也具有非常明显的优点，能很好地推进新产品的上市，加大新产品的攻势，并且还能发现市场的变化及时调整广告的各个环节，因而这种方法目前被普遍采用。

4. 竞争对抗法

这种方法的预算标准主要以同种产品同一市场上竞争者的广告预算为依据。要达到与竞争者有相抗衡的目的,一般后来者的广告预算不会低于竞争者。广告在这里也成了进行市场竞争的工具之一。在制定预算时,前提是要调查竞争者的广告实际预算情况,掌握其控制的市场占有率,根据对手的广告总额与市场占有范围可以确定单位市场占有范围的广告投入,用这个数据乘以自己的市场占有范围就得到本企业的广告预算额。

网络广告预算=对手广告投放金额/对手市场占有率×本企业预期市场占有率×网络广告比例

这种方法的优点是广告投入与市场份额紧密相连,让商品更具有市场竞争力,而且可以对市场的改变做出迅速的回应,使企业保持其市场地位。另外,企业对市场份额的增减也可以进行准确预测。

这种方法的缺点在于:难以准确地预测竞争对手真实的广告投放金额;过分偏信销售与广告的关系;过度重视竞争对手。

这种方法费用较大,常常被用作大型企业市场竞争的工具,大型企业如果要抢夺竞争对手的市场份额,往往配合其他营销手段加大广告预算。对于资金不足的中小企业而言,在采用这种方法时应特别小心谨慎。

5. 比例提成法

这种预算方法是根据销售比例,或盈利比例来制定广告预算。按销售额计算的方法是确定一定的销售额基数,然后根据一定的广告投入比率计算出广告预算。

网络广告预算=销售总额×广告投入比率×网络广告比例

这种方法简便易行,制定预算的过程也不复杂,有其一定的科学性。但它以销售量为基础,然后制定广告预算有悖于广告的目的。广告的目的在于提高销售额,而不是以销售量来决定广告。这在富有魄力的企业家眼中尤其不可取,他们常常在销量下降时,加大广告投入和预算,在销量上升时却将重点转向新产品的广告宣传上。因此,企业在使用这种方法时,应该权衡利弊,最好是与其他预算方法结合使用。

利润提成法在本质上与销售提成法是一致的,在做法上也没有太多本质的区别。

这种方法的最大好处是无风险,操作简单。其缺点是不能根据实际需要制定广告,广告预算缺乏科学性,因而其效果难以保证。并且在公司正需要大力宣传时却会出现广告投入不足,比如在不景气的时候。而在繁荣时则会浪费开支,这种迭加效应使广告效果也大打折扣。

许多刚成长起来的小型企业和传统企业常用这种广告预算法。中小型企业资金不足,没有足够的财力投资广告,因此,常常在公司有限的财务中专门拨出一笔广告专款,广告制作者再根据这一款项来制作广告,有多少钱就制作多大程度的广告,看菜下饭。

企业在广告预算的决策中没有固定模式可以遵循,每一种方法都有其优点和缺点,因此,广告主要充分进行经济分析,综合使用以上的预算编制方法做出有效的决策。

5.2.5 网络广告预算的分配与控制

根据广告的投入确定广告成本,然后根据广告成本及相应的广告计划来预算广告投入总额,这些步骤都是紧密相连的。但这些工作并不是广告预算的全部,它最后的关键环节是广告预算的分配和控制。

1. 广告预算的分配

在确定广告预算后,要针对广告计划各项目细节的要求,将广告预算的总额分配到各个环节当中。广告预算的分配,就是将广告各个环节进行统一协调、整合的过程。在分配预算时,常常要考虑这些因素。

第一,广告预算的各环节分配。一则广告由多种环节构成,从信息收集到最后播出,其间的每一环节都必不可少,各个环节对费用的要求也不尽相同,如何突出重点,整体一致,统一协调就是广告预算环节分配的主要任务。

第二,广告预算的地域分配。一则广告常常要在多个地域中播放,不同地域对广告的要求不一样,广告的成本也因而有别。预算的地域分配就是在充分考虑地域特点的基础上,对重点地区加以重点投入,又要确保整个广告计划的完成。

第三,广告预算的时间分配。根据广告计划,将广告费按年、季度或月分配广告预算的种类分配。

第四,广告预算的商品分配。广告商如果不只有一种商品,其广告预算就需要在多种商品之间分配。在分配时,要考虑每种产品在市场上的销售情况、市场占有率及产品生命周期的因素,合理分配,切莫一刀切。

第五,广告可分成自营广告与非自营广告,一个企业在网上从事广告时也常有自营与他营同时进行的做法。这时,如何把广告预算在自营与他营之间分配,也是一个关键性的工作。在自营广告费中,还须依据各业务部门所需的费用进行细分,比如制作、创意、媒体、管理、监督等。合理的预算分配能将这些分散的部门有机地统一起来,以确保广告有序、高质地完成。否则,有可能造成互相扯皮和资金浪费的现象。他营性质的广告也常有这样的问题,除了在有限的预算中要确保他营广告的预算外,在其内部环节的分配上也应科学合理。

总之,合理分配广告预算,是控制广告计划的实施,保证取得良好广告效果的重要手段。

2. 广告预算的控制

广告预算控制是任何一种广告都必不可少的环节,网络广告也不例外,在很大程度上网络广告的预算控制更关键、更必要。网络广告控制的主体是广告费用的承担者,一般是产品供应商。

广告预算控制的目的在于使广告费用适度,减少偏差和浪费。企业广告的投入与其他生产性投入的本性是一样的,都要求以最低投入获得最大回报。纠正广告费用的偏差是广告预算控制的一种职能。广告预算控制的另一种职能是协助广告策划者有效、合理地使用广告费用和广告预算。广告预算控制的前提条件是对企业整体广告计划有清楚明白的掌握,对广告各环节的费用心中有数。否则,没有根据的控制只会起相反的作用。

广告控制的标准也是衡量广告效果的一种尺度,广告计划中有各种参数和指标,任何一种指标的偏差、遗漏都是广告预算控制应当介入的。比如目标广告对象只限于女性,而广告计划中却将广告对象确定为全体网民,这种目标偏差如果不及时纠正,不仅会浪费广告费用,广告的效果也会相应打折扣。有了预算控制,就会对诸如此类的问题做出迅速纠正。

产品供应商在控制时要注意以下几点:

(1) 控制的合理性。进行控制的目的在于使广告预算合理、科学、最大地体现广告效果。这要求主体对广告计划有整体把握,对广告计划在公司预算中的地位有清楚了解,尤其对各个环节中的费用要心中有数。尤其在网络广告这个新领域中更要客观、实际,切忌不懂装懂、胡乱控制。

(2) 控制的合作性。广告预算控制不是为了控制而控制,而是为了更好地合作,为了更有效地扩大广告效果而进行的协助性工作。不要把自己放在高高在上的位置，这样起不到控制的作用，反而会影响企业与网站的合作。

（3）控制者的眼光不仅要盯在广告代理商身上，也应该盯在竞争主体身上，从竞争者的反应中得出有用信息以对广告计划提出适时的修正建议。

小 结

无论对广告代理商或广告主本身，网络广告费用和预算都是经营活动的一部分，它必须纳入企业整体的商业活动之中进行成本与收益分析，以对整个广告计划的效绩进行检评。网络广告与传统广告相比，有自己特殊的计费及预算模式，既与传统广告费用的计算有共同之处，又表现出特有的不同。网络广告费用，是指可以列入网络广告预算的费用，目前主要表现为承担网络广告制作和发布的网站所收取的酬金。因此，网络广告的费用与网站对广告的定价息息相关。网络广告的定价受到多种因素影响：网络广告发布平台的知名度；网络广告的幅面大小、位置和发布时段；网页浏览次数和网页浏览率；点进次数和点进率；单次点击成本。

网络广告有 CPM、CPC、CPA、CPR、CPS、CPO、CPL、CPP、PFP 等多种常用的收费模式，其中，CPM 和 CPC 是目前世界范围内网络广告中应用最广泛的收费模式。尽管当前收费模式已经多种多样，但网络广告的收费依然存在着很多问题：网络广告收费标准混乱；很多收费模式难以实现；广告代理商和广告主在广告效果的认同上存在着差异。网络广告预算是预先制定广告投入并合理安排的管理过程。网络广告预算对广告主的网络广告投放具有非常重大的意义：它为广告主控制网络广告活动提供手段，有助于广告费用的规划和使用，能够促进网络广告投入效益的提高并有利于网络广告效果的评估。影响广告预算的因素主要有产品、竞争者、消费者、企业和网络广告平均费用水平五个方面。广告预算过程大致可分为调查研究、综合分析、拟订方案及落实方案等阶段，主要的编制方法有期望行动法、产品跟踪法、阶段费用法、竞争对抗法和比例提成法等方法。广告预算主要按环节、地域、时间、商品和自营与否进行分配和控制。

习 题

一、不定项选择题

1. 直接广告费主要包括（　　）。
   A. 广告信息收集的费用　　　　　　B. 广告制作的费用
   C. 广告传播的费用　　　　　　　　D. 广告效果评测的费用

2. 下列关于网络广告定价方法的特点，说法正确的是（　　）。
   A. CPM 对广告主有利，CPA 对广告主不利
   B. CPM 对广告主有利，CPA 对广告主有利
   C. CPM 对广告主不利，CPA 对广告主不利

D. CPM 对广告主不利，CPA 对广告主有利
3. 网络广告收费存在的问题有（   ）。
   A. 没有价格衡量的参照物
   B. 很多收费模式难以实现
   C. 广告代理商和广告主在广告效果的认同上存在差异
   D. 网络广告还没有统一有效的测量标准
4. 网络广告预算对广告主的网络广告投放有哪些意义？（   ）
   A. 为广告主控制网络广告活动提供手段
   B. 有助于广告费用的规划和使用
   C. 促进网络广告投入效益的提高
   D. 有利于网络广告效果的评估
5. 影响广告预算的因素，主要有（   ）。
   A. 产品因素   B. 竞争者因素
   C. 消费者因素   D. 网络广告平均费用水平

二、思考题

　　假如你是某家企业的网络推广部经理，目前公司的产品主要是女性护肤品，你的上司让你拟定一个网络广告投放计划，请写出你的想法和实施步骤。

第 6 章　网络广告的收费方式

【本章导读】

本章首先介绍网络广告的两种发行模式：一种是广告商自建广告平台，另一种是广告商通过联盟网站来发布广告。然后分别介绍各种常见的网络广告收费模式（如 CPM、CPC、CPS 等），以及这些收费模式的优点和缺点，并结合图片、案例等，让读者可以很快掌握所学内容。

【本章要点】

- 网络广告的发行模式
- CPM（千人印象成本收费模式）
- CPC（每千次点击成本）
- CPA（每行动成本收费模式）
- CPS（每销售收费模式）
- 各类收费模式的优缺点

网络广告，可以说是大部分网站最重要的收入来源。根据新浪 2007 年 11 月 14 日最新发布的 2007 年第三季度财报显示：新浪第三季度净营收 6430 万美元，其中广告营收总计 4580 万美元，广告营收占公司营收总额的 71%，由此可见网络广告对于网站盈利的重要性。另一方面，对于众多的广告主而言，投放何种形式的网络广告，从而获得更好的营销效果，也是很重要的。本章主要就目前网络广告的收费模式进行一些介绍和探讨。

介绍广告收费模式之前，先简单介绍一下网络广告的两种发行模式，这将有助于理解以下章节中的内容。

第一种：广告主委托广告商。广告商将广告投放在自己的网站上，并通过统计程序监控网站服务器上的广告信息；通过收集到的广告信息，统计分析后反馈给广告主，如图 6-1 所示。

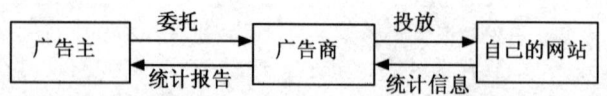

图 6-1　广告商在自己的网站直接投放广告

第二种：广告主委托广告商。广告商为一级分销商，将广告投放在与其联盟的网站上，并收集各联盟网站上的广告信息；最终收集到的信息，经过分析后，一方面反馈给广告主，另一方面将信息反馈给联盟网站，并与联盟网站结算，如图 6-2 所示。

通常情况下，广告发布商为了达到更多的广告展示、点击等，会从广告主的广告费用中拿出一定的比例，邀请其他网站加盟共同发布广告，这些网站从中分得一定的广告分成。这些加盟的网站被称为联盟网站。

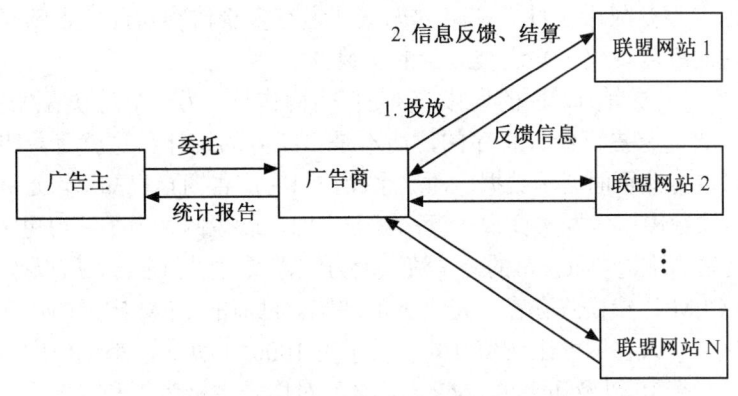

图 6-2 广告商通过联盟网站发布广告

6.1 CPM 千人印象成本收费模式

CPM（Cost Per Thousand Impressions）即千人印象成本。这种广告的收费模式与传统的报纸等媒体的广告有点类似，比如某报纸按发行量的大小来决定某个版面的广告收费。在网络上，CPM 模式也很流行，即按照广告被多少人浏览（看见）来收费。

CPM 收费取决于"印象"次数，可以理解为某位访客在一段时间内看到该广告的次数。比如某个广告的单价是 15 元/CPM，换句话说，该广告被浏览 1000 次的价格是 15 元钱，如果有 10000 人浏览了该广告，则广告主要支付 150 元（15×10000/1000=150）。

CPM 的定价与报纸有点类似，按照页面的热门程度不同而不同。通常网站首页被关注的程度比较高，同时流量也很大，价格也就相对较贵。而一些内容页，热门程度较低，价格也就相对较低。

1. CPM 广告的发布模式

（1）广告商自行在自己的网站上展示广告主的广告。

（2）广告商通过联盟网站展示广告。联盟网站的广告发布模式一般有两种，第一种方式为广告镶嵌在网页中展示；另一种方式为弹出窗口，即访客访问某网站时，在打开页面的同时会弹出一个窗口，在这个窗口中显示广告主的广告。

2. CPM 广告的优点

（1）广告主能够了解广告被浏览的次数。对比此前互联网上流行的按月租来计费的方式，CPM 模式显而易见的一个优点就是能够让广告主知道自己的广告被多少人浏览，而月租模式，广告主就无从得知自己的广告到底被看了多少次。这样，广告主就能对投放广告的效果有一定的直观认识，比如，花了 15 元钱，广告展示了 1000 次，而传统媒体是无法统计这些的。

（2）网站投放简单。对于网站主来说，首先不必去统计广告被点击的次数；第二，虽然广告位置不同，广告的效果不一样，但只要使广告被展示到一定次数就可以了，所以不必关注广告位置；第三，CPM 广告会促进网站主改进网站结构或页面布局等，以此来获得更多的 PV（Page View，即一个访客访问网站的页面数），从而增加广告展示的次数。

3. CPM 广告的缺点

（1）广告主无法知晓有多少人真正关注这条广告。广告主虽然可以从广告商那里获得广告展示在哪些页面，但是仅限于此，广告主无法知道有多少访客对此广告感兴趣，或者说无法知道广告被关注的程度，仅仅知道被展示的次数。

（2）流量作弊。主要有两方面的作弊，一是广告商作弊，另一个是联盟网站作弊。通常的展示统计都是由广告商来提供统计程序的，而不是第三方的统计。这就有着明显的局限性，一方面，广告商可以篡改页面展示数据，而这个操作只有广告商自己知道，这就造成了信息的不对称，广告展示次数由广告发布商说了算；另一方面，联盟网站为了获得更多的展示次数，就会想办法提高网站的流量。而正常的提高流量的方法需要时间和金钱，所以作弊是一个捷径。

（3）目前的 CPM 计费模式存在着定义上的缺陷。目前的 CPM 定义的访客并不要求是唯一访客，也就是说一个人在网站上浏览 10 个页面或 1000 个页面，都记作广告展示次数，而不是将访客定义为一个 IP 以及访客的 cookies。这就对广告主极为不利，无论是广告商还是联盟网站都可以很容易地增加自己网站的展示次数，如在页面中加入自动刷新的 JavaScript 代码，页面会自动刷新。

6.2　CPC 每千次点击成本

CPC（Cost Per Click；Cost Per Thousand Click-Through）称作每千次点击成本，也可以称作每次点击成本。它是按广告每次（每千次）点击来计算费用的，比如 60 元/1000 次，就是说广告被点击 1000 次，广告主需要支付 60 元给广告商。

6.2.1　CPC 广告的发布模式

CPC 广告的发布模式表现形式多种多样，下面详细介绍 CPC 的发布模式。

1. 搜索结果竞价排名

百度 2001 年推出竞价排名服务，CPC 广告由此进入了高速发展期，同时 CPC 也成了百度的主要收入来源。目前各大搜索引擎的关键字广告大多数是 CPC 广告，当用户输入关键词，点击"搜索"后，在搜索结果页面，往往排名靠前的都是竞价广告（Google 的竞价广告排列在搜索结果的右侧）。当访客对其中的某些信息感兴趣时，就可以点击链接，进入广告主设定的网站中。同时，广告主需要支付给搜索引擎公司每次的点击费用。百度的竞价排名如图 6-3 所示，圈内为竞价排名的链接。

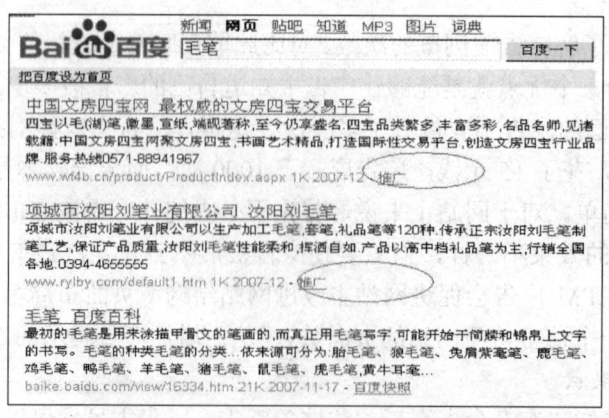

图 6-3　"毛笔"的百度搜索结果

2. 通过联盟网站的内容进行关键词匹配

百度、Yahoo 等搜索引擎都推出有自己的联盟，运营模式见图 6-2。本文以百度为例，联盟网站在百度联盟的后台系统中获得百度的广告代码；联盟网站将该代码嵌入自己网站的页面中就可以了。当访客访问联盟网站的某个页面时，页面会根据页面的内容自动匹配出相关的广告，比如该页面是关于网站的知识，匹配出来的广告可能是网站制作公司等广告主的 CPC 竞价广告。当访客对广告有兴趣时，就会点击链接，这样广告主也要为此支付点击费用给搜索引擎公司，搜索引擎公司从中拿出一定比例给联盟网站。目前做得比较出名的有百度、Google 等。如图 6-4 所示为一个联盟网站匹配的 CPC 广告。

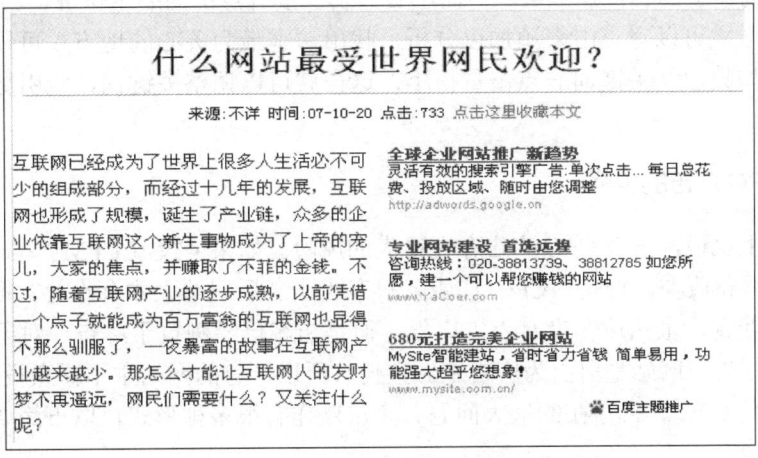

图 6-4　一个联盟网站页面上匹配的 CPC 广告

3. 通过联盟网站的内文关键字匹配广告

这种广告从 2006 年开始出现，类似于上述的内容关键词匹配，但形式上有很大的不同。即联盟网站将获得的代码嵌入自己的网站后，当访客访问页面时，广告商的程序会自动匹配广告，匹配成功的词语会显示不同的颜色，并且会有下划线，当鼠标放在该词语上时，会有一个文本框，该文本框中显示广告主的广告。同样，访客点击时会链接到广告主的网站，广告主也要为此支付点击费用给广告商。目前做得比较出名的是点睛（www.clickeye.cn），网易、腾讯等网站都投放过类似的广告。如图 6-5 所示为一个联盟网站上的内文广告形式。

图 6-5　内文广告实例

4. 其他模式

（1）广告商经过分类将广告投放在那些与广告主行业类似的联盟网站上，这样潜在的消费者比较多，比较容易获得较好的点击率。目前做得比较出名的有窄告网（http://www.narrowad.com/）等。

（2）广告商自行在自己的网站投放 CPC 广告。

6.2.2　CPC 广告的优点

对广告主而言，只有广告被点击了才付费。对比 CPM 广告，只要被展示广告主就要为此付费，而 CPC 广告只有被点击才付费。访客只有对有兴趣的内容才会点击查看，而这正是广告主希望看到的，广告主投放广告就是为了吸引潜在客户。这样，就有效规避了广告投放的风险，只需要为潜在的客户点击买单，而不必为那些没有点击的展示付费。

同时，广告主可以对点击来源加以分析，找出访客最为关心的地方。可以以此调整广告投放策略，比如投放某关键词的点击量很小，这样就可以调整关键词，吸引更多的访客来点击查看。

6.2.3　CPC 广告的劣势

对于网站主来说，投放 CPC 广告存在很大的风险。如果是投放 CPM 广告，则只要展示，网站主就可以获得收益。但是，CPC 广告，只有点击之后网站主才有收益。很多的网站主觉得广告主占了便宜，虽然访客没有点击广告，但是访客已经浏览了广告，对于那些已经看了而没有点击的广告，网站是白白为广告主做宣传。所以，有的网站主不愿意投放 CPC 广告。

点击欺诈是 CPC 广告存在的最大问题。点击欺诈有很多种形式，以下简要介绍常见的几种点击欺诈行为。

1. 广告主的竞争对手恶意点击

有的竞争对手为了消耗广告主的 CPC 费用，就会采用恶意点击的方式。自己亲自操作，或是付费给他人进行恶意点击。这种恶意点击消耗了广告主的广告费用；广告主对广告点击的分析会产生错误，从而影响到对产品影响策略的制定，影响到产品的销售和市场。

2. 联盟网站的欺诈点击

联盟网站的欺诈点击让广告商头疼不已。有的联盟网站为了获得更多的收益，就会采取很多种欺诈点击的方式，最常见的是以下 4 种：

（1）联盟网站通过代理服务器软件来不断更换自己的 IP 地址点击网站上的 CPC 广告，以此欺骗广告商和广告主。

（2）不断重新启动拨号设备，以变换 IP 地址进行欺诈点击。

（3）联盟网站主在自己的网站上发起鼓励性的点击行为。比如，在广告上方标识诸如此类鼓励性话语"支持我们，请点击以下广告""点击以下广告后，才能下载资源"等。这样，访客点击实际上也是欺诈性点击，对广告主来说，也是很大的损失。

（4）联盟网站主之间成立所谓的"互点联盟"，这种方式更为隐蔽，更加难以查处。例如，由 100 个网站主组成一个群体，在这个群体中，各个网站主除了不点击自己网站上的 CPC 广告外，互相点击群体中其他网站主网站上的 CPC 广告。由于这种方式非常隐蔽，一般的监控程序无法辨别这些点击是正常点击还是欺诈点击，就为广告商和广告主带来了很大的风险。

3. 搜索引擎上搜索结果的恶意点击

例如，搜索引擎 A 的竞争对手是 B，那么 B 就有可能对出现在 A 搜索结果页面上的竞价排名CPC广告进行恶意点击。这样，虽然使得A的收益在短时期内升高，但是，过高的点击率和点击数，逐渐就不会被此市场接受，A的信用度就会大打折扣，从而慢慢失去市场。

4. 广告商自身的点击欺诈

广告商为了获得更高的点击率，就会对发布在自己网站上的CPC广告进行人为操纵点击，比如雇用他人点击或程序模仿人工点击，以期获得高点击率和高收益。

5. 非目标人群的无效点击

例如，访客在访问某页面时，由于广告和内容距离很近，访客点击内容时虽然点到了广告，而实际上访客对该广告毫无兴趣，这样就会造成很多的无效点击，这也为广告主投放广告带来很大的风险。

CPC收费模式对比其他的收费模式有一定的优点，但是点击欺诈问题是CPC固有的缺陷。无论是百度还是Google，只要是CPC广告模式，都存在这个问题。2006年Google已经为点击欺诈支付了9000万美元，但点击欺诈并没有随之而去。如果不能很好地解决点击欺诈问题，百度等搜索大鳄的主要收入来源将会遭遇寒冬，搜索引擎的童话也将就此终结。

6.3 CPA每行动成本收费模式

CPA（Cost Per Action）每行动成本收费模式，是指根据每次访客对网络广告所采取的行动来收费。对于用户的行动有多种定义，比如注册会员、购买物品等。CPA模式算是真正意义上的按效果付费的广告模式，它是按照访客的行为付费，而不会因为展示或是点击就要付费。当前CPA广告在国内做得比较出名的有上海的成果网（www.chanet.com.cn）、北京的一起发（www.eqifa.com）等。

目前，对类似访客的注册会员行为也被称作CPL；类似这种访客点击广告后的购买行为称作CPS。有很多的书籍以及文献资料等将CPL、CPS划分为与CPA同一级别的广告模式，但作者认为CPA模式应该包含CPL、CPS更合适。因为CPA中的action定义为访客的行为，无论是注册以及购买行为都应该归入访客的action中，所以本书将CPL以及CPS归入CPA广告模式中。

6.3.1 CPL每引导注册收费模式

CPL（Cost Per Lead）每引导注册收费模式，即访客点击网络广告后，链接到广告主设定的网址，完成一个会员的注册过程，这时广告主就要为此支付费用给广告商。

1. CPL广告的发布模式

（1）广告商自行在自己的网站上发布广告主的广告。

（2）广告商通过联盟网站发布广告。访客点击联盟网站上的广告后，注册为广告主设定的会员。这时广告主支付给广告商费用，同时，广告商将一定比例的费用支付给联盟网站作为佣金。

2. CPL广告的优点

（1）CPL的最大优点在于不存在CPC广告的点击欺诈行为，对广告主而言是非常有利的。广告主通过CPL广告，能够让自己的会员数量在短时间内迅速增加。

（2）由于CPL广告只有当访客注册为会员时才需要支付费用，所以即使广告被浏览了1

万次而没有访客注册为会员,广告主也不必为此而支付费用,这就大大降低了广告投入风险。同时,广告被浏览也是一种宣传手段,更确切地说是网站在帮广告主做免费的宣传。

3. CPL 广告的缺点

(1) CPL 广告对网站主而言存在很大的风险。如前文所述,如果没有访客注册,就是免费给广告主做广告了,而对比 CPM 模式,网站主显然是吃亏的一方。所以,很多网站都不愿意投放 CPL 广告。

(2) CPL 广告在联盟网站被点击后的时效性问题。

通常情况下,联盟网站会通过广告商的后台系统取得广告代码,这个广告代码中会包含有联盟网站的唯一标识号 ID。访客点击广告后,进入广告主网站的注册页面,这个注册页面的地址栏里都会包含这个标识号,如 http://www2.chanet.com.cn/panelpower/gift.cgis?id=483860104,当访客提交注册信息后,联盟网站的标识号(如 10182)也会作为一个字段写入数据库中,这样才能统计出该用户是通过哪一个联盟网站注册的;以便计算联盟网站的佣金,如图 6-6 所示。

图 6-6　地址栏中方框内为联盟网站的标识 ID

这样,就会存在时效性问题。比如,当访客点击广告后,进入广告主网站的注册页面,而这时访客并没有注册,而是关闭了浏览器。但是访客如果记住该网站,下次直接输入该网址后,找到相应的注册页面,这时注册页面的地址栏中就不包含联盟网站的标识号了。访客这时候的注册就无法将联盟网站的标识号作为记录插入数据库,即该用户的注册不算作联盟网站的引导注册,联盟网站也就没有佣金。实际上该用户是通过联盟网站引导过来的。

另外,这种通过联盟网站的引导注册,还会用 cookies 来标识联盟网站。通常的做法是,访客点击广告,进入广告主的网站后,访客电脑中会有一个 cookies,如图 6-7 所示。广告商与联盟网站的约定一般是:一个月内访客注册成为会员依然记作联盟网站的成果。这样就存在问题,如果访客在点击广告后也没有立刻注册为会员,与此同时清除了电脑中的 cookies(目前,一般电脑中都会有上网助手等工具,有的甚至设置为"关闭浏览器同时清除 cookies",用户很容易就会清除 cookies）。清除 cookies 之后，访客再次进入广告主网站进行注册，这时也无法标识该用户是通过某联盟网站的引导过来的，联盟网站也就无法获得佣金。

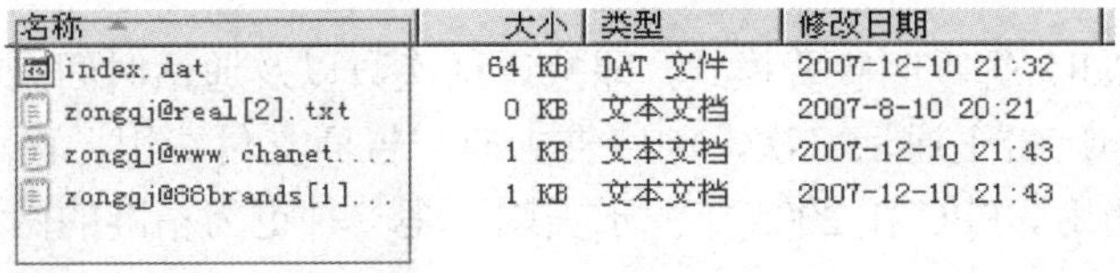

图 6-7　电脑中的 cookies

（3）恶意注册问题。广告商或是联盟网站为了获得更大的利益，可能会人为操纵注册。比如，如果每注册会员，会得到广告主支付 10 元佣金，那么广告商或联盟网站可能就会鼓励网站会员或朋友注册（比如，注册一个会员返还给用户 1 元），这样就会有很多的虚假注册。这些注册用户并不是广告主想要的潜在客户，而是一些无用的恶意注册用户。

CPL 广告模式，总体而言，对广告主有利；对广告发布商以及联盟网站不利，投放者存在很大的风险。

6.3.2　CPS 每销售收费模式

CPS（Cost Per Sale）每销售收费模式，即访客点击广告进入广告主网站后，购买产品或服务，完成一个购买过程后，广告主才须向广告发布商支付费用。通常费用是按照订单额度的百分比来支付的，比如订单额度的 5%支付给广告商。

1. CPS 广告的发布模式

（1）广告商自行在自己的网站上发布广告主的广告。

（2）广告商通过联盟网站发布广告。

访客点击联盟网站上的广告后，购买产品或是服务，完成一个购买过程。这时广告主支付给广告商费用，同时，广告商将一定比例的费用支付给联盟网站作为佣金。

2. CPS 广告的优点

（1）CPS 的最大优点在于不存在 CPC 广告的点击欺诈行为，对广告主而言是非常有利的。广告主通过 CPS 广告能够增加产品或服务的销售额。

（2）与 CPL 的第二个优点类似。由于 CPS 广告，只有当访客购买产品或是服务时，才需要支付费用，所以即使广告被浏览了 1 万次或点击了 1 万次，而没有一个访客购买产品或服务，广告主也不必为此支付费用，这就大大降低了广告投入风险。同时，广告被浏览也是一种宣传手段，更确切地说是网站在帮广告主做免费的宣传。

3. CPS 广告的缺点

（1）CPS 广告对网站主而言存在很大的风险，同 CPL 广告缺点的第 1 点所述。

（2）CPS 广告在联盟网站被点击后的时效性问题，同 CPL 广告缺点的第 2 点所述。

CPS 广告，应该说对广告主而言没有风险，是绝对有利的，适合那些已经有了一定品牌而更倾向于销售的广告主。CPS 广告应该算作真正意义上的按效果付费，因为只有发生了购买行为才付费，对广告主是极其有利的；CPS 对网站主来说投放风险很大，比如当前 DELL 电脑就采用 CPS 的模式与网站分成。

6.4 PPC 每呼叫收费模式

PPC（Pay Per Call）每呼叫收费模式，即按通话次数以及通话时间来收费的广告模式。访客在广告商平台上与广告主通话一次，则广告主向广告商支付费用，而访客在这次通话中是免费的，无须任何费用。PPC 在 2005 年源于美国，是一种更为精准的网络广告模式。

6.4.1 PPC 的广告发布模式

1. 广告商借助第三方呼叫平台提供通话支持

访客在广告商的平台上搜索某个关键词，在搜索结果页面会出现投放该关键词的来电付费广告；广告文字旁有一个按钮"免费拨打商家电话"，这时，如果访客有兴趣就会点击那个按钮；点击后，链接到第三方呼叫平台的拨打电话页面，上面会让访客输入自己的电话号码；输入完成后，点击"拨打电话"按钮，就可以实现访客的电话与商家电话互通，模型如图 6-8 所示。

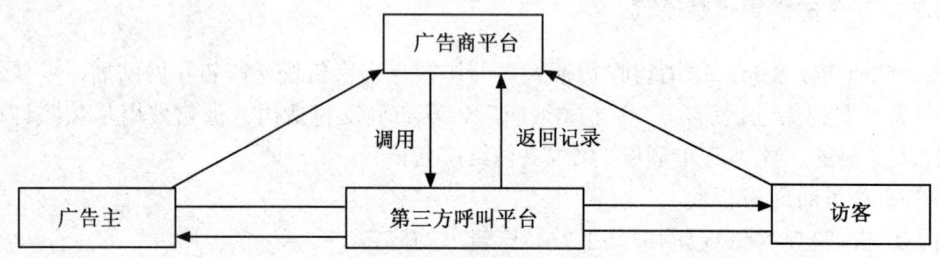

图 6-8　广告商通过第三方呼叫平台提供通话支撑

目前，国内比较出名的是百度与中国电信合作的黄页（http://yp.baidu.com），采用第三方呼叫支持的是北京万维联讯。

搜索"机票"关键词后，出现广告主的广告，如图 6-9 所示。

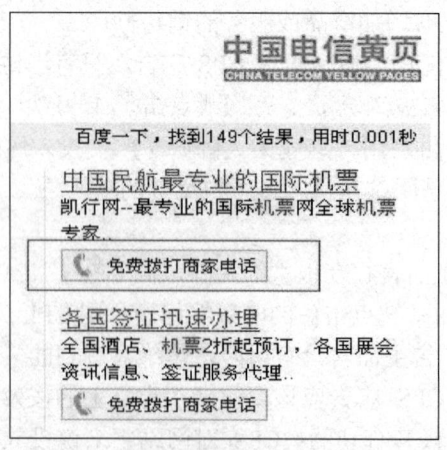

图 6-9　搜索"机票"关键词后，出现广告主的广告

点击"免费拨打商家电话"按钮后，跳转到第三方呼叫平台，如图 6-10 所示。

图 6-10　第三方呼叫平台界面

椭圆框中为访客输入的电话号码；方框中为广告主的介绍资料。访客点击"打电话"按钮后，就可以和商家通话。

2. 广告商自行提供呼叫平台

国外搜索巨头 Google、Yahoo、eBay 等都在测试来电付费平台。eBay 收购网络电话巨头 Skype，其中一个重要的原因就是将 Skype 集成在 eBay 的平台中，从而为来电付费业务做铺垫。访客只需耳麦就可以直接通过网络电话与广告主进行通话，大大方便了沟通。

广告商通过联盟网站发布广告主的来电付费广告。其模式类似于上述所说的联盟网站模式，不再赘述。

6.4.2　PPC 的优点

1. PPC 模式能够有效规避无效投放

CPC 模式最大的缺陷在于点击欺诈，而 PPC 模式衡量的不是点击，而是通话。广告主能够与潜在顾客进行通话，能够知道广告被多少潜在客户关注。广告主因此能够了解广告投放效果，从而有效规避广告的无效投放。

2. PPC 能够提高交易成功率

就国内用户而言，往往不会只通过网页就与商家达成交易，而更倾向于电话沟通。PPC 模式能够很好地满足这一点，当用户对某产品感兴趣时，就能立即与商家进行联系。这无疑将会提高交易的成功率。

3. 帮助商家迅速了解产品反馈信息

诸如 CPC、CPM 等广告，当访客点击广告到达广告主网站，了解某产品后，而没有立即与商家联系，或是一个月之后才与商家联系。这样，商家就不能很好地追踪广告的效果，不能及时了解产品的反馈信息。而 PPC 能够迅速让商家了解自己的产品反馈信息，这必将会对商家有利。

4. 运作模式简单快速，对中小企业有利

对比其他的网络广告模式，一个重要的前提就是：广告主必须拥有自己的网站。无论是 CPC、CPM，访客点击广告后，要链接到广告主的网站上。对于一些小的企业或个体商家来说，没有网站，也没必要建一个网站。而 PPC 模式，只需要广告主一部电话即可参与投放，简便快捷。

6.4.3 PPC 的缺点

1. 对某些行业而言，PPC 效果会有所削弱

用户搜索某关键词，出现的 PPC 广告主的广告，而对于一般用户来说，会想了解更多关于该公司或是产品的信息以及评价等。这时，访客会打开搜索引擎的页面进行搜索相关信息，而再次回到拨打电话页面的几率会大大降低。PPC 广告模式适合一些偏传统行业的企业，这些企业线的业务开展不是依赖网络，如机票预定、餐馆等。同时与这些来往的访客也基本上依赖电话进行咨询，而不是网络。

2. 联盟网站的欺诈性电话

因为 PPC 广告具有天生的分众性，而联盟网站的类型五花八门。对于这些联盟网站来说，访客拨打电话与广告主交流的几率比较小。联盟网站为了获得更多的佣金，就有可能会采取一些欺诈性的呼叫，以此获得佣金。

3. 广告主竞争对手的欺诈性呼叫

广告主的竞争对手，为了种种原因，比如打探对方产品价格、消耗竞争对手广告费等，会进行一些欺诈性的呼叫，以达到其目的。

6.5 其他收费模式

网络广告收费模式多种多样，除了上述几个主要的收费模式外，还有以下几种收费模式。

1. 平均点击次数收费模式

按一段时间内，一个网页上某个链接被点击的次数收费。网页上的每一个广告、链接都能被点击，所以网页上的点击次数是多个广告或其他链接造成的。因此，用一段时间内网页上的点击次数来计算广告的价格、统计网站的点击流量是不准确的，这是一种粗略的算法。

2. CPP（Cost Per Purchase）每购买成本收费模式

广告主为规避广告费用风险，只有在网络用户点击投放的网络广告，并进行在线交易后，按销售笔数付给广告站点费用。

3. 按时长收费模式

国内很多网站推出诸如按月收费模式，比如首页某广告条每月 1000 元；刚兴起的广告联盟阿里妈妈（www.alimama.com，为阿里巴巴旗下网站），其中一个主要的广告模式就是网站主按时间长短来出租广告位置以获得广告费用。这种广告模式也存在一定的问题，比如在广告投放期间网站出现了问题，广告没有被正常显示出来。所以，广告主在投放此类广告时，需要在与网站主的广告合同中写清楚。

习 题

一、不定项选择题

1. 关于 CPM 优点，说法正确的有（　　）。
   A. 广告主能够了解广告被浏览的次数
   B. CPM 是按效果付费的广告形式
   C. 可以准确把握广告效果
   D. 网站投放简单

2. 关于 CPC 说法正确的有（　　）。
   A. CPC 欺诈点击现象，目前暂时无法避免
   B. 不必为那些没有点击的展示付费
   C. CPC 广告效果好
   D. 对于联盟网站主来说，投放 CPC 广告存在一定的风险

3. 关于 CPS，说法正确的有（　　）。
   A. 点击欺诈行为对 CPS 影响不大
   B. 大体上而言，对广告主有利
   C. 大体上而言，对网站主不太有利
   D. CPS 是按效果付费的网络广告

4. PPC 指的是（　　）。
   A. 按点击收费模式
   B. 每呼叫收费模式
   C. 按广告展示收费模式
   D. 按效果付费的广告模式

5. CPM 广告的缺点包括（　　）。
   A. 广告主无法知晓真正有多少人关注这条广告
   B. 流量作弊
   C. 对联盟网站主不利
   D. 目前的 CPM 计费模式存在着定义上的缺陷

二、思考题

假如你是某知名品牌公司的网络营销主管，公司目前有意在网络上投放广告，公司的产品大致有两大类，一类是品牌产品，希望投放广告，提升品牌价值；对于另一类产品，公司开通了网上直销商城，想通过投放网络广告来提高销量。你将如何投放网络广告呢？

第 7 章 网络广告效果测定

【本章导读】

本章首先介绍网络广告效果包含的基本内容，如广告效果的影响因素等。然后提出网络广告效果测定的意义以及原则。最后，通过举例讲述网络广告测定的方法以及常用的指标。

【本章要点】

- 网络广告效果
- 网络广告效果测定的意义与原则
- 网络广告效果测定的内容与方法
- 网络广告效果测定的内容及指标

随着互联网的快速发展，网络逐渐成为继电视广播、报纸杂志和户外广告以外的第四大广告媒体。伴随网络广告飞快发展的同时，一个问题一直困扰着网络广告，如何合理地测定网络广告发布后的效果？虽然网络先天具有统计精确的技术优势，但目前由于还没有有效的网络广告效果的测定标准和方法，在一定程度上已经成为制约网络广告业进一步发展的瓶颈。如何才能使广告主不再发出"我知道我的广告费一半是浪费的，但我并不知道是哪一半"类似的感慨？本章首先对网络广告效果做一定的论述，然后重点介绍网络广告效果测定的内容和方法。

7.1 网络广告效果概述

7.1.1 广告效果

1. 广告效果的含义

广告效果是广告通过广告媒体传播，对其收受者所产生的影响以及产生的综合效应，也就是广告活动通过消耗社会劳动而对信息传播、生产销售及社会等产生影响的总和。这种影响的总和一般表现为：广告的经济效果——对广告主经营活动的影响；广告的心理效果——对消费者的影响；广告的社会效果——对社会的影响。以上三种效果表明广告效果的取得具有多方面的影响因素，广告也是从不同角度和方面对广告受众产生影响，这就决定了广告效果具有不同的类型，不同的广告效果有其不同的价值和测评方法。按性质不同，我们将广告效果分为三类：

（1）广告的经济效果。广告的经济效果是指企业通过广告传播产品及企业的相关信息，对消费者的消费与购买行为产生影响，促进产品销售量的增长，从而增加企业的利润。它是广告活动最佳的效果体现，集中反映出广告主在广告促销活动中的营销状况。广告经济效果的测定是衡量广告活动的中心环节,也是广告效果测定最常见的内容。

(2)广告的心理效果。广告的心理效果是指广告在消费者心理上引起反应的程度及其对促进购买的影响。1961年,科利发表了著名的 DAGMAR 模式,指出广告在传播其信息时,是逐步对接受者产生影响的,人们接受信息分为若干层次,每一个层次都做出相应的反应后,再进入到下一个层次。广告通过对产品和品牌的宣传,促进消费者认知、吸引注意、强化印象记忆,对人们的心理产生一定的影响,激发消费者的心理需要和购买动机,最终促使消费者采取购买行动。

(3)广告的社会效果。广告的社会效果是指广告对人们的道德观念、风俗习惯等社会行为方面所产生的影响。广告的宣传与传播,从一个侧面反映了社会、国家的伦理道德与文明建设水准,也折射出广告主自身的道德观念、价值追求、思想文化、社会责任意识、经营观念等。因此,在企业形象竞争的时代,广告主的广告活动,不能仅仅追求广告心理效果和广告经济效果的提高,从更深远的意义来看,更应该注重广告社会效果的提高,为企业树立优良的形象进行战略筹划。

2. 广告效果的特点

广告效果由于受到多方面因素的影响,通常具有以下特点:

(1)综合性。这主要是指广告效果受到多种因素的影响。广告活动可以通过各种不同的形式表现出来,但会受所使用媒体的影响,同时还会受到企业其他经营活动的影响,如产品质量、价格、售后服务等。当然,市场环境、社会环境、政治环境及文化心理等宏观因素也会影响到广告的最终效果。

(2)滞后性。广告效果并非立竿见影,而是需要经过一段时间或更长的时间才能看到它产生的效果。这是由于广告活动是对受众产生心理影响,它促成消费者的购买行为并不是一次、一时或一种信息和媒体产生作用的结果,而是通过广告信息的多次重复,造成累积效应的结果。用户在接受了广告信息之后,需要一定时间对广告信息进行消化和验证,或因时间、资金等原因造成购买滞后。因此,不能简单地从眼前效益来判断广告效果。

(3)间接性。广告促进受众达成认知、理解或态度改变,最终实施购买行为,使企业获得效益,这是直接的广告效果。但更多时候,广告形成的是间接效果。在消费者使用广告产品后,如果觉得质量可靠,价廉物美,还会向亲朋好友进行推荐,促成更多的购买行为,来自亲朋好友的推荐在某种情况下被认为比广告信息更加可靠,更加值得信赖,由此产生间接效果。

(4)损耗性。市场上一定时期之内对某一产品的需求量是有限的,生产同类产品的企业为了争夺市场,获得利益,将会实施产品、价格等一系列策略,并开展大规模的广告促销,甚至进行广告大战。一方面,广告大战本身就是一种损耗,将会增加企业的成本;另一方面,各竞争者为提高知名度,大量发布信息,消费者面对大量同类产品广告信息的轰炸,会产生一定程度的厌恶和排斥,这必然也会在某种程度上抵消广告效果,影响广告预期的效果,产生损耗。

7.1.2 网络广告效果

网络广告是广告业利用信息技术所做出的一种与时俱进的创新,由于本质上仍是广告,所以在产生的效果上,按性质来分,仍然可以分为经济效果、社会效果和心理效果等。但是网络广告作为一种特殊的广告，在产生的效果上又有自己的特点，这些效果上的特点主要是由网络广告自身的特点带来的。例如，网络广告是一种实时发布和接受、容量大、内容丰富多彩的全方位信息传播媒介，这就使得互动性较好，有利于广告受众掌握更丰富的产品信息，提升网络广告的心理效果；网络广告的有效期长、传播范围广、可以反复浏览等特点能够降低广告的成本，提高网络广告的经济效益。这些特点也决定了网络广告效果的影响因素与传统广告有所不同。

1. 网络广告效果的影响因素

前面我们提到网络广告具有发布灵活、便于统计、价格低廉等特点，这才使得网络广告发展异常迅猛，能够出现在绝大多数网页上。但是数量虽多，真正被点击的却是少数。有资料统计，20世纪末期时网络广告的点击率大概在15%～30%之间，最近只有可怜的0.3%，效果可想而知。是什么原因导致了网络广告点击率的急速下跌？影响网络广告效果的因素有哪些？

总的来说，影响网络广告效果的因素，可以分为两个基本方面：一是宏观因素，二是微观因素。宏观因素包括政治、法律、经济、文化、社会等诸多因素。而微观因素则是网络广告活动所面临的具体问题、具体情况。这里所要讨论的正是影响广告效果的微观因素。其中主要的影响因素不外乎这样两个层面：一是作品层面的因素，二是媒介层面的因素。

（1）作品因素。网络广告作品的内容质量是影响广告效果的根本因素。一方面要做好"说什么"的问题，"说什么"也就是指网络广告作品中有实际用途的信息内容。只有做好了"说什么"，才能使消费者知道该产品的功能是否能满足自己的需求。另一方面，要做好"怎么说"的问题。只有通过巧妙、新颖、独特的结构形式，才能吸引受众的注意力、增强受众的记忆力、激发受众的购买动机。可以认为，对大多数网络广告来说，"怎么说"主要起到"锦上添花"的作用。当然，网络广告在制作过程中还要注意将网络技术与广告创意充分结合，势必能充分发挥网络媒体本身所特有的互动性，从而使广告更有效。

（2）媒介因素。媒介是影响网络广告效果的又一重要因素。通常来说，媒介因素包括两层含义，首先媒介因素是指网络广告具体刊登在哪个网站以及网站的具体页面位置；其次，媒介因素是指网络广告具体选择哪种网络广告形式。

首先，不同的刊播广告的站点，甚至包括具体页面位置都会影响网络广告的效果。众所周知，不同的受众群体接触媒介的情况是有一定差异的，尤其是在传播产业异常发达的今天，这种差异更加突出：一方面，媒介的种类、数量越来越多，人们的选择余地越来越大。另一方面，随着媒介种类的迅速增加和选择余地的极度扩展，受众群体则越分越细，不同受众群体接触媒介的差异也越来越大，这就使得受众群体接触媒介的情况变得更难以把握。所以媒介的选择对网络广告的最终效果影响很大。选择哪个网站投放你的广告要考虑以下几个方面的问题：网站的访问量；访客是否与目标受众有关联等。

其次，不同的网络广告形式也将会影响到广告的最终效果。一般来说，网络广告效果与面积的大小成正比。IAB发布的研究结果显示新型巨幅广告能够"提高关键印象指标"多达40%，支持在线广告越大越好，而巨幅广告的整体效果是Banner（旗帜广告）的3倍，另外IAB、微软、Double Click联合发表的研究报告也表明，较大的广告面积对消费者的吸引力也较大，网络广告的尺寸越大、越显眼，在传递广告信息时效果也就越好。

搜索引擎广告获得更多的认同。以关键词检索为代表的搜索引擎获得了更多的认同，以Google为首的主流搜索引擎已经能够提供按照关键字搜索而显示图片形式的广告，更加减少了网络广告和搜索引擎广告之间的定义区隔。据 eMarketer 预测，搜索广告在 2015 年达 815.9 亿美元，较 2014 年增长 16.2%。到了 2019 年，搜索广告仍会保持接近 10% 的年增幅，而规模预计将达 1305.8 亿美元。

E-mail 广告在困境中发展。通过电子邮件广告商建立的数据库，广告主可以设定收信人的年龄、性别、学历、工作状况和月收入等，从而能够准确圈定目标消费群。企业因此不必再支付非目标市场的广告费用，节约大量广告成本。但 E-mail 营销逐渐被越来越多的垃圾邮件淹没，垃圾邮件造成的混乱让部分用户把所有的商业邮件都认为是垃圾邮件，这种状况使得 E-mail 营销的声誉受到很大负面影响。

新的网络广告形式不断推出。如 QQ 的上线弹出广告——用户登录 QQ 时，伴随立即播放的 Flash 动态广告，它同时具有自动打开、自动关闭和自动更新广告内容的特性，该广告只在登录 QQ 时出现；互动游戏式广告——在一段页面游戏开始、中间、结束的时候，广告都可随时出现，并且可以根据产品要求量身定做产品的互动游戏广告。

2. 提高网络广告效果的方法

网络广告必须以消费者为中心，在保证质量的前提下，提供最有价值的信息，这样才能维护网络广告的长期效益，提高网络广告效果。一般应该从以下几个方面着手提高网络广告的效果。

（1）多渠道提高网络广告被浏览到的概率。网络广告的核心思想在于引起用户关注和点击，没有关注和点击就谈不上提升受众的接受度和好感度，广告效果将无从谈起。不同的网络广告创意、投放位置、广告形式、广告尺寸都将影响广告的最终效果。

1）网络广告要有创意。网络广告不像电视广告，只要选择电视的黄金时段，不论广告本身设计水平的高低，都会有一定的电视受众，而互联网是信息的海洋，要提高对网络广告的注意力，必须有创意、特色，才能打动受众的购买欲望，激发他们的消费需求。网络广告的表现形态包括动态影像、文字、声音、图像、表格、动画、三维空间、虚拟现实等，根据创意需要可以对这些形式进行任意的组合创作，最大限度地调动各种艺术表现手段，制作出形式多样、新颖、独特、生动活泼的广告。在网页的显著位置以简明、醒目、悬念等手段来抓住受众的注意力，诱导其点击了解下一层次的广告信息，这样才能取得良好的效果。

2）不断创新网络广告形式。创新的广告形式本身就是最好的广告。因此要突破现有的广告类型，寻求网络广告形式的创新，如创作寓于游戏中的网络广告、多媒体广告、Flash 广告，采取许可营销、拉式广告、分类广告、互动广告、多媒体视频广告等形式。另外要使广告有吸引力，必须向浏览者提供有附加价值的东西，比如通过图片、动画、笑话、故事、情景剧、小游戏、有奖问卷、看广告累计加分、发表评论、有奖促销、公益性活动等形式来调动受众对附加信息的兴趣，使受众浏览网络广告。

3）合理选择网络广告的尺寸。横幅、通栏等大尺寸网幅广告一般在网页的明显位置，所占篇幅比较大，容易被浏览者看到，易于企业品牌形象的宣传。按钮等小尺寸网幅广告一般费用较低，适合长期投放和品牌宣传。浮标、对联、翻页等特殊形式广告，形式新颖，容易引起浏览者的注意，一般适用于企业产品促销等。文字链接广告以新闻条的形式出现，可以吸引浏览者的阅读兴趣，避免读者对广告的反感，适合企业形象和产品介绍。

4）针对受众的特点进行系统策划，科学合理投放网络广告。网络广告的目标对象决定着广告的表现形式、广告的内容、具体站点的选择，影响着最终的广告效果。因此在网络广告的策划阶段就应该充分研究受众的心理特点，可以通过相关的网站建立完整的用户数据库，掌握用户的年龄、性别、地域分布、爱好、收入、职业、婚姻状况等数据，用户登录的次数和页面上所做的操作，以及用户以前的历史记录等，找出他们的兴趣和习惯。基于用户兴趣和习惯、主观愿望和特殊的要求，设计出既能体现企业形象又能体现个性化的网络广告，通过精确的广告定位投放技术有针对性地投放广告，把广告中强有力的信息直接指向具有某种需求或兴趣的消费者，以便广告信息有效地传递，提高广告效果。

在广告策略上，网络广告的投放要符合产品定位策略和产品生命周期，配合新产品开发、产品包装和商标形象等，充分考虑不同国家和民族的风俗习惯、文化特点等，选择适当的网站页面，合理安排网络广告发布时间、频率、时序，这样不同的受众可以根据自己的需要在不同层面上获得最新的相应信息，将自己的消费行为建立在理性的基础上。

（2）保证网络广告内容的真实有效性，提高受众对网络广告的认可度。首先，加强网络广告内容建设。网络广告的内容要具体、真实，不能提供虚假、欺诈信息，拒绝发布带有色情意味和不道德的广告，否则将会影响广告效果，损坏企业形象。

其次，根据受众反馈信息及时调整内容，保持网络广告的时效性。网络广告已经超越了广告本身，成为全方位了解企业产品、企业形象的通道。网络广告可以让受众填写反馈需求表，发送 E-mail 还可以获得本网址访问人数、访问过程、浏览的主要信息等记录，以随时监测广告的效果，这样广告主可以及时了解受众的信息，直接了解受众的反应，得知网络广告是否受欢迎，从而及时调整广告内容，反映企业的动态动向。

（3）提升网络广告的品牌推广价值。目前我国网络广告中促销广告多于品牌广告，这种短视行为会直接影响网络广告的传播效果，降低受众对品牌的认知度和认可度，不利于企业的长期发展。网络广告的效果不能仅依靠对受众进行表象上和感性的冲击，而应以整体化推进为方向，把握品牌的核心方向，建立稳定的营销策略，放眼于长期销售，产生长远利润。

7.2 网络广告效果测定

7.2.1 网络广告效果测定概述

广告界有这样一句名言："我知道我的广告费一半是浪费的，但我并不知道是哪一半。"的确，每年企业都会投入大量资金用于广告活动，但是由于缺乏有效的广告效果测定，大多数企业对广告的投入显得有些盲目。其实广告效果测定是广告活动中必要的一环，广告效果的测定不仅能对企业前期的广告做出客观的评价，而且对企业今后的广告活动能起到有效的指导作用。因此，它不仅能够直接提高企业的广告效益，而且可以通过广告效果反馈，获取消费者的需求动态，间接推动企业的生产发展。

网络广告也不例外，而且由于网络广告自身所具有的技术优势，使得网络广告的效果测定更加快捷和准确，更具有操作性。

所谓网络广告效果测定就是指运用一定的方法和技术，对基于网络载体上的广告所能达到的心理效果、经济效果、社会效果等进行综合测定的过程。它的基本思路是，将网络广告活动的各项目标转化成可以测度的指标来进行评价和审查，每一项指标都是对某类目标受众，对应于某一段时间内达成的具体的传播任务以及由此所带来的销售量增长或品牌效果的提升,这些指标共同组成了网络广告效果测定的指标体系。

1. 网络广告效果测定的阶段

一般而言,网络广告效果测定可以分为六个阶段,分别为创意测定、脚本测定、广告前测定、广告后测定、跟踪测定和销售效果测定。测试人员应将测定内容渗入到上述六个阶段中,使网络广告效果的测定更加真实、准确、可靠。

(1) 创意测定。一个好的创意应经过创意发起、创意筛选、创意评价三个步骤。

创意发起调查,就是在创意发起阶段所做的网络广告创意测定或网络广告表现测定。此种调查主要为了获取广告的传达内容或表现的线索所进行的资料收集,通常以焦点小组方式进行。调查进行时,广告创作者必须亲自到场,观察消费者的反应,寻找问题点,以便发掘创意的重要线索。

创意筛选就是网络广告创意和网络广告表现的诊断。将事先拟好的几种网络广告创意或网络广告表现的草案,直接提示给消费者,以确认各草案的优缺点,进而收集诊断性的资料,作为选择网络广告创意或网络广告表现的依据。

创意评价,即对草拟的网络广告创意或网络广告表现方案分别予以评价,从中选出最好的方案。此种调查所获得的资料是广告主最后决定采用何种方案时的参考。创意评价测定采用集体测定方法。网络广告创意评价的内容包括:各草案中的品牌名称和特征在提示或不提示的状态下的回忆程度;各草案的诉求被理解的程度;向受测者询问对各草案中的广告商品的好感度和具体印象是什么;对各广告草案创作中的广告语调感受程度如何;测定各广告草案的创意和表现引发消费者购买商品的动机(通常以李克特量表方式询问);询问消费者对各草案喜欢或不喜欢的要点、难懂之处以及令人信服之处。

(2) 脚本测定。将形成的创意通过脚本表现出来,让被调查者进行评价,选择评价最高的脚本作为今后网络广告的表现方式。脚本制作尽可能接近成品,以提高被了解的程度。报纸或杂志广告较容易达到制作和成品相近的程度,但网络广告随着完成程度的提高,费用和时间会大幅增加。网络广告的脚本尽可能加上旁白、音乐、场景等,唯有接近成品的调查脚本才能获得正确的调查结果。同时,调查数个不同表现的创意时,力求各脚本在完成程度方面务必统一。评价脚本时可采用单一评价法和比较评价法。比较评价法是向被调查者同时提供 A、B、C 三个不同脚本,询问其"最喜欢哪一个";单一评价法是向被调查者提示三个脚本中的某一个,采用李克特量表让其做出评价,如评价"喜欢或讨厌"的程度如何。

(3) 网络广告前测定。网络广告前测定有助于调整广告策略的方向,以便达到最佳的传播效果;同时可以决定最具说服力与最易令人记忆的方法。此时要注意以下几项是否达到预期目标:

1) 网络广告是否按照原先研究的广告策略执行?
2) 网络广告是否解决了客户的主要问题?
3) 消费者是否完全理解网络广告所传递的信息?网络广告信息是否很明确?
4) 网络广告是否具有一定的冲击力?消费者是否记住网络广告、产品名称和诉求重点?

网络广告前测定的结论可以帮助广告主决定是否推出网络广告以及如何改进广告。网络广告前测定的方法主要有焦点小组、实验室技术、问卷调查和回忆测定等方法,其中回忆测定法最为常用。在广告的回忆测定中,研究者招募一群受测者,在不告知研究意图的前提下,让他们浏览一段时间一定内容的网页,网页中穿插了所要测定的网络广告。浏览结束后(通常在 24 小时内），研究者询问受测者能回忆的网络广告，被回忆次数最多的网络广告则认为是最有效的广告。

广告前测定的目的在于评价已完成的网络广告作品是否达成原来的草案，通常是在作品出稿前，测定作品的传达力度、被记忆程度以及它所能唤起消费者购买欲望的程度。

（4）网络广告后测定。如果网络广告的前测定有助于广告主调整广告的制作和策略，使其更有效地获得网络广告效果，网络广告后测定则可以帮助广告主知道广告策略是否成功，并为决定目前的网络广告是否继续传播、如何改进以及是否取消提供依据。

网络广告后测定是在消费者已经看过某些形式的网络广告后，衡量网页中出现过的广告效果。例如，研究人员招募一群已经看过某一特定网页的网络广告的受测者，询问他们对所看过的网络广告的记忆、理解、态度和欲望。在实施广告活动后，为了衡量究竟该网络广告能产生多大的效果，必须进行调查，以判定是否达成预期的广告目标，作为网络广告活动成败的依据，并作为下次网络广告活动的借鉴。

广告后测定通常询问受测者下列问题：您浏览过该网站吗？您看过该网络广告吗？您记得广告中的商品名称吗？您了解该广告的商品内容吗？您对该广告及其所宣传的商品是否有好感？您觉得您看完广告后购买商品的可能性如何？您实际购买了广告中的商品吗？

在开展广告活动的事前和事后，可以使用大致相同的问卷，进行大规模的调查，比较网络广告传播前后消费者对企业或产品的记忆、理解、态度、购买欲望和实际购买的变化情况，这样就可以研究出网络广告活动的效果。

（5）跟踪测定。网络广告效果跟踪测定旨在了解网络广告活动的结果是否与当初制定的广告策略吻合，从而有助于广告主制定未来较好的营销策略。通过比较不同时期的网络广告评价参数值，不仅可以了解网络广告随时间变化的效果，而且还可以分析与竞争者互动的情形。

网络广告效果研究应贯穿在整个广告活动之中，无论是在网络广告企划初期，还是在网络广告作品完成时都要进行调查研究，即使当广告活动结束后，也要不断地跟踪调查。网络广告效果跟踪测定是为了测定广告活动的后续效果，并为下次网络广告活动的绩效考评提供基准。

网络广告推出后，经过一段时间，广告中的产品是否依然畅销，这就需要跟踪研究广告的残余效果和对市场的冲击力。例如，品牌追踪研究是美国常用的一种研究工具，因为它可以用来测量一个产品的市场销售情况的影响参数，这些参数进而可作为产品潜在消费的指数，不过该研究需要持续不断地进行。

（6）销售效果测定。销售效果的测定在前文中已论述。

大多数广告主喜欢将广告效果直接与销售结果连接，为了衡量广告活动对销售的影响，有些公司会直接用统计方法分析广告支出和产品销售的关系，或是用实验设计的方法，衡量不同的广告对营业额的影响。然而，用营业额的多寡来判断网络广告效果，恐有忽视其他影响因素的危险，所以广告主还应该兼顾网络广告其他效果的测定和评估。

2. 网络广告效果测定的特点

由于网络广告是运用现代传播技术进行的广告活动，它通过运用各种网络统计工具，对网络广告活动全过程中的每项环节进行鉴定，评价其质量和效果。通过对网络广告效果的测定，可以检验以前计划的目标是否正确，选择的形式是否恰当，时间和地点是否合理，广告创意对用户的吸引力，有没有达到预期的效果，从而提高广告设计制作水平，提高网络广告

的效果。相对于传统的广告活动效果测定,它具有以下特点:

(1) 测定及时性。及时性不仅是指信息发布的及时,更表现在信息反馈的及时。在网络上不论发布信息还是更改信息,所需要的时间是极短的,数小时或数分钟就可以做到,这是传统广告所做不到的。而且,网络广告效果测定的及时性更表现在信息的反馈上。传统广告往往要等到广告已经传播了一段时间以后才能进行广告效益的测定,广告主不能及时了解用户的反应,网络广告由于具有交互性,用户能够在线提交表单或发送 E-mail,广告主能够迅速收到用户的信息,并根据用户的要求和建议及时地做出反馈。使用一些专门的统计软件很容易统计出每条广告被多少用户看过,以及这些用户浏览这些广告的时间分布等,可以随时了解在什么时间、有多少人访问过载有广告的页面,有多少人通过广告直接进入到企业的网址。企业可以随时了解广告的受欢迎程度、广告的传播效果,以及消费者的看法,还可以通过计算随时得知广告的经济效果如何。

(2) 数据准确性。传统广告效果测定无论是采用问卷调查还是专家评估,都只能得出一个粗略的统计数据,如果调查时间和调查对象选择不恰当的话,还可能得出错误的数据。网络广告在此方面具有巨大的优势:首先,因特网从诞生起就是一个技术型污纳过滤,它的技术优势是传统广告媒体不可比拟的,网络广告主通过亲自或委托 Web 评级公司安装使用适当的软件工具,就能很容易地统计出具体、准确的数据,它的全数字化表明了统计数据的准确性。其次,因特网是一个开放全球化网络系统,因此网络广告的传播时间是全天候的,传播对象几乎是无限宽广的。对于网络广告效果测定来说,它具有极其广泛的调查目标群体,使测定结果的准确性也得到了前所未有的提高。而且网络广告受众在回答问题时可以不受调查人员的影响,这样网络广告效果的测定结果的客观性与准确性就大大提高了。

(3) 统计自愿性。与传统广告媒体相比,网络用户和访问者有充分自主选择的权力,不再只是被动地接受广告,网络用户可以根据自己的需要查询所需的信息,网络广告效益评价的调查表也由网上用户自愿填写,从而避免了调查者个人主观意向对被调查者产生的影响,提高了测定的准确性。

(4) 测定经济性。相对于传统媒体而言,网络广告测定的费用是最低的。ACNielsen 曾在我国香港地区针对六大知名品牌的网络广告进行了调查和广告效果测定,结果表明,网络广告有助于提升 6%的销售率,对于树立企业形象也有正面帮助。通过网络测定,平均可增加 0.8%的广告回函率;在没有提示的情况下,可增加 5.5%的受众对该品牌的认识;在有提醒的前提下,可增加 2.2%的受众对品牌的印象;约有 5.7%的受众则通过网络广告增加了对该品牌的"正面态度",如对一品牌表示"满意";而约有 5.8%的受众则是在看了网络广告后才决定他们的购买行为。

3. 网络广告效果测定的影响因素

网络广告经过一段时间的发展之后,已经逐渐形成了一套行之有效的效果测定体系,但在对网络广告效果测定的过程中,有多种因素将会影响到最终效果测定的准确性、真实性、有效性,这些因素不仅来自外界大环境,而且很多是网络广告自身的原因。在此,仅对网络广告这一微观层次的原因作分析,探讨网络广告效果自身的特点是如何影响最终效果的测定。

(1) 网络广告的推移性影响了广告效果的测定。网络广告效果具有时间推移性,因此广告对消费者的影响是不一致的,对有些消费者的影响可能快一些,对另外一些消费者可能就慢一些。广告对消费者的影响程度受到多种因素的制约，诸如社会环境、经济条件、文化习俗等，一般来说，广告是短暂的、瞬间即逝的，虽然广告的受众很多，但是能马上采取行动购买商品的人并不多，即使有些消费者产生了购买欲望，但由于各种原因，如旧的还没有用完，或暂时钱不够等，也没有购买，那么经过一段较长的时间后，购买条件具备了才可能实施购买，广告效果的这种时间推移性使测定广告效果变得十分困难，必须准确地掌握广告效果的时间周期，区别广告的即效性和迟效性，而这在实际工作中是很难准确无误地做到的，当测定的时间不恰当时，你很可能把一个优秀的广告给抹煞掉了。

（2）网络广告效果的积累性影响了广告效果的测定。众所周知，广告效果具有积累性，广告常常是连续地、反复地进行的，因为企业或广告主明白，单单一次或一小段时间的广告，一般效果不会很明显，而通过反复的广告宣传，即便消费者没有购买行为，广告也在消费者心里产生了影响，即广告效果正处于积累时期，最后，强化影响的结果是一个质的飞跃，促成消费者购买，但是，这种连续的、反复的广告效果测定很难分清是这一次的广告效果，还是那一次的广告效果，即使广告业发展到今天，这种测定也是困难的。既然不能精确地测定出一次广告的效果，也就不能精确地告知广告主应该做多少次广告才能达到预期效果，广告主也就只好不停地、反复地做广告了。对于那些财力薄弱的小企业来说，只好望洋兴叹了。

（3）网络广告效果的间接性影响了广告的测定结果。网络广告效果具有间接性，即消费者在使用中对商品的质量和功能有一个全面的认识后，对该商品产生信赖感并重复购买，或者消费者对某一商品的信赖感由此及彼，向亲朋好友推荐，扩大了广告的宣传效果；再次，消费者虽然自己没有购买广告宣传的商品，但他已接受广告的宣传，并向有购买倾向的亲朋好友推荐。在现实中，由于间接性的影响，很难做到对网络广告效果的准确测定。

从上面的分析可以看出，仅网络广告效果自身特点这一层次就有很多因素会影响到最终效果的测定，那么在整个网络广告活动的过程中又会有多少影响因素呢？所获取数据的不准确性、测定指标设定的不合理、测定方法本身的错误性等，都将会影响到效果测定的结果。如此看来，网络广告效果测定将是"路漫漫其修远兮"，还有许多工作要去做。

7.2.2 网络广告效果测定的意义与原则

市场竞争的日益加剧使得企业在寻找适销对路的产品和采取更加灵活的营销手段之外，更加依赖广告最终形成一定的市场"拉"力。而只有树立正确的营销广告观，对广告活动过程进行科学的、专业化的管理，企业才有可能进一步提升广告运作的水平，取得良好的广告效益。

网络广告作为信息时代的产物，由于它自身的特性，使得被越来越多的企业采用。而要发挥网络广告的真正作用，做到对网络广告效果进行科学、有效的测定，必须要明确网络广告效果测定的意义与原则。只有这样，网络广告效果测定才能得到重视，也只有这样，网络广告效果才能更加准确、有效的测定。

1. 网络广告效果测定的意义

网络广告效果测定是希望能对广告效果给出一种确定的数量化的价值评价，它虽是广告策划的最后一个环节，但是对于企业正确认识广告的作用和效果、开发成功的广告、提高广告支出的效率，提升产品、品牌形象、拉动销售等具有十分重要的意义。具体表现如下：

（1）有利于完善广告计划。通过网络广告效果的评估，可以检验原来预定的广告目标是否正确,网络广告形式是否运用得当,广告发布时间和网站的选择是否合适,广告费用的投入是否经济、合理等,从而可以提高制定网络广告活动计划的水平,争取更好的广告效益。

(2) 有利于提高广告水平。通过收集消费者对广告的接受程度,鉴定广告主题是否突出,广告诉求是否针对消费者的心理,广告创意是否吸引人,是否能起到良好的效果,从而可以改进广告设计,制作出更好的广告作品。

(3) 为以后的广告活动提供借鉴。广告活动结束后,正确地评估广告活动给消费者、企业营销和整体市场带来的影响和变化,将有利于企业全面掌握广告活动的成功与不足,找出问题点和机会点,为以后的广告活动提供依据和借鉴。

(4) 有利于促进广告业务的发展。由于网络广告效果测定能客观地肯定广告所取得的效益,可以增强广告主的信心,使广告企业更精心地安排广告预算,而广告公司也容易争取广告客户,从而促进广告业务的发展。

从上面可以看出,网络广告效果测定是网络广告活动中必不可少的一个环节。通过效果的测定,企业可以了解到消费者对网络广告活动的反应,包括网络广告主题是否明确、广告诉求是否准确有效、广告预算安排是否经济合理、网站安排是否正确等信息。掌握了这些信息,广告主在网络广告活动前期和进行阶段,可以及时调整网络广告信息战略、媒介战略,提高对广告活动的监控能力,提高广告决策的科学性和广告活动的效率。在网络广告活动结束以后,又能客观、公正地评价广告活动的综合成效,积累宝贵的经验和教训,为以后更好地制定网络广告活动战略提供正确的指南。同时,科学规范的广告效果评估也为客观公正地评价网络广告策划人员的工作绩效提供了依据。

2. 网络广告效果测定原则

进行测定工作要遵循一定的原则,这些原则是贯穿整个工作的指导思想,所以是有必要规范的。同样,在对网络广告进行效果测定时也要遵循特定的原则。

(1) 有效性原则。测定工作必须达到测定网络广告效果的目的,要以具体的、科学的数据结果而非虚假的数据来测定广告的效果。例如网络广告上很可能为了争取利益而通过各种虚假诱惑广告甚至强制弹出手段制造点击次数,这些点击会形成干扰性的虚假数据。所以,那些掺了很多水分的高点击率等统计数字用于网络广告的效果测定是没有任何意义的。这就要求采用多种测定方法,多方面综合考察,使对网络广告效果进行测定得出的结论更加真实有效。

(2) 相关性原则。相关性原则要求网络广告效果测定的内容必须与广告主追求的目标相关,不要做空泛或无关的测定工作。DAGMAR(Defining Advertising Goals for Measured Advertising Results)方法是这一原则的很好体现。举例来说,倘若广告的目的在于推出新产品或改进原有产品,那么广告测定的内容应针对广告受众对品牌的印象;若广告的目的在于在已有市场中扩大销售,则应将测定的内容重点放在受众的购买行为方面。

(3) 可靠性原则。在效果测定中,选取的样本一定要有典型性、代表性,样本的选取数量要根据测定的要求而定。同时,对网络广告的前后测定应该有连贯性,使结果具有可比性和可靠性,因此广告效果测定对象的条件和评估方法前后应该一致。若多次评估的广告结果和趋势相似,其可靠性程度就高;否则,此项测定结果可能会由于测定对象的变化或测定方法的更换而产生一定的偏差。

7.3 网络广告效果测定的内容与方法

由于技术上的局限性，导致了传统广告效果测定是一项长期、复杂的工作，即使使用较为科学的指标和方法，最终也不能完全反应广告的真实效果。网络广告虽然具有传统广告所不具有的优越性，特别是在统计数据的科学性和准确性上，但如果不对测定的内容加以限定，不使用科学的测定方法，最终也将会导致网络广告效果有效测定的失败。

7.3.1 网络广告效果测定的内容及指标

1. 网络广告效果测定的内容

广告的根本目的在于促成消费者购买产品，但是由于广告的影响作用是一项缓慢的过程，以及网络广告自身的特点，其效果不仅表现为销售效果，因此应把网络广告的传播效果、经济效果以及社会效果几方面综合衡量，进行测定。

（1）网络广告心理效果测定。网络广告的心理效果是广告效果测定的关键内容。这是由于网络广告的心理效果最先产生，而且对于大多数网络广告而言，良好的广告心理效果也是其最直接的广告目的。也只有先产生良好的心理效果，才能达到预期的经济效果与社会效果。

所谓网络广告心理效果测定，即测定广告经过网络媒体传播之后对消费者心理活动的影响程度。广告既然旨在影响消费者的心理活动与购买行为，就必然与消费者的心理过程发生联系。广告活动作用于消费者而引起的一系列心理反应可以概括为以下过程：

感知——记忆——理解——态度——行为

因此，以上几个方面也是网络广告心理效果的测定指标。

1）感知。该指标主要用于网络广告的知名度，即消费者对广告主及商品、商标、品牌等的认识程度。同时，该指标也是网络广告对于受众产生效果的首要环节，一般只有让人们知道一个广告的存在，才会引起接下来的各种反应。而且，网络广告能够充分利用消费者的感觉和知觉，引导消费者的视线去注意广告的主要部分，引起预期的感觉和联想。它的制作集声、像、动画于一体，受众既可以像广播、电视一样得到听觉与视觉的刺激，又可以获得阅读报刊、杂志等平面广告的感受。所以，通常利用注目率、阅读率来测定网络广告中的平面广告吸引消费者眼球和引起回忆的能力，利用视听率、认知率来评价网络视频广告的传播效果，即吸引消费者耳朵、眼睛能力的指标。

2）记忆。该指标主要是指对网络广告的记忆度，即消费者对网络广告印象的深刻程度，是否能够记住网络广告内容（品牌、特性、商标等），包括瞬间记忆广度、事后回忆率等指标。记忆是信息的输入、储存和提取，所以记忆要靠重复，一旦不进行重复，信息的保持将非常困难。因此，在网络广告创作之中，有意识地运用心理学的记忆规律，增强网络广告的记忆效果，就显得必要而且必需。网络广告的反复刺激性相对于传统广告要差得多，毕竟，网络是一个信息泛滥的地方，没有创意的网络广告是不会被网民反复浏览的。

3）理解。消费者对网络广告观念的理解，是消费者对广告思维状况的认识，对广告本质的掌握。理解的测定，就是测定受众对网络广告观念的理解程度、信任程度与情感激发程度。通过对网络广告理解程度的测定，可以考察网络广告诉求设计与用户实际关心的信息点是否最大限度的契合。

4)态度。态度可以分为两个方面,一方面是受众对网络广告产生的态度,另一方面,则是对产品的态度。而且,这两种态度之间不一定存在"正相关"关系。喜欢广告,不一定就会喜欢产品,反之亦然。受众对网络广告的态度是一个既成结果,处于相对静止的状态,而态度的改变是一个动态的过程。因此,网络广告要改变受众的态度就不能仅仅局限于受众对网络广告的认知、情感和行为上,而应把网络广告宣传当成一个与受众沟通的过程,从网络广告沟通的来源、沟通的性质以及沟通的目标入手,实现对受众态度的改变。

5)行为。引起购买行动是广告的最终目的。但是,网络广告或许能够引起较高的购买欲望,却不能引起较高的购买行为,因为很多网民对网上看到的广告的准确性、真实性抱着怀疑的态度,"行动"与前面的几个状态没有必然的联系。人们是否会采取购买行为,并不完全取决于是否记住了某个产品,也不取决于对广告或产品的感情。实际上,人们在现实世界购买时,现场气氛所起的作用往往是网络广告不能比的。

(2)网络广告经济效果的测定。网络广告经济效果就是指由于网络广告活动而引起的产品销售以及利润的变化,以及由此引发的同类产品的销售、竞争情况的变化、相关市场中经济活动的变化。对于广告主来说,广告经济效果的测定是最直接、最主要的测定指标之一,它主要是测定广告发布后商品销售和利润的变化情况,以及通过与所花费的广告费用的比较得出结果。广告主所期望广告活动达到的销售目标无外乎是提高产品的销售量和市场占有率,以及确定广告活动对销售量的增长和市场占有率提高所作的贡献。它主要有以下指标:

1)网络广告效果指标。该指标包括销售效果比率和利润效果比率,表示网络广告费用每提高一个百分点,能增加多少个百分点的销售额或利润,反映出网络广告费用变化快慢的程度与销售额或利润额变化快慢程度的对比关系。销售效果比率或利润效果比率越大,网络广告效果越大;反之,则效果越差。

2)网络广告效益指标。网络广告效益指标表示每付出单位价值的网络广告费用所能增加的销售额或利润额。销售额的边际增长部分为边际销售额,网络广告支出的边际增长部分为边际广告费,衡量这两者的关系对决定和衡量网络广告费支出的效益非常重要。

3)网络广告贡献指标。网络广告与销售增长并不是直接的因果关系。见过或听到网络广告并购买的人中,有的是受到广告的刺激而购买,有的不受广告刺激而购买。要精确衡量网络广告对销售增长所作的贡献,就要剔除看过网络广告的消费者中非因广告的刺激而购买者。我们认为,如果在没看过网络广告的消费者中有X%购买了该网络广告商品,则可以假定见过该网络广告的消费者中也有X%不是因为网络广告的原因而购买。然后将检测的数字结果利用额数分配技术进行计算,从而得出网络广告贡献指标。网络广告贡献指标越大,表明该网络广告效果越好。

4)市场占有率指标。该指标包括市场占有率和市场占有率提高率。市场占有率是指企业生产的某种产品,在一定时期内的销售量占市场同类产品销售总量的比率,它在一定程度上反应了企业产品在市场上的地位与竞争能力。企业市场占有率的提高,就意味着产品的竞争能力增强和产品市场份额的增加。因此,还可以用单位网络广告费提高市场占有率的百分比这一相对经济指标来评估网络广告的经济效果,即用单位费用销售增加额与同行业同类产品销售总额对比,也就是用市场占有率的提高率来衡量网络广告的市场开拓能力。

(3)网络广告社会效果的测定。网络广告的社会效果主要是对广告活动所引起的社会文化、教育等方面的作用进行综合的测定。对网络广告的社会效果测定,很难像对网络广告传播效果和经济效果测定那样用几个指标来衡量，因为网络广告的社会影响涉及整个社会的政治、法律、艺术、道德、伦理等上层建筑和社会意识形态。测定网络广告社会效果的最基本原则是企业的广告活动必须坚持四项基本原则，必须有利于改革开放，只有这样，网络广告活动才能够有利于社会经济的发展，才能体现社会主义的生产目的。

2. 目前常用的网络广告效果测定指标

各种传统广告媒介经历了长时间的发展，已形成了完善的效果测定体系，而且各种媒体都有了自身的一些效果测定指标，这些指标不仅被大多数广告主所认可并接受，而且在实际的广告运作中也被广泛应用。相对于传统广告媒介，网络广告这一新生事物还没有形成一套成熟的效果测定体系，虽然随着技术的发展以及理论研究的深入，网络广告逐步形成了一些测定指标，但这些指标只能作为效果测定的参考，无论从理论上还是实际运用中，这些指标都还存在一些缺陷和使用上的限制。当然，为了研究的深入，仍有必要将现有的一些测定指标逐一进行研究和介绍。

（1）网络广告曝光次数（Web Advertising Impression）。网络广告曝光次数是指网络广告所在的网页被访问的次数，这一数字通常用 Counter（计数器）进行统计。假如网络广告刊登在网页的固定位置，那么在刊登期间获得的曝光次数越高，表示该网络广告被看到的次数就越多，获得的注意力就越多。但是，在实际运用网络广告曝光次数这一指标时，应该注意以下问题：首先，网络广告曝光次数并不等于实际浏览网络广告的人数。在网络广告刊登期间，同一个网民可能几次光顾刊登同一则网络广告的同一网站，这样他就可能不止一次地看了这则网络广告，此时网络广告曝光次数应该大于实际浏览的人数；另一种情况是，当网民偶尔打开某个刊登网络广告的网页后，也许根本没有看上面的内容就将网页关闭了，此时的网络广告曝光次数与实际的阅读次数也不相同。其次，网络广告刊登位置的不同，每个网络广告曝光次数的实际价值也不相同。通常情况下，首页比内页的曝光次数多，但不一定是针对目标群体的曝光；相反，内页的曝光次数虽然较少，但目标受众的针对性更强，实际意义更大。第三，通常一个网页中很少只刊登一则网络广告，更多的情况下是刊登几则网络广告。因而，当网民浏览该网页时，他会将自己的注意力分散到几个网络广告中，这样对于企业的网络广告曝光的实际价值到底有多大我们无从知道。总的来说，网络广告曝光次数只可以从大体上反应广告受众的注意力。

（2）点击次数与点击率（Click& Click Through Rate）。网民点击网络广告的次数称为点击次数。点击次数可以客观、准确地反映网络广告效果，而点击次数除以网络广告曝光次数，就可以得到点击率（CTR）。点击率是网络广告最基本的评价指标，也是反映网络广告最直接和最有说服力的量化指标，因为一旦浏览者点击了某个网络广告，说明他已经对网络广告中的产品产生了兴趣，与曝光次数相比这个指标对企业的意义更大。不过，随着人们对网络广告了解的深入，点击它的人反而越来越少，除非特别有创意或者有吸引力的广告，或者有点击但没有购买该企业的产品，但这并不意味该广告没效果。造成这种状况的原因可能是多方面的，如网页上广告的数量太多而无暇顾及、浏览者浏览广告之后已经形成一定的印象无须点击广告，或者仅仅记下链接的网址，在其他时候再访问该网站等，网络广告不仅使他们对企业品牌留下印象，还会形成一部分潜在的客户，以上种种的因素单靠表面数据很难估算，因此，平均不到 1%的点击率已经不能充分反映网络广告的真正效果。仅仅依赖于点击量进行决策的话，广告主可能无法对他们的广告项目影响效果进行正确判断。于是，对点击以外的效果评价问题显得重要起来，与点击率相关的另一个指标——转化率出现了。

（3）转化率（Conversion Rate）。无论是曝光率还是点击次数、点击率都不能真正反映网络广告对产品销售情况的影响，所以引入了"转化率"。"转化率"被用来反映那些观看而没有点击广告所产生的效果。"转化率"最早由美国的网络广告调查公司 AdKnowledge 在"2000年第三季度网络广告调查报告"中提出，AdKnowledge 将"转化"定义为受网络广告影响而形成的购买、注册或者信息需求。该公司高级副总裁 David Zinman 指出，"这项研究表明浏览而没有点击广告同样具有巨大的意义，营销人员更应该关注那些占浏览者总数 99%的没有点击广告的浏览者"。AdKnowledge 的调查表明，尽管没有点击广告，但是，全部转化率中的 32%是在观看广告之后形成的。该调查发现了一个有趣的现象：随着时间的推移，由点击广告形成的转化率在降低，而观看网络广告形成的转化率却在上升。点击广告的转化率从 30 分钟内的 61%下降到 30 天内的 8%，而观看广告的转化率则由 11%上升到 38%。这一组数字对增强网络广告的信心具有很大意义，但问题是，转化率怎么来监测，在操作中还有一定的难度。

（4）网络广告成本。前面对 CPM、CPC 以及 CPA 已进行了论述，这里仅进行简单阐述。

1）千人印象成本（CPM，Cost Per Mille）。通常每个发布广告的网站都会使用程序来统计含有广告的页面被浏览的次数，千人印象成本定价一般以广告网页被 1000 次浏览为基准计价单位，它源于传统媒体广告定价：广告定价=CPM×媒体接触人数（收视率或发行量）/1000。它意味着网页被浏览的次数越多，网络广告的效果越好。CPM 指标比较符合业内人士的惯性思维模式——即按照传统媒体测量广告效果的方式来衡量网络广告的效果，操作便捷，广告主不需要太多的网络广告知识就可以知道所投放的网络广告的触及范围和人数。它的原理与传统媒体的广告效果评价体系有相似之处，注重广告的显示效果。但是千人印象成本存在自身的不足，因为每个网络访客可以多次点击载有网络广告的页面，而且访客是否注意到网络广告则是个未知数。

2）每点击成本（CPC，Cost Per Click-Through）。因为 CPM 无法体现网络消费者是否对广告感兴趣，所以广告主更偏爱千人点击成本模式，每点击成本——利用网络广告被点击并链接到相关网址或详细内容页面的次数来衡量网络广告的效果。网络访客能主动点击广告主的网络广告，表明其对该广告感兴趣，也表明广告引起了目标受众的关注，找到了合适的目标受众，同时由于这种方法加上点击率限制可以加强作弊的难度。从这些方面来看，CPC 指标衡量网络广告的效果更加准确、有效，广告主可以很清楚地了解自己投放的网络广告到底带来了多少宣传效果，大大满足了广告主对广告效果测定的需求。

但这种效果评价标准也存在问题，首先，随着网络广告的日益增多，弹出式和游动式广告经常给网络用户造成视觉障碍，所以点击率比初期呈逐渐下降的趋势。其次网络访客点击广告可能源于对广告的内容感兴趣，也有可能源于对广告的制作水平和创意感兴趣。假如访客点击广告仅仅因为广告的制作和创意做得好，而不是因为访客对广告的内容感兴趣，那么就说明广告没有达到预期的效果。最后，此类方法就有不少经营广告的网站觉得不公平，比如，虽然浏览者没有点击，但是他已经看到了广告，作为广告的实质作用也就算发生了。

3）每广告位时间成本（CPT，Cost Per Time）。CPT 是指每广告位时间成本，例如包天、包时等，是目前国内网络广告计费形式的主导，CPT 是传统媒体广告购买模式的延续，它使得网络广告的计费模式更趋近于和传统媒体的购买模式一致。广告主可以根据自身需求在特定时间段选取特定广告位进行有针对性的宣传。换言之，CPT 在技术上可以看作是 CPM 的变形,以适应国内广告主在广告购买上的方便,但由于网络媒体区别于传统媒体的广告效果可记录性,CPT 无法精确体现互联网便于衡量广告效果的优势。由于各大媒体尚未能实时地公布其每天不同页面的日访问量(Daily Pageview)和日不重复访客数(Daily Unique User),因此,广告主在衡量广告投放效果时只能根据媒体公布的数据进行估算,这种评估方法难以体现互联网广告所应有的精确性和实时性,而只是根据经验估算出广告所能传达到的用户数量及相应所需付出的费用。同时,一个越来越明显的趋势是,随着媒体页面访问量的不断变化提高,媒体缺乏有力的第三方数据向广告主证明这种页面访问量增长的准确可靠性,只能被动地每半年或每一年调整一次价格,以提高自己的收入。

4)每行动成本(CPA,Cost Per Action)。所谓每行动成本就是企业为每个行动所付出的成本,它是指按广告投放实际效果,即按回应的有效问卷或订单等定义效果来计费,而不限广告投放量。是一种基于互联网互动性特征的广告计费形式,在确定了广告主所需要获得的广告效果的基础上,以效果的实现来衡量广告价值。

CPM、CPC、CPT 和 CPA 在衡量网络广告价值上都各有利弊,每一种计费方式单独来看都不能很准确地体现网络广告投放的真正价值,所以衡量网络广告价值应该从广告主的宣传目的出发,而非使用单一的计费标准去衡量。如以宣传品牌为最终目的,可以采用 CPM 为主要衡量标准;以推广促销活动为目的,可以采用 CPC 为主要衡量标准;以购物行为为目的,则最适合采用 CPA 为主要衡量标准。应该说是市场造就了国内目前多种网络广告衡量标准的并存,为不同的广告效果提供不同的衡量标准。

7.3.2 网络广告效果测定方法

确定了网络广告测定的指标,并且获得一些准确的数据之后,就可以运用一些传统的方法和技术对网络广告效果进行全面测定了。网络广告的效果测定关系到网络媒体和广告主的直接利益,也影响到整个行业的正常发展,企业希望了解自己投放广告后能取得什么回报,于是需要全面衡量网络广告的效果,本章从定性和定量的不同角度介绍三种基本的测定方法。

1. 对比分析法

无论是旗帜广告,还是邮件广告,由于都涉及到点击率或者回应率以外的效果,因此,除了可以准确跟踪统计的技术指标外,利用比较传统的对比分析法仍然具有现实意义。当然,不同的网络广告形式,对比的内容和方法也不一样。

对于 E-mail 广告来说,除了产生直接反应外,利用 E-mail 还可以有其他方面的作用,例如,E-mail 关系营销有助于与顾客保持联系,并影响其对企业产品或服务的印象。顾客没有点击 E-mail 并不意味着不会增加将来购买的可能性或者增加品牌忠诚度,从定性的角度考虑,关注 E-mail 营销带给人们的思考和感觉。这种评价方式也就是采用对比研究的方法:将那些收到 E-mail 的顾客的态度和没有收到 E-mail 的顾客做对比,这是评价 E-mail 营销对顾客产生影响的典型的经验判断法。利用这种方法,也可以比较不同类型 E-mail 对顾客所产生的效果。

对于标准标志广告或者按钮广告,除了直接点击以外,广告的效果通常表现在品牌形象方面,这是许多企业不顾点击率低的现实而仍然选择标志广告的主要原因。品牌形象的提升很难随时获得可以量化的指标,不过同样可以利用传统的对比分析法,对网络广告投放前后的品牌形象进行调查对比。

2. 加权计算法

所谓加权计算法就是在投放网络广告后的一定时间内，对网络广告产生效果的不同层面赋予权重，以判别不同广告所产生效果之间的差异。这种方法实际上是对不同广告形式、不同投放媒体或者不同投放周期等情况下的广告效果比较，而不仅仅反映某次广告投放所产生的效果。

加权计算法是建立在对网络广告效果具有监测统计手段的基础之上的。例如，假定某企业在 A 网站投放的 Banner 广告在一个月内获得的效果为：产品销售 150 件（次），点击数量 6000 次；同时，假定另一企业在 B 网站投放的旗帜广告在一个月内获得的效果为：产品销售 180 件（次），点击数量 3000 次。

判断这两次广告投放效果的区别，可以为产品销售和获得的点击分别赋予权重，如果每 100 次点击可形成 2 次实际购买，那么可以将实际购买的权重设为 1.00，每次点击的权重为 0.02，依此计算上述两种情况下企业获得的总价值。

在第一种情况下，总价值为：
$$150 \times 1.00 + 6000 \times 0.02 = 270$$

而在第二种情况下，总价值为：
$$180 \times 1.00 + 3000 \times 0.02 = 240$$

由此可见，第二种情况获得的直接销售比第一种情况要多，但从长期来看，第一种情况更有价值。网络广告的效果除了反映在直接购买之外，对品牌形象及用户的认知同样重要。

权重的设定对加权计算法最后的结果影响较大，如果假定每次点击的权重增加到 0.05，则结果又不一样，权重的决定，需要在大量统计资料分析的前提下，对用户浏览数量与实际购买之间的比例有一个相对准确的统计结果。

3. 广告效果指数 AEI（Advertising Effectiveness Index）法

这个方法是在抽样调查中，将有没有看过广告和有没有购买广告商品的人数，按 2×2 分割成 4 个矩阵，将矩阵中的变量代入以下公式，得出广告效果指数。

该广告刊登后的调查数据如表 7-1 所示。其中，即使没有广告，也有 b/(b+d)比例的人购买了广告商品，所以要从看到广告购买的 a 人当中，减掉非因广告而购买的(a+c)b/(b+d)的人数，才是真正因广告而唤起的效果，将这个人除以全体人数，所得的值就称为广告效果指数。

表 7-1　广告唤起购买效果的四分割表

购买/人		广告认知/人		合计人数/人
		有	无	
	有	a	b	a+b
	无	c	d	c+d
合计人数		a+c	b+d	N

$$AEI = \{a - (a+c) \times b/(b+d)\}/N$$

式中：a—看过广告而购买的人数；
　　　b—未看过广告而购买的人数；

c—看过广告而未购买的人数；

d—未看过广告且未购买的人数。

例如，某公司在推出新产品的半个月后，做过一次市场调查，合计抽样人数50人，其中：

看过广告而购买的人数为12人；

未看过广告而购买的人数为7人；

看过广告而未购买的人数为17人；

未看过广告而未购买的人数为14人。

故 AEI={12-(12+17)×7/(7+14)}/50=4.7%

实践中，网络广告效果的测定方法还有很多，但不能说哪一种是完全合理和科学的。所谓测定效果的准确与否都是相对的概念，对于不同类型、不同目的的网络广告要选择不同的测定方法。每种效果测定的标准都要通过具体的试验以及实践的经验来最终确定，试验是尤其重要的手段。

小 结

随着国际互联网的迅猛发展，网络广告已经成为越来越多的中国企业和广告代理公司进行有效市场研究推广的手段。为了提高广告的成功率，对网络营销效果有完全的把握，越来越多的广告主、广告代理公司希望对自己的网络广告的效果进行系统的统计分析，以便最大限度地了解网络广告投放的信息，节约广告成本、调整并增强广告投放效果，并为后续的广告投放提供决策依据。理论上和实践中，也逐步形成了具有网络广告特点的测定指标和方法，并不断得到完善和发展。需要指出的是，在进行广告测定时，不要片面地以某个方面或某些方面的效果来对网络广告的效果下定论，而应该将所有方面的效果综合考虑。同时，广告主一定先明确广告的目的，选择适合自己目的的网站来刊登广告，并确定相应的广告测定方法，以及选择适当的广告效果指标。只有这样，才能使最终的网络广告测定更加准确、有效。

【案例】搜索引擎关键词广告效果案例对比分析及其案例背后的真实目的

任何一个网站都可以随时在搜索引擎投放关键词广告，但对于不同的网站，由于网站本身专业水平不同，即使两个网站同时购买同样的关键词广告，取得的效果可能也是完全不同的。本文搜索引擎关键词广告效果案例分析对象选自国外网站的英文资料，新竞争力网络营销管理顾问对于两个网站 jcrew.com 和 RoyalRobbins.com 的背景事先并不了解，在对有关信息进行分析之后，发现这个案例分析除了表面的现象之外，还可以看出案例背后的真实目的。

8月份对于零售商店来说是夏季服装销售的最后一个高峰机会，网上商店也不例外。为了备战8月销售，美国著名女装品牌 J.Crew（www.jcrew.com）专门在 Yahoo 搜索引擎购买了女装便裤关键词广告 Capri slacks 的排名第一的赞助商广告链接。另外一个户外及旅游服装网上商店 RoyalRobbins.com 也看中了这次机会，在 Yahoo 购买了排名靠前的同一关键词广告。

尽管通过广告获得的收益只有店主自己才知道，不过作为用户，点击两家商店的广告之后马上就能分辨出两个网上商店在对用户友好设计方面的优劣，可以想象到他们投放这个关键词广告各自获得的投资收益的巨大差别。

用户在 Yahoo 中搜索 Capri slacks 后，在搜索结果的赞助商列表上点击第一个链接就是 J.Crew 的广告，进入网站的第一个页面（登录页：Landing）是一个充满女装裤子商品照片的页面，但没有他们搜索的 Capris 裤型。在该页底部可以找到一个站内搜索，但如果输入"women's Capri pants"，却返回 0 个搜索结果。也就是说，J.Crew 花高价投放的关键词广告将购物者引向了一个找不到他们想买的产品的页面。

与此同时，如果消费者点击 RoyalRobbins 的广告链接，将直接进入一个显示 3 种不同风格 Capri 女装便裤的产品页面，每种产品旁边都设有一个购买按钮。与 J.Crew 的登录页相比，优劣尽现。

通过上述两个服装类网站投放搜索引擎关键词广告及网站设计专业性的对比分析，我们不难得出这样的结论：jcrew.com 的网站设计专业性太差，即使花费再多的推广费用也发挥不了多大作用，而 RoyalRobbins.com 由于在网站建设基本要素方面的专业性更高一筹，采用搜索引擎关键词广告推广之后，应该能够取得更好的网络营销效果。不过，在这些表面现象的背后，可能隐藏着案例之外的其他目的。

为了对本文案例中的两个网站做进一步的分析，新竞争力网络营销管理顾问 www.jingzhengli.cn）查看了两个网站的 Alexa 全球网站排名资料，结果如表 7-2 所示。

表 7-2 Alexa 网站排名统计数据

网站网址	10 月 31 日排名	一周排名	3 个月平均排名	3 个月网站排名增长
Jcrew.com	2023	1782	1908	247
RoyalRobbins.com	140937	265578	132320	60527

资料来源：根据 alexa.com 提供的统计信息收集整理，2005 年 11 月 2 日。

说明：关于"Alexa 网站统计信息在网络营销中的应用"详见 http://www.marketingman.net/tools/Alexa/Alexa_01.htm

图 7-1 至图 7-3 分别为 jcrew.com 和 RoyalRobbins.com 网站访问量统计曲线，以及两个网站排名曲线的比较。

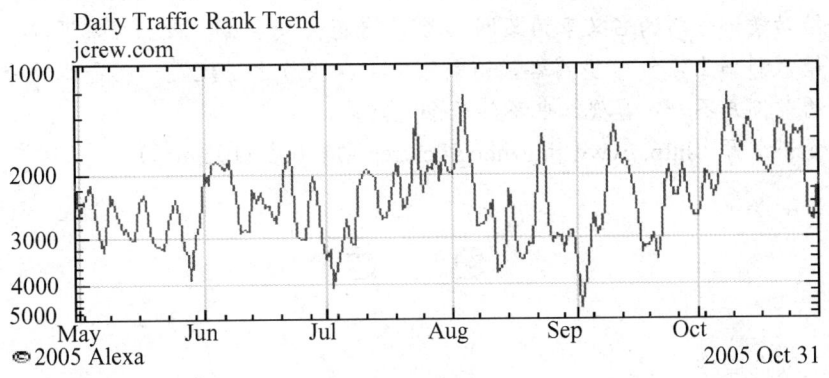

图 7-1 jcrew.com 网站访问量 Alexa 排名统计曲线

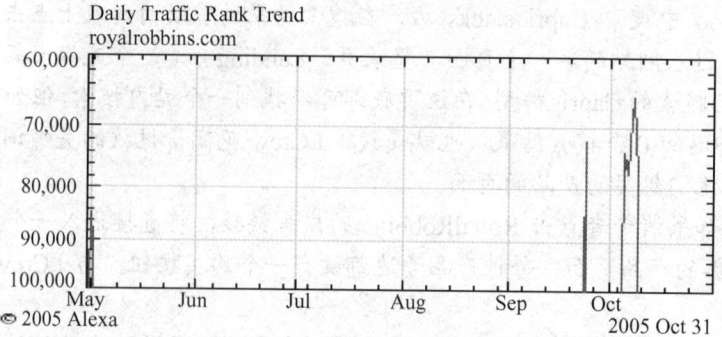

图 7-2 RoyalRobbins.com 网站访问量 Alexa 排名统计曲线

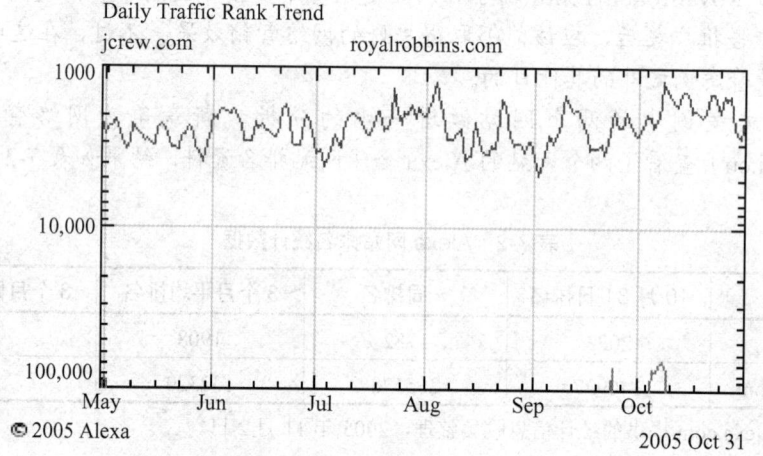

图 7-3 jcrew.com 和 RoyalRobbins.com 网站访问量 Alexa 排名统计曲线比较

通过上述数字和网站排名曲线比较图，可以发现，jcrew.com 和 RoyalRobbins.com 两个网站的访问量相差悬殊，前者访问量远高于后者并且基本保持稳定，而且通过 RoyalRobbins.com 网站访问量排名曲线，很难看出 8 月份所做搜索引擎关键词广告对网站流量带来的明显增长。那么有关媒体为什么将两个网站放在一起做对比分析呢？也许这就是案例表现现象背后的真实目的——借助案例分析的名义来为某网站/企业进行公关宣传。我们经常可以在各种媒体，甚至网络营销教科书上看到一些网络营销案例分析，实际上不过是一些企业的公关宣传手段罢了，这样的案例并不一定客观，也不具有普遍意义。

（案例资料来源：http://www.jingzhengli.cn/report/f2005/1102.htm）

习 题

一、不定项选择题

1. 广告效果的特点有（　　）。
   A. 滞后性　　　B. 间接性　　　C. 损耗性　　　D. 综合性

2. 网络广告效果测定的影响因素包括（　　）。
   A. 网络广告的推移性影响了广告效果测定
   B. 网络广告效果的积累性影响了广告效果测定
   C. 网络广告效果的不确定性影响了广告测定的结果
   D. 网络广告效果的间接性影响了广告测定的结果
3. 影响广告效果的微观因素，主要有（　　）。
   A. 作品层面的因素　　　　　　　B. 媒介层面的因素
   C. 广告产品层面的因素　　　　　D. 广告投放层面的因素
4. 网络广告效果的测定内容有（　　）。
   A. 网络广告心理效果测定　　　　B. 网络广告经济效果测定
   C. 网络广告艺术效果测定　　　　D. 网络广告社会效果测定
5. 目前常用的网络广告效果测定指标包括（　　）。
   A. 网络广告曝光次数　　　　　　B. 点击次数与点击率
   C. 转化率　　　　　　　　　　　D. 网络广告成本

二、思考题

1. 提高网络广告效果的方法有哪些？
2. 理解网络广告效果测定的阶段，并能在实际中应用。
3. 试述网络广告效果测定的意义。

第 8 章 网络广告的监管

【本章导读】

本章首先介绍网络广告中现存的法律问题，违法网络广告的特点以及出现的原因；接着介绍我国广告法制体系，以及国内针对网络广告的法律规范。最后，提出适合我国当前环境的监管措施。

【本章要点】

- 网络广告中现存的法律问题
- 违法网络广告的特点
- 我国广告法制体系简介
- 我国广告业监管主体
- 网络广告监管机构的管辖权界定
- 网络广告监管机构的职责
- 网络广告的监管原则
- 网络广告的监管措施

伴随着互联网的飞速发展，网络广告凭借其发布便捷、覆盖面广、互动性强、自由度高等优势而迅速发展壮大，在广告中的地位越来越重要。然而，在网络广告发展壮大的过程中，网络广告的特殊性所带来的种种缺陷和问题开始慢慢暴露出来。这些缺陷严重影响了交易当事人的合法权益，破坏了正常的竞争秩序，产生了不小的负面影响。但与此同时，传统的广告监督管理体系面对这一新生事物监管乏力，更缺乏强有力的法律准绳。"没有规矩，不成方圆"，制定完善的网络广告法律、法规，加强对网络广告的监管，已成为网络广告发展的当务之急，只有这样，才能促使网络广告健康发展，为我国市场经济增添活力。本章在分析网络广告所存在的法律问题之后，对其相应的监管机构进行分析，并将对我国的网络广告应该采取什么样的监管措施提出建议。

8.1 网络广告中现存的法律问题

8.1.1 网络广告中现存的法律问题

1. 网络广告性质界定和主体界限划分问题

（1）网络广告中的性质界定问题。《中华人民共和国广告法》（以下简称《广告法》）第 2 条规定，本法所称广告，是指商品经营者或者服务提供者承担费用，通过一定媒介和形式直接或间接地介绍自己所推销的商品或者所提供的服务的商业广告。由此，我们可以认为广告行为至少应具有以下特征：第一，由商品经营者或服务提供者承担费用；第二，通过一定的媒介或形式；第三，介绍商品或服务；第四，发布信息的行为具有商业性质。因此，认定某一信息发布行为是否属于广告行为，主要检查其是否符合广告行为的特征。传统意义上的广告总是以固定的形式、时间或版面发布，广告管理机构以及消费者容易识别。然而，由于互联网络的一些新技术和新特点，在其上面出现了很多与传统广告形式不同但也具有介绍或推销商品和服务功能的"广告"，即我们平常所说的"隐性广告"，它包括论坛中的隐性广告、关键词搜索中的隐性广告和以网络新闻等形式发布的隐性广告等，这些难以识别、与以往截然不同的广告形式是否属于《广告法》调整的范畴，有时难以界定。

隐形广告的形式主要有：

1）以网络新闻的形式发布的广告。一些网站专业化的程度较高，拥有特定的阅览群体，一些企业为了推销自己的商品或服务，利用公众对新闻真实性的信任，在网络上利用新闻报道的形式，行"发布广告"之实，让一些信息看上去又像新闻又像广告，打一些法律的"擦边球"，从而获取经济利益。在互联网上，由于其开放性，几乎可以说谁都能在网上炒作网络新闻。以网络新闻形式发布的广告模糊了受众对新闻和广告的界线，不少广告主都以网络新闻的形式来获取受众的信任，欺诈消费者，而我们现行的法律对此只能是"望而却步"。

2）利用BBS发布的广告。BBS（Bulletin Boards System），原意为"电子公告栏"。但由于用户的需求不断增加，BBS已不仅仅是电子公告栏而已，它大致包括信息讨论区、文件交流区、信息布告区和交互讨论区几部分。BBS通常用于网民之间的信息交流，提供给广大用户一个发表观点、解答问题、促进交流的场所。但是在现实网络世界中，商业网站在主页上开辟专业论坛讨论企业产品与服务的性能、质量、功能之类的问题。此时，往往可以发现企业是"托"的迹象。即企业以网民的名义故意在论坛上提起论题，讨论一番，在其中不露声色地宣传自己的产品。

对于隐性广告问题目前还没有严格的限制法律法规，我们该做的首先是要合理地界定隐性广告，以免在具体的操作过程中引起争议；其次，要对网络广告中的隐性广告问题采取相应的措施，虽然在实际执行中会有一定的困难，但却是必要的。网络是一个新兴的媒体，网络隐性广告应该如何处理，是值得我们思考和探讨的问题。

（2）网络广告主体的界限划分问题。传统的平面媒体和电波媒体传播的商业广告，其主体——广告主、广告经营者和广告发布者各自的角色和职责是清晰明确的。我国《广告法》第二条明确规定，本法所称广告主，是指为推销商品或者提供服务，自行或者委托他人设计、制作、发布广告的法人、其他组织或者个人。本法所称广告经营者，是指受委托提供广告设计、制作、代理服务的法人、其他经济组织或者个人。本法所称广告发布者，是指为广告主或者广告主委托的广告经营者发布广告的法人或者其他经济组织。可见，《广告法》对传统广告的广告主、广告经营者和广告发布者的从业资格、经营范围及职责等都做了清晰明了的规定。一家生产企业不可能直接使用传统媒体宣传企业形象或产品，一家电脑公司通常也不可能自己经营媒体为本公司的电脑产品发布广告。然而，在互联网上，由于网络广告存在于一个虚拟的空间中，制作、经营、发布网络广告十分简单，这就使得广告主、广告经营者、广告发布者这三者的界限模糊不清，对广告活动中的主体进行分类已不再具有实质性的意义，集广告主、广告经营者、广告发布者三者于一身的情况时有发生，也正是这种集三者于一身的特殊情况，使这个特殊体为了自己的商业利益，不顾有关法律法规进行违规广告经营。

而且，在传统广告的管理体制中，从事广告业务需要有一定的市场准入条件，需要通过广告业的资格认证，获得营业执照，否则将无权经营广告业务，这样对广告的监管就有法可依。而网络广告数目庞大、内容丰富、形式多样等，这些与传统广告的差异致使对其监管困难重重。另一方面，由于现阶段网络广告市场准入制度的缺失，使得任何拥有网络使用权的企业、其他经济组织或个人都有可能从事广告业务，形成了非常混乱的局面。

2. 网络广告内容管制法律问题

（1）虚假广告问题。虚假广告指的是广告主利用虚构的事实进行广告，以骗取消费者对其产品或服务的信任，从而成为购买其商品或者服务的潜在顾客。美国联邦贸易委员会（Federal Trade Commission，FTC）将虚假广告定义为任何具有误解、省略，或其他可能误导大批理性消费者等一系列情况使其受到伤害的广告。也就是说，只要广告以明确或暗示的信息传达了虚假印象，即使该文字上无可挑剔，也没有任何证据证明消费者受到欺骗，该虚假广告也应受到法律的规范。

传统广告中存在有各种形式的虚假广告，这些传统形式的虚假广告在互联网上更是大肆盛行，主要在于两方面的原因，一方面是因为网络传播宽松的环境给网络广告发展提供了一个更灵活的空间，越来越多的网络公司和企业甚至个人在网上自行发布广告，为了获取利润，而发布多种形式的虚假网络广告。另一方面是由于我国对网络广告的监管力度不够，相关法律规范不完善造成的。其主要表现在以下几个方面：①商品广告中有关商品质量、性能、用途等的说明与商品的实际质量、性能、用途不符；②未经国家有关行政主管部门或授权单位检验鉴定或审查批准并授予或核发证明、证件，谎称产品质量达到规定标准，认证合格，产品获得专利，获得优质产品称号、生产许可证等内容；③擅自改变药品、医疗器械、农药等经批准的宣传内容，进行虚假或夸大宣传；④谎称转让或传授的技术以及出售的技术资料具有实用价值；⑤在广告中做出实际不能兑现的虚假允诺；⑥利用虚假数据统计资料、调查结果等对商品的效用、性能进行宣传；⑦以市场预测为目的，为尚未投产或不能按期供货的商品作广告；⑧其他的如利用视觉在广告中美化商品，使广告呈现的商品优于现实的商品，以及通过广告的优惠价引诱顾客购买某种商品，然后宣布货已售完，乘机推销另一种商品等。

（2）不正当竞争广告问题。网络是一种注意力经济，靠的是吸引广大网民的眼球创造收益，因此，吸引更多的网民注意就成了许多商家不断追求的目标。在利益的驱使下，有些不法厂商就可能以不正当竞争的方式发布网络广告。根据1993年修订的《中华人民共和国反不正当竞争法》（以下简称《反不正当竞争法》）第2条第3款规定，不正当竞争是指经营者违反本法规定，损害其他经营者的合法权益，扰乱社会经济秩序的行为。第9条规定：经营者不得利用广告或者其他方法，对商品质量、制作成分、性能、用途、生产者、有效期限、产地等做引人误解的虚假宣传。由此可见，经营者对自己的产品或者服务的虚假宣传也是一种不正当竞争行为。

对于构成不正当竞争行为的虚假宣传，主要是体现在以下两个方面：一方面是经营者对自身的产品或服务进行引人误解的虚假宣传；另一方面是对他人的产品或服务进行贬低或诋毁的虚假宣传。在互联网上，网络广告的不正当竞争行为具有自己的特殊性，主要表现为以下几种形式：

1) 利用关键字技术。关键字广告又叫做付费搜索广告，是指广告客户向搜索引擎公司购买一些搜索关键字，当用户用该关键字进行搜索时，广告客户的文本广告就会自动在搜索结果中显示出来。如果正确运用关键字搜索这一技术，不仅能够为广大网络用户获取信息等方面带来极大的便利，而且有利于企业进行宣传。但是，在现实生活中，站点可以根据用户键入的关键字来决定结果页面上出现的广告内容、各种链接及顺序。这就给不正当竞争提供了可乘之机。主要是利用关键字技术把他人的驰名商标或著名企业名称写入自己的网站或主页，当用户搜索关键字时，可以和驰名商标或著名企业一同出现，造成了某种关联的假象，提高点击率。

目前，我国还没有将关键字搜索广告正式纳入到法律的监管中。因此，如何运用法律的手段来制止关键字广告的不正当行为，以保障关键字搜索技术的有效合法应用，也是我们应当研究的问题之一。

2）抄袭或模仿他人网站内容、形式的网络广告。这主要是有意模仿、抄袭或剽窃知名网站排版布局、内容。这类抄袭固然有原封未动的照搬，但更常见的是大部分相同，仅做小修小改，目的只有一个：使浏览者产生误解，误以为是知名网站而进行浏览，以提高点击率。这种抄袭或模仿他人网站内容、形式的网络广告会使浏览者产生错觉，间接侵害原网站的利益。

3）低于成本的价格行为。我国《反不正当竞争法》规定，经营者不得以排挤竞争对手为目的，以低于成本的价格销售商品。这一规定同样适合网络广告。目前，各网站为了能拉住客户，增加业务量，采取各种各样的营销战术，价格折扣是最主要的方式之一。"供过于求"和畸形价格差距的现状导致了网络媒体价格的混乱。这种严重偏离价值规律的现象，表现在法律上就形成了恶性的不正当竞争行为。

3. 强制性网络广告形式引发的法律问题

因为新型的网络技术使得网络广告表现出不同于传统广告的形式，同样，一些不当的网络广告形式也引发出了一些新的法律问题。这些法律问题，在传统广告中因为技术原因是不会存在或者说发生概率很小，而在网络广告当中却表现得很突出。

我们前面讲到网络广告的一大优势是其具有互动性，用户对网络广告有选择权，而不像传统的电视、广播广告一样具有强迫性。但是，在互联网上，广告商为了提高其广告的点击率，而运用新型的网络技术设置广告，使网民不得不读取，这就是互联网上的强迫广告，主要有以下几种表现形式：

（1）插播式广告。插播式广告是指在用户等待网页下载的空档期间出现，以另开一个浏览视窗的形式出现的全屏或半屏、可退出或不可退出的网络广告。这有点类似电视广告，都是打断正常节目的播放，强迫观看。目前这类广告相当普遍，相信每一个网络使用者都曾看到过。它们在一定程度上对用户造成了骚扰，妨碍了用户对网络的使用，既浪费时间又浪费金钱，但广告主却认为这样的形式经济而且效果明显。表面上看，这种强制性的广告手法会有一定的到达率，但在用户的排斥心理下，其效果并不会好到哪里去。

（2）未经许可的电子邮件广告。未经许可的电子邮件广告是指广告发送者事先没有经过用户的许可，以邮件列表的形式，向用户电子邮箱发送的广告。

电子邮件因其速度快、覆盖面广、成本低等特点成为一种有效的广告方式。因此利用电子邮件进行广告宣传成为一种被广泛采用的手段。由于采取这种方法的厂商越来越多，网民收到的垃圾广告也就日渐增多。电子邮件不像传统普通邮件的垃圾邮件一样，可以从外观上和发信人地址等来辨别、处理。对于匿名邮件，收件人无法判断其来源，因而也就无从选择是否拆阅，只有对所有电子邮件逐一打开才能有所取舍，这就使用户将大量的时间和金钱浪费在垃圾信息的处理上。同时，电子邮箱的容量是有限且宝贵的，一旦被铺天盖地的网络广告塞满，势必影响对其他重要邮件的接收，从而给用户带来损失。另外，大量垃圾邮件的狂轰滥炸还可能造成用户电子邮箱崩溃直至无法使用，使邮箱中真正有价值的信息丢失。对于按时计费上网的用户，尤其是收费邮箱的用户而言，花费大量时间接收、阅读、删除电子邮件中的垃圾广告就意味着经济利益的更大损失。此外，垃圾邮件还可能被不法分子利用来传播各类虚假广告、从事国家明令禁止的传销等违法行为，严重扰乱了社会主义市场经济秩序。因此，在网络环境中，网民对垃圾电子邮件颇有微词。康涅狄格州斯坦福德的市场调研公司（Gartner Group）对 1300 名因特网用户进行民意调查，结果发现 24%的人认为是自己的 ISP（网络服务提供者）把他们的名字出卖给了发送垃圾邮件的人。据 Chooseyourmail.com 所作的一项新调查表明，在 1400 名电子邮件用户当中，71%的人认为下面这事至少"有点可能"：发送垃圾邮件的人从用户访问过的电子商务网站获得了邮件地址。而业界专家说，一家拥有受重视品牌的公司涉足垃圾邮件无异于自杀。作为一种销售工具，垃圾邮件几乎如同在正餐时间电话推销打扰他人一样，会受到痛斥。

（3）强制性加框超链接网络广告的法律问题。链接是在网页上提供一些文本或图形内容为主题供用户选择，用户只需点击这些主题，就可以得到相关的内容，链接分为文本链接、图像链接、图文链接，正常情况下，链接方便了用户对网络的访问，有助于网络互动性的发挥。但有些网络广告商以技术分割网页视窗，将他人的网站呈现在自己的网站上，当浏览者点击超链接时，他人网站上的内容会出现在自己网页的某一区域，而自己网站页面上的广告则始终呈现在浏览者面前，地址栏中的网址却仍是原网站的，让浏览者误以为该链接内容是网站自身的一部分。

4. 网络广告监管过程存在的法律问题

（1）违法网络广告的责任追究困难。传统的广告监管采取事先审查和事后审查相结合的方式，即一般广告采取事后审查、对于特定商品广告采取事先审查的方式。《广告法》第 34 条规定："利用广播、电影、电视、报纸、期刊以及其他媒介发布药品、医疗器械、农药、兽药等商品的广告和法律、行政法规规定应当进行审查的其他广告，必须在发布前依照有关法律、行政法规由有关行政主管部门对广告内容进行审查，未经审查，不得发布。"这种事先审查和事后审查相结合的方式对我国的传统广告起到了积极的监管作用。但在互联网上，任何人都可以发布自己或他人的广告，广告形式五花八门、广告内容多种多样。应该进行事先审查的广告没有审查，甚至违禁广告也堂而皇之地出现在各大网站上。而网络广告的事后审查更是难以到位，广告监管机关目前只能依赖于举报或抽查，以至于很多违法网络广告长期逍遥法外。

对于偶然抽查出来的违法网络广告，在网络这个虚拟的世界里，违法广告经营者通常并未披露真实的广告主地址和名称，因而对违法责任人难以查找，即使有真实的地址和名称，有的违法者远在外地，有的本身就是皮包公司，出事后人去楼空，处罚决定书成为一纸空文，行政处罚执行难。另外，即使查出了网络广告违法者，依现行法律对责任者的处罚也是疲软的。违法者违法成本低，有些违法广告经营者甚至事先就把罚款预算在了广告经营费用内。因此，小额的罚款根本不足以遏制其继续经营违法广告。

此外，依据现行法律，违法广告责任承担者也难以明确。如《广告法》第 38 条规定："违反本法规定，发布虚假广告，欺骗和误导消费者，使购买商品或者接受服务的消费者的合法权益受到损害的，由广告主依法承担民事责任；广告经营者、广告发布者明知或者应知广告虚假仍设计、制作、发布的，应当依法承担连带责任。"即一般来说由广告主承担责任，但广告经营者和广告发布者在明知或应知的情况下，也应承担连带责任。在网络广告中，兼三者于一身的现象经常发生，对于这类违法网络广告主体的责任追究究竟是承担何种责任是难以认定的。而新出现的主体 ISP（Internet Service Provider，即互联网服务提供商）在网络广告当中到底处于何种地位也并不明确，出现违法网络广告的时候对其责任的追究也无具体依据。这些问题在我们的网络广告管理领域依然是一个空白。

（2）违法网络广告管辖权冲突。传统广告的发布范围一般来说具有特定性，由于受国界的限制，一般由国内法管辖，由责任主体所在地的广告管理机关管辖，造成侵权的由侵权行为发生地或结果地的广告管理机关管辖。即使是发布跨国广告，对于是适用本国法还是外国法也是容易区分的，一般不会发生管辖冲突的问题。

然而，互联网由于具有广泛性、全球性的特点，决定了网络广告的发布也相当广泛，从某种意义上来说，只要接入互联网就有可能看到全世界的网络广告，网络交易也往往同时涉及到多个国家和地区，而我们又不可能将其分割成若干部分，更难以说清楚其中某一部分的所在地同网络有更密切的联系。而且各国法律、风俗不同，对同一内容和形式的广告可能会有不完全相同甚至是截然相反的规定，某些国家禁止的内容可能在其他国家不受限制。

因此，网络广告就像脱缰的野马无人能够驯服，对传统的具有地域性的法律与国家审判权构成挑战。

（3）网络广告监管体系不健全。我国现有的广告管理法律法规是在网络广告出现之前制定的，没有把网络广告纳入法律法规调整的范围。广告监管部门面对网络广告这一全新的广告媒体，在监管中无章可循，无法可依，常处于被动状态。

传统广告是由工商管理部门进行管理的，而目前，对于网站的管理主要是由信息产业部门来进行，工商管理部门还无法顺当地插手到网络管理中来。工商行政部门只能对网络广告进行事后的监督，而无法使非法的网络广告在源头上得到遏制。另一方面，网络广告由于具有较强的技术性，网络广告的管理需要相应的技术平台支持。目前，我国网络广告网上监控系统还不健全、不完善，大部分工商行政部门没有专门管理网上交易行为和对网上违法广告进行查处的机构，缺乏对网络广告管理的组织保障；也没有配备相应的硬件设施，缺乏广告监管的科技含量和技术支撑；人员素质落后于网络广告的发展，不少工商执法人员不了解网络广告经营者的特征与现状。这种落后的网络广告监管系统，使得网络广告尤如"天马行空"。

正因为网络广告的监管难，而目前的监管系统不健全。于是很多国家的广告法规定，虚假和违禁广告由广告主和广告经营者共同承担法律责任。让各个网站自觉监控广告看似比较可行，然而，由于网站上广告数量庞大，加上网络广告的超链接性特点，由广告经营者来审查每一则广告的内容并对其负责（尤其是对链接进入的网页内容而言），这显然是行不通的，必将会抑制网络及网络广告技术的发展。因此，必须要研究制定可行的网络广告监管制度，在规范网络广告运行的同时，也给予网络广告这种新型的广告形式一个宽松的发展环境。

8.1.2 违法网络广告的特点

前面提到的现实网络广告世界中存在的各种法律问题，有些是法律法规或监管体制不健全引起的，有些是因为网络广告本身存在着各种形式的违法问题。而现实网络世界，各种违法违规网络广告主要有以下特点：

第一，网络环境上的各种违法违规行为都是在虚拟的环境中进行的，与传统现实世界中的违法违规行为相比，它不易被发现和察觉。如网页抄袭和侵犯商业秘密行为，就无法轻易认定为侵权行为。另外，由于网络技术的特殊性和网络环境下立法的滞后性，导致人们对网络环境下不正当竞争行为的评判标准难以适度把握，区分的界限变得模糊。

第二，违法网络广告具有普遍性，北京市广告监测中心公布的2006年第二季度广告监测报告也显示，搜狐、网易都有违法广告现象，这些知名网站由于成立时间较早，访问量较大，因而具有一定的权威性，这些网站都能明目张胆地进行违法网络广告，其普遍性可想而知。

第三，网络广告的负外部性较大。由于这些违法网络广告产品都集中在医疗保健行业，因此与人们的身体健康密切相关，对求医心切的患者来说，违法网络广告对其的误导无疑是雪上加霜。特别是知名网站的违法网络广告带来巨大的社会成本，其危害性不仅表现在物质层面上给人们身体健康带来巨大的危害，而且降低了人们对网络广告的信任度，封死了合法网络广告的出路，甚至将阻碍网络广告的正常发展。

8.1.3 违法网络广告出现的原因

网络世界出现的各种违法广告，在一定程度上侵害了消费者的合法权益，破坏了市场的正常竞争秩序。之所以会出现违法网络广告这种现象，并不是网络广告自身原因引起的，违法网络广告的出现实际上是多种因素综合作用的结果。

其一，由于我国居民人均收入刚刚超过了1000美元，即由温饱阶段进入小康阶段，按照马斯洛的需求层次理论，人的需求在满足低一级层次需求后会向高一级层次需求转化，我国现在处于从满足生理需求的层次向追求自己免受身体和精神伤害的层次转化，具体表现为对能够带来健康和美丽的产品的大量需求，即对医疗、保健和美容相关产品的需求，而我国相关产业的技术水平和创新能力较低，相关厂商的竞争就集中在低水平的竞争上，有的甚至进行违法网络广告，当违法网络广告得不到及时惩处的时候，正当的生产经营便会受到挤压，甚至退出生产领域，以致发生"劣币驱逐优币"的格雷欣法则，如果不能及时制止违法网络广告现象，其结果是最后充斥市场的大部分将是违法网络广告产品。

其二，从违法网络广告主体的成本收益分析来看，其收益是违法网络广告带来的高额非法利润，而其成本则低得多，高额的净利润是引诱其进行违法网络广告的直接原因。首先，网络广告经营市场准入条件低。在传统广告管理中，从事广告业务必须通过广告业的资格认证，而几乎任何拥有网络使用权的企业、其他经营组织或个人都可以从事广告业务。其次，网络广告市场监管机制不完善，缺乏相关的法律规范和明确的监管组织，并且没有建立起完善的监管组织的责任机制，因此现有的监管组织执法力度不够，违法究责率极低，这就使得大部分违法网络广告处于漏网状态，并且大大降低了其信誉性成本。另外，对违法网络广告主体的处罚力度不够，按照广告法的规定，只能对违法者最高处以5倍的罚款。而实际上，网络虚假广告产生的利润可能是5倍罚款的几十倍甚至更多，甚至与网络发布主体串通低开发票，就更使得罚款额与其非法获利相比只是九牛一毛。最后，对网络发布主体的监管也存在着同样的问题，使得违法网络广告主体能够与网络发布主体相互勾结，降低了其行动成本。

8.2 网络广告的法律法规

8.2.1 网络广告监管的必要性

根据第 12 次《中国互联网络发展状况统计报告》，网民对网络广告有如下评价：选择经常浏览和有时浏览网络广告的有 68%；在被问询是否愿意在收到网络广告邮件后作为选购商品或服务的参考方面，表示不排斥的占 72%。这表明网络广告这种新兴、时髦的宣传方式已日渐渗透到人们的生活之中。但是，在被问到对目前网络广告最不满意的方面时，选择"网络广告的真实性无法保证"的为 38%，占第一位。由此可以看出，各种违法网络广告已严重影响了网络广告的形象，对网络广告实施强有力的监管已势在必行。当然，随着网络广告的出现和发展，相关的法律法规随之建立，相应的机构也不断得到完善，这是非常必要的。从宏观上说，网络广告法制的建设、监管机构的完善，是网络环境规范化乃至社会主义市场机制完善的重要组成部分，是维护网络事业健康发展的强有力的保障之一，在一定程度上它反映了网络事业的文明程度。从微观上讲，网络广告的法律规范体系的建立，监管机构的完善，对加强网络广告的整体管理力度，规范网络广告活动，促进网络广告的健康发展，促进网络广告管理的有序化、规范化和国际化等方面都具有不可低估的作用。具体来说，对网络广告进行监管的必要性体现在以下几个方面：

1. 维护消费者的合法权益

消费者在购买、使用产品的过程中，拥有知情权、公平交易权、自主选择权、人身安全、财产安全等合法权利。但随着社会经济的发展与市场的繁荣，市场上的产品越来越丰富，这必然导致生产经营者与消费者之间对产品质量的信息不对称问题日益突出，网络广告作为信息传递的一种有效形式，是广告主（生产经营者）为缓解这种信息不对称而做出的积极反映，同样，消费者接受广告信息也是为了改变其信息劣势地位，以更多地掌握有关广告宣传产品的信息，从而更好地体现其知情权和公平交易权。然而，由于各种违法网络广告向广大消费者传递欺骗性信息，反而人为地扩大了广告主（生产经营者）和消费者之间的信息不对称问题，致使消费者受骗上当，购买了假冒伪劣产品，造成消费者人身和财产损害，严重损害了消费者的合法权益。

2. 维护同类产品生产经营者的合法权益

在一定时期、一定市场范围内，某类（或某种）产品的需求量是相对稳定的。许多消费者受各种违法网络广告的欺骗或误导，选择并购买了违法网络广告所宣传的产品，对其他同类产品的需求量必然减少。这就使违法网络广告所宣传的产品挤占了其他同类产品的市场份额，损害了正常生产经营者的合法权益。同时，由于违法网络广告所宣传的产品大多是假冒伪劣产品，消费者使用产品后发现受骗上当，就会对其他同类产品的质量也会产生怀疑。

3. 维持正常的市场竞争机制

市场竞争机制的基本作用是优胜劣汰，产生优质产品驱逐劣质产品的积极效果。但其前提条件是要求这种竞争是正当的、公平的竞争。而各种违法网络广告被一些生产经营者用作不正当竞争的手段，使许多消费者难辨真伪，反而购买违法网络广告宣传的假冒伪劣产品，其结果造成劣质产品挤占优质产品的不正常现象，市场竞争机制难以发挥正常作用。同时，违法网络广告还会造成社会资源的巨大浪费。首先，制作、发布违法网络广告必然要投入一定的社会资源，但违法网络广告所产生的是负经济效益，这就决定了这种投资纯粹是一种社会资源的浪费；其次，违法网络广告所宣传的大多是假冒伪劣产品，不能为消费者提供正常的使用价值，因此，生产经营这些假冒伪劣产品所耗费的资源也是一种浪费；再次，无论是政府有关部门打击查处违法网络广告，还是消费者为了维护其合法权益，都需要消耗大量的社会资源，而这些社会资源的不必要消耗，完全是由各种违法网络广告造成的。

综上所述，无论是从消费者角度，还是从竞争者角度、整个市场角度，都需要政府实施强有力的宏观调控手段，加强对网络广告的监管。由于目前网络行业还没有形成良好的行业自律，社会监管的体系也不健全，就需要政府目前做好两方面的工作，一方面，加快制定针对网络广告的专门法律法规，使网络广告市场能够有章可循；另一方面，加强对网络广告的行政监管，加大查处违法网络广告的力度，为网络广告的发展营造良好的发展氛围。

8.2.2 我国广告法制体系简介

随着中国广告法制建设的日趋深入，中国广告法制体系的架构已基本成形，建立起了多层次、多方位、多角度的法律体系，网络广告作为广告的一种特殊形式，也在我国广告法制体系的管辖范围之列。

从法律效力上看，我国的广告法律体系形成了以《中华人民共和国广告法》为核心和主干，以《中华人民共和国广告管理条例》为必要补充，以国家工商行政管理局单独或会同有关部门制定的行政规章和规定为具体操作依据，以地方行政规定为实际针对性措施，以行业自律规则为司法行政措施的重要补充的多层次的法制体系。《中华人民共和国广告法》是体现国家对广告的社会管理职能的一部行政管理法律。它的调整对象侧重在商业、服务性广告，其力度、涵盖面是其他广告法规所不能比拟的。《中华人民共和国广告管理条例》在弥补《中华人民共和国广告法》的不足方面起着不可取代的重要作用。因为《中华人民共和国广告管理条例》未将商业广告与非商业广告明确区分，所以，《中华人民共和国广告管理条例》中的有关管理措施，对非商业广告是有效的。依据《中华人民共和国广告管理条例》，可以对某些违反行业规范规定的行为施行必要的行政处罚，这一点对规范广告市场行为、制止不正当竞争有重要的实际意义。同时，还有由国家工商局单独或会同有关部门制定的有关广告监督管理的行政规章和规定，如《广告管理条例施行细则》《酒类广告管理办法》等多项。再有就是地方行政规定，如广东、湖北等省制定的户外广告管理规定；甘肃等省制定的广告监督管理条例；北京、上海、辽宁等省市制定的一些对特定广告活动或商品服务广告予以规范的行政规定等，也是国家法律、法规和部门规章、规范性文件的重要补充，为将来完善国家的有关规定提供了有益的实践经验。

从法律规范的内容来看，它兼容社会类、公共类广告等多方位的调整对象，在具体内容上涵盖广泛，已陆续出台了《化妆品广告管理办法》《医疗广告管理办法》等单项规章及规范性文件，从多方面对广告活动进行了规范。从法律性质上看，已基本形成容纳程序性规定、限制性规定、资质条件规定、政策性规定等多角度的法制体系。如程序性的规定主要有户外广告登记管理药品、医疗器械、农药、兽药广告审查标准，《临时性广告经营管理办法规定》《广告服务收费管理暂行办法》等；限制性规定主要有《烟草广告管理暂行办法》《酒类广告管理办法》等；资质条件规定主要有《关于设立外商投资广告企业的若干规定》《广告经营者、广告发布者资质标准及广告经营范围核定用语规范》《广告审查员管理办法》《关于进一步加强境内企业在香港发布广告管理的通知》等；政策性的规定主要有《关于加快广告业发展的规划纲要》等。它们在规范广告活动方面起着直接或间接的作用。

8.2.3 国内针对网络广告的法律规范及《广告法》的适用与完善

虽然网络广告已呈现蓬勃发展之势，但在我国并没有一定数量的法律和法规作为规范网络广告的法律依据。目前在国内，对全国均具有约束效力的广告法律和法规有国务院 1987 年 10 月颁布的《广告管理条例》和 1998 年 1 月国家工商行政管理总局颁布的《广告管理条例实施细则》，以及 1995 年经全国人大通过，并于同年 2 月 1 日实施的《中华人民共和国广告法》。另外，《中华人民共和国产品质量法》和《中华人民共和国不正当竞争法》的部分规定也可以直接适用于网络广告市场的不正当竞争、虚假广告等违法广告行为的规制之中。

由上述列举的法律法规我们可以看到，对于本质上仍然属于广告的网络广告，对其的监管在一定程度上也有法律依据，但问题在于现行的主要广告法律法规本身由于其滞后性，其在适用于网络广告过程中体现出了较大的局限性。这就给我国《广告法》相关规定在网络广告领域的落实带来了诸多难点，制定针对网络广告的专门法律已是迫在眉睫。

1. 国内针对网络广告的法律规范

（1）对网络广告的界定。2001 年 5 月 1 日实施的《北京市网络广告管理暂行办法》第二条规定，所谓网络广告，是指互联网信息服务提供者通过互联网在网站或网页上以旗帜、按钮、文字链接、电子邮件等形式发布的广告。2002 年 2 月颁布的《浙江省网络广告登记管理暂行办法》第二条也作了相同的概念界定。

（2）对网络广告经营资质的界定。

1）《关于对网络广告经营资质进行规范的通告》。北京市工商管理局 2000 年发布的《关于对网络广告经营资质进行规范的通告》中指出，已经办理广告经营许可证的广告专营企业可从事网络广告的设计、制作、代理业务，也可在自办网站上开展广告发布业务。各类合法网络、经济组织可以作为一种媒体在互联网上发布广告，专营企业代理的广告，但在发布广告前应向工商行政管理机关申请办理媒体发布广告的有关手续。

2）《北京市网络广告管理暂行管理办法》。北京市工商管理局 2000 年发布的《北京市网络广告管理暂行管理办法》中规定，本市行政区域内，经营性互联网信息服务提供者为他人设计、制作、发布网络广告的应当到北京市工商行政管理局申请办理广告经营登记，取得广告经营许可证后到原注册登记机关办理企业法人经营范围的变更登记。非经营性互联网信息服务提供者不得为他人设计、制作、发布网络广告。在网站发布自己的商品和服务的广告，其广告所推销商品或提供服务应当符合本企业经营范围。已取得广告经营许可证的广告经营单位和发布单位经营网络广告的，应根据上述规定办理备案登记和网站域名的注册登记。取得网络广告经营资格的互联网信息服务提供者，应当在其网站备案栏中注明广告经营许可证号码。

3）《浙江省网络广告登记管理暂行办法》。《浙江省网络广告登记管理暂行办法》规定，从事网络广告经营应当办理广告登记，取得广告经营许可证。未经广告登记的，不得从事网络广告经营业务。

（3）对反垃圾邮件的规定。

1）《中国互联网协会反垃圾邮件规范》。根据 2003 年 2 月 26 日颁布实施的《中国互联网协会反垃圾邮件规范》中第 3 条规定，电子邮件广告包括：收件人事先没有提出要求或者同意接收的广告、电子刊物、各种形式的宣传品等宣传性的电子邮件；收件人无法拒绝的电子邮件；隐藏发件人身份、地址、标题等信息的电子邮件；含有虚假的信息源、发件人、路由等信息的电子邮件。这是目前我国对电子邮件广告做出的概括性规定，但电子邮件广告确切的内涵和外延仍需要进一步确定。

2)《互联网电子邮件服务管理办法》。2006 年 2 月，我国信息产业部宣布了《互联网电子邮件服务管理办法》于 3 月 30 日起施行，至此对于垃圾邮件问题给予了明确界定。

3) 公安部《计算机信息网络国际联网安全保护管理办法》、国务院《计算机信息系统安全保护条例》以及《中华人民共和国刑法》第 286 条的规定，滥发垃圾邮件对计算机信息系统功能进行干扰，并造成计算机不能正常运行的，应当受到行政处罚，后果严重构成犯罪的，应当承担刑事责任。同时，利用网络转发色情淫秽图片或文字、转发未经证实的消息也可能构成犯罪。虽然转发色情淫秽图片或文字的目的不是营利，但构成传播淫秽书刊、影片、音像、图片的事实，也有可能触犯刑法之规定。

4) 中国台湾地区《滥发商业电子邮件管理条例》。台湾立法院正在审查《滥发商业电子邮件管理条例》，其对垃圾邮件进行了较为详细的规制，规定发送电子广告信件一方，必须在信笺开头注明发件人的详细资料；发送行为必须事先获得收件人的同意，除非双方已有往来；信件内必须有收件人选择不再接收发件人的电子邮件方式，若收信人选择从名单中移除，发件人不得再以任何方式向该收件人发送。该条例还规定，垃圾邮件受害者可以集体投诉，一旦立案，垃圾邮件发送者确认罪责将受罚，最高每封垃圾邮件可罚 500 到 2000 新台币（约 500 元人民币）不等。此外，还有《互联网信息服务管理办法》《计算机信息网络国际联网管理暂行规定》等，北京、上海、广州等网络发展较早的城市也颁布了管理网络广告的地方性法规。

2.《广告法》的适用与完善

（1）《广告法》对规范网络广告的局限性。

1)《广告法》没有明确地将网络规定为广告媒体的一种，也没有规范网络广告的条文，使得网络广告究竟在何种程度上适用《广告法》存在着相当程度的不确定性。

2)《广告法》规定："大众传播媒介不得以新闻报道形式发布广告。通过大众传播媒介发布的广告应当有广告标记，与其他非广告信息相区别，不得使消费者产生误解。"然而，目前网络上"软广告"的大肆泛滥显然证明了这条规定的无力。网络世界上很难区分某个新闻报道是否属于广告，对产品和服务的宣传都趋向于财经新闻，而且，企业、商品、服务推广和形象宣传也不可能被新闻报道完全放弃。

3) 由于网络广告独有的特征，使网络广告在实际运作中出现的许多新问题是《广告法》难以解决的，比如网络广告的地域范围问题，依照《广告法》规定，该法适用于"广告主、广告经营者、广告发布者在中华人民共和国境内从事的广告活动"。这样的话，在国内设立的网站上向国内消费者发布广告无疑应受《广告法》调整，但是，在国内设立的网站上向国外消费者发布广告，或在国外设立的网站上发布广告而国内消费者可以浏览到，这属不属于《广告法》的调整范围则存在争议。

（2）《广告法》对网络广告的适用。

1) 对网络中隐性广告的查处。依据《广告法》第 13 条规定，广告应当具有可识别性，能够使消费者辨明其为广告。大众传播媒介不得以新闻报道形式发布广告，通过大众传播媒介发布的广告应当有广告标记,与其他非广告信息相区别,不得使消费者产生误解。而网络世界中则存在着大量隐性广告,这种隐性广告是以非广告形式出现的,也可叫做"不像广告的广告"。在信息浩如烟海的互联网中,这种隐性广告很难识别,就给了不法企业或其他违法分子以可乘之机,欺诈广告、虚假广告、不正当竞争广告屡见不鲜,严重损害了经营者、消费者的合法权益。对于隐性广告,一旦发现或者接到网民举报,广告监督管理机关可以依照《广告法》第十三条的规定予以查处。

2)对网络广告的审查责任。《广告法》第四章以专章的形式规定了广告的审查制度,主要分为两部分:行政性审查和广告经营单位的自我审查。前者是指媒体发布药品、医疗器械、农药、兽药等商品的广告和法律、行政法规规定应当进行审查的其他广告,必须在发布前到相关行政主管部门进行审查,未经审查,不得发布;后者是指广告经营者和广告发布者都有义务对广告主查验有关证明文件和核实广告内容,对于内容不实或者证明文件不全的广告,广告经营者不得提供设计、制作、代理服务,广告主不得发布。可见,目前的广告法律法规对传统媒体发布违法广告的认定以及违法责任已经规定得比较完善,也就是说,传统媒体在经营、发布广告时的自我审查自然也比较严格。但网络环境中,广告主体界限模糊,对ISP、ICP等法律责任的认定存在很多争议,现有的法律法规尚不能很好地规制这些违法行为,因此,许多网络运营商往往为了眼前利益而放松对广告主体、内容等的审查。自我审查不力,行政审查更是十分困难,广告监督管理部门急需督促和监督ISP、ICP等,认真履行网络广告审查义务。

3)虚假、违法网络广告的法律责任。《广告法》第五章详细地列明了违法行为的法律责任,尤其要注意的是第38条之规定,发布虚假广告,欺骗和误导消费者,使其合法权益受到损害的,由广告主依法承担民事责任;广告经营者、广告发布者明知、应知广告虚假仍设计、制作、发布的,应当依法承担连带责任。广告经营者、发布者不能提供广告主的真实名称、地址的,应当承担全部民事责任。可见,上述法条对广告主体以及相互之间责任承担的规定是清晰明确的。但是在网络环境中,责任主体、责任性质等又变得扑朔迷离。有些学者主张将ISP列入媒体经营者范围,强调ISP作为网络广告的经营者或发布者必须对广告等内容承担连带责任。但实际中,ISP扮演的并不仅仅是消息传播者的角色,对于只提供链接服务的ISP,它仅为网络广告的传输提供信息通道,对广告的产生并无直接或者间接的参与,因此,一旦苛求所有的ISP来承担网络广告的管理责任,势必迫使ISP投入巨大的人力、物力对网络进行监管,此耗费之巨大、事务之琐碎、程序之复杂,恐怕难以承受。一味对其实行严格责任,亦有碍网络广告业的蓬勃发展。因此,我国现行《广告法》对网络广告中的ISP应履行何种义务、承担何种法律责任应做出新的适应性规定。

(3)《广告法》的完善。

1)适用范围方面的完善。由于网络广告的出现使得网络宣传这种媒介成为重要的表现形式,因而在广告法中应有所体现,以确认网络媒介这种宣传形式的合法地位。同时,广告法还应对网络环境中的广告行为主体各自的地位有明确的规定,特别是对医疗、保健等特殊行业更为重要。

2)网络广告行为的基本准则方面。广告法中对广告行为的基本准则在总则中已作了规定。第一,广告应当真实;第二,广告内容应当符合社会主义精神文明建设的要求;第三,广告应当合法;第四,要遵循公平、诚实信用的原则。据此,网络广告应遵循的基本原则也就应当至少包括诚实信用原则、真实性原则、公平原则与合法原则。

3）有关机关对网络广告的审查方面。面对雪花一样五花八门的网络广告，要求管理机关一一进行审查批准，从广告法规定的本意来看是不必要的，客观上也是不可能的，但是对于药品、医疗器械、农药、兽药、烟草、食品、酒类、化妆品等特殊对象的网络广告则必须经过严格的审查批准。

4）广告法中相关法律责任的问题。广告法中虽然针对虚假广告规定了较为详细的法律责任，但对于"广告经营者、广告发布者明知或者应知虚假仍设计、制作、发布的，应当承担连带责任"的规定，如何正确适用于网络环境中，则需要认真研究。一般认为，应当将在线网络服务商的过失责任严格地限制在"重大过失"的范围内，即"显著地欠缺善良管理人的注意"的情况下应当知道而没有知道的也应当承担责任。

8.3 网络广告的监管机构

8.3.1 我国广告业监管主体

我国目前在广告行业实行的是政府监管为主，行业自律为辅的政府主导型的监管体制，这种体制是随着广告业恢复和发展逐步形成的。根据国务院赋予的职能，工商行政机关承担着广告市场监督的职能，各级广告协会作为广告行业组织，配合政府部门发挥行业自律的职能，消费者组织、新闻媒体及其他社会舆论监督，是对广告监管的一种重要补充。对于网络广告，由于其本质仍是广告的一种，网络只是表达场所，还是应该由各级工商管理部门来监管，需要进行审查的网络广告仍由相应的行政主管部门负责审查。作为计算机互联网主管部门的信息产业部门也有义务对网络广告进行辅助性监管，特别是在对网络服务提供商（ISP）以及网络内容提供商（ICP）的规范和要求应发挥更大的作用。其中，县级以上工商行政管理机关是广告的监督管理机关，而且工商机关既是法定的，也是唯一的广告监督管理机关。我国现行的广告监管机关的机构设置包括四个层次：

（1）国家工商行政管理总局。它是国务院的直属机构，根据法律规定和国务院授权，代表国家对广告市场进行全方位、全过程监管，具体监管职能由其内设机构广告监督司承担。

（2）省级工商行政管理机关。它是省级政府的组成部分，受省级政府和国家工商总局的双重领导，其职能由内设机构广告处负责。

（3）市级工商行政管理机关。该级机关的人财物及业务，归省级工商行政管理机关垂直领导，它不是本级政府的组成部分，但接受本级党委政府的领导。

（4）县级工商行政管理机关。其监管职能由其内设商标广告科承担，基层工商所作为县级工商行政管理机关的派出机构，在其管辖区域内，也承担着其职责范围内的监管工作。

工商行政管理机关虽是法定的广告监管机关，但在具体监管过程中，还涉及到相关职能部门。如对药品、保健品的广告监管，主要涉及药品监督部门对药品、保健食品广告的行政审查；对广告发布单位的监管，涉及到党委宣传、新闻出版、广播影视管理部门对广告导向的行业管理；对医疗广告的监管主要涉及卫生行政部门，中医药管理部门对医疗专业技术内容审查出证及对医疗机构的行业管理；对户外广告的监管涉及到市容管理部门等。

8.3.2 网络广告监管机构的管辖权界定

在发现违法的网络广告后,到底由哪个地区的哪一级工商行政管理部门管辖很容易产生争议。对此,人们的看法是不一致的,世界各国的做法也是不一致的。有些国家强调属人管辖的原则,有些国家强调属地管辖的原则,有些国家以最低联系为管辖根据。

在我国,有人提出以"属人主义"为原则确定,理由是法律对社会危害行为实施制裁终究要落实到具体行为人身上;同时以"属人原则"实施管辖便于案件的调查取证,处罚以及处罚的执行,能够降低办案成本。综合上述因素考虑,网络广告行政管辖权的确定应该按照以下几方面原则处理:

第一,地域管辖优先原则。各级工商行政管理部门有责任对本地区的网络广告进行监管。所谓本地区的网络广告包括以下几方面:一是本地区企业在自建网站或主页上发布的网络广告;二是本地网络服务商(包括 ICP 和 ISP)所发布的广告;三是在本地区领取网络广告经营许可证的企业的网络广告经营行为。

确定地域管辖优先原则的最大优势在于方便执法,操作性强。由于被管辖对象在辖区内都有一定处所或者组织机构,一方面方便行政执法的执行和落实,另一方面也方便行政相对人诸如申请广告审查、对行政处罚不服的复议申请等行为。

第二,主要侵权行为地为辅原则。民法上的侵权行为地包括侵权行为发生地以及侵权结果发生地。而网络广告的侵权行为发生地是难以界定的。因此这里讲的主要侵权行为发生地原则不是通常民法意义的,需要包括两方面的必备条件:一方面,网络广告主在本地区销售商品和提供服务,另一方面,网络广告在本地区造成一定影响,如果企业只在本地区销售商品或提供服务,并没有投放网络广告,当然也不存在网络广告管辖的问题;如果该地区的消费者可以上网浏览某商品或服务的广告,但该地区没有该商品的销售或服务的提供,同样也不需要该地区行政执法机关行使管辖权。如果该管辖地区没有该商品出售,但可以通过邮寄或其他方式发送的网络广告,则应适用地域管辖优先原则。

从这两个方面确定主要侵权行为地原则,既可以防止监管的泛化、各地机关都来行使管辖权的矛盾,又可以确实保护本地区消费者的利益,便于调查取证以及处罚。

在网络广告行政监管的实际工作中,确定管辖权有时是复杂的,这就需要根据具体情况依据上述两个原则进行具体分析。如果管辖权出现空白时,有关当事人可以根据行为关系密切联系原则选择管辖;如果管辖权发生争议时,可以适用先立案原则,仍不能解决矛盾的可以提请共同的上级行政主管机关指定管辖。

对于涉外的网络广告,行政机关一般很难管辖,当事人如果受到境外违法广告的侵害,只能采用民事诉讼的方式,根据国际司法管辖权的一般规定以及证据法规则,实现自身权利的维护。

8.3.3 网络广告监管机构的职责

从现代产权理论的观点看,网络广告的政府监管职能主要对网络广告市场经济活动主体的产权进行界定和保护,并通过对产权界定和保护,形成网络广告业发展的长期内在激励机制,促进网络广告市场经营行为规范化、法制化。

从一般的观点看,市场机制本身具有自发性、滞后性、盲目性等缺陷,政府的监管实际上是在市场机制失灵的情况下，对市场行为的"纠偏"，通过这种"纠偏"，调整市场主体非理性行为，保护市场主体各方面的利益，促进市场的有序发展。具体来说，行使网络广告监管职责的工商管理部门在监管过程中的主要职责应包括以下方面：

（1）制定网络广告有关行为规范与法律解释。监管机构要认真调查研究我国网络广告发展的实际情况，在职权范围内制定网络广告行为规范，或向有关机构、部门提出立法建议案；从法律上明确网络广告主体各自的权利和义务，确认监管机构的法定职能、原则、手段和程序；并且负责这些网络广告相关法规的日常解释工作。

（2）审核登记。对要求进入网络广告市场的经营者进行资质审核登记，符合市场准入条件者颁发经营许可证。

（3）网络广告的过程监管对网络广告违法案件的查处和复议。对网络广告发布的全过程进行监管，建立网络广告的检测网络，接受消费者的投诉，查处违法网络广告。

（4）行为指导。指导行业协会开展工作，扶持第三方中介组织从事网络广告的检测活动，推动网络广告行业自律规范的形成和发展，形成市场主体自我管理、自我约束、自我教育的良性发展态势。

8.4 网络广告的监管原则与措施

8.4.1 网络广告的监管原则

网络广告作为一种新的广告形式，在我国虽呈现出蓬勃发展之势，但仍处于初期和不断探索阶段，如何进行正确有效的监管才能保证其健康发展，不仅要考虑到网络广告这一新生事物的特点，而且要遵循一定的监管原则。这些原则是我国广告监管机关及有权对部分种类的网络广告进行监管的机关或机构在实施网络广告的监管过程中应当遵循的最高原则，其既是有关网络广告监管的法律、法规中应当体现的基本准则，也是现在和以后在有关网络广告监管的立法、执法时应遵循的指导思想。一般认为对于我国网络广告的监管应当主要遵循如下五项原则。

1. 媒体中立

媒介中立原则是指监管对于不论是采用纸质、电波媒介进行的交易还是采用电子运行形式进行的交易都应采取一视同仁的态度，即不应该因合同采取的媒介不同而厚此薄彼。媒体中立原则是监管的最基本的原则，同样也可适用于我们对网络广告的规制。

不同的媒体可能分属于不同的产业部门，如无线通信、有线通信、电视、广播、网络等，然而它们在实质上具有同等的功能，因此监管应以中立的原则来对待这些媒体，允许各种媒体根据技术和市场的发展规律而相互融合，互相促进。就广告功能来说，网络广告与传统的报纸广告或电视广告并没有太大的区别，网络广告不应仅因其形式而否定我国《广告法》对其管辖，当然也不应因此而享受法律上的某种特权，对于网络广告在本质上应与传统广告一样适用同样的法律。

2. 开放发展原则

开放发展原则是从监管效率的角度上来讲的，就是说我们在对网络广告进行监督管理时，要考虑到网络广告的一些技术因素，考虑到网络广告发展的迅速性，我们的监管工作要有预见性、具有一定广度，能够符合网络广告的一些新的发展要求。对网络广告的监管要有一定的灵活性，既不能管得太松，导致网络广告的混乱局面，也不能管得太死，扼杀了网络广告作为新生事物的活力，阻碍了网络广告的发展。

3. 政府监管与行业自律相结合原则

由于互联网的飞速发展，网络广告也随之充斥着几乎所有的网络页面，由政府制定强有力的管理制度来规范网络广告，已经显得非常重要，各国已经将网络广告的管理监督提到了管理部门的议事日程。但是，单靠政府监管，一方面由于法律本身的缺陷，往往会存在监管的滞后性，会使网络广告新出现的问题游离于规则之外；另一方面，由于网络广告的技术性较强，法律不可能预先穷尽所有的规则，政府职能部门的管理技术往往无法将触角深入每一个角落。而且，单纯的政府监管容易孳生腐败，造成权力受阻，进而导致执法不公。所以，只依靠政府的监管很难从根本上解决问题，因此，加强政府监管的同时，还要加强行业的自律，特别是 ISP 和 ICP 的自律。ISP 和 ICP 是网络运营和管理的最重要环节之一，离开了 ISP 和 ICP 的自律，政府监管只是空谈。对于 ISP 和 ICP 而言，首先要遵循《广告法》和有关广告法律法规，抵制不正当竞争和虚假、欺骗广告；二是他们应当在经营范围内，规制所托管的主页，一旦发现恶意广告行为，应追究管理人的法律责任。

4. 政府监管与社会监督相结合原则

作为网络广告监管机关的各级工商管理部门在监管传统形式的广告时已经是应接不暇，即使扩大行政机构的规模，增加人员，也难以满足大量的网络广告监管需要。这就需要有效的社会监督支持。一方面，鼓励广大消费者以及消费者权益组织，抵制和检举违法网络广告，补充行政执法力量不足的问题；另一方面，发挥新闻媒体的监督作用，曝光重大违法广告，特别是虚假广告，及时警示广大消费者。

5. 国内管理与国际管理相结合原则

随着互联网在世界各地不断普及和全球信息化进程的飞速发展，互联网的高度开放性、超链接性和"无疆界"，模糊了国界的限制，网络广告的管理问题不再是一个国家内部的问题，而是需要全世界共同关注的问题。只有加强国际协作，互相协商，制定全球性的规则，网络广告的法律冲突问题才有可能从根本上得以解决。

因此，在互联网环境下，强调国际协作更有非比寻常的意义。在进行网络广告管理时，要注重与其他国家的交流与合作，做到互通互助，当遇到网络广告适用法律出现国际冲突问题时，争取在对一些共同的、基本的问题上达成共识后，通过签订国际公约的方式予以解决。

8.4.2 网络广告的监管措施

对于传统媒体广告，我们已经形成了一套相对完整的管理体制和法律法规，面对网络广告这一蓬勃发展的新生事物，我国相应的监管尚处于探索的初级阶段，体现了试验性、无序性的特点。从目前情况来看，无论从理论上还是技术上，要解决这些问题都还存在一定的难度。但是，由于网络广告传播速度快，影响范围广，决不能过分强调困难而放松管理，或者对这些问题视而不见，放任自流；同时又不宜像在计划经济体制下一样，用简单的行政手段来进行管制。否则，网络和网络广告的快速成长性与管理滞后性的矛盾必然会对网络广告的持续、长足发展形成制约。由此看来，作为市场调节主体的政府部门，在规范网络广告，保护消费者、经营者的合法权益，使网络广告逐步走上规范化、法制化的轨道，任重道远。如果要采取相应措施,加强对网络广告的监管,应该做好以下几个方面的工作。

1. 补充、完善网络广告法

网络广告监管的根本措施是法律手段。因为在法治社会中,只有明确具体的法律条文才能限制各种投机分子的违法行为。也只有明确具体的法律法规才能使监管机构在实施监管时有章可循。《广告法》《反不正当竞争法》等法律法规虽然也适用于网络广告,但是由于网络广告宣传范围广、方便快捷、价格低、发布形式灵活、不受时间、地域、国界限制等特点,现有的法律规定已很难满足网络广告发展的需求。倘若仅以传统的《广告法》《反不正当竞争法》《消费者权益保护法》进行规范,以传统的监管手段来管理网络广告,显然是力所不能及的。事实也表明,有很多网络广告依照现有的广告法律规定很难得到有效的调整。长此以往,最终不仅会损害消费者的合法权益,破坏市场经济正常的竞争秩序,而且将会削弱网络经济的生命力,阻碍它的正常发展。因此通过制定新的网络广告法律来规范网络广告是当务之急。制定新的针对网络广告的专门法律应该考虑到以下问题:

首先,明确执法主体。由于网络广告自身的特点,在其监管过程中往往会涉及到不止一个监管部门。这就需要明确各个监管的主体及其职责,避免工作中出现互相推诿、互相牵制的被动局面。

其次,明确广告审查和违法行为。由于网络广告具有灵活多变的特点,给网络广告的监管造成很大的难度。因此对网站发布网络广告申请域名,必须规定对网络广告公司和从事域名代理的公司进行资格审查,保证这些公司自身的素质,争取能够从源头上加强控制,从而加强对网络广告的监管。在对违法行为进行规定时,可在列举违法行为具体表现的同时,考虑到法律的不周严性和滞后性而违法行为会不断翻新的特点设立对违法广告认定的一般条款,保证制定的法律长期适用性。

最后,明确检查手段和强制措施。要保证执法行为到位,执法机关必须具备相应的执法手段,应当赋予执法机关检查权、复印权、暂扣权、冻结权,当然也要规定行使权力的相应责任,从而保证执法到位、保证执法效果。

2. 建立网站登记、备案制度,设立全国统一的网络广告监管中心

网站的名称、IP 地址已经成为一种新型的知识产权,能够作为权利人的一笔无形资产给企业带来利润。因此,我们有必要对网站的名称和 IP 地址进行登记、备案,如果网站名称没有登记备案,权利人对该名称就不会享有专有权,也就无法受到法律的保护。

为了规范互联网信息服务活动,促进互联网信息服务健康有序发展,根据国务院令第292号《互联网信息服务管理办法》和信息产业部令第33号《非经营性互联网信息服务备案管理办法》规定,我国对经营性互联网信息服务实行许可制度,对非经营性互联网信息服务实行备案制度。未取得许可或者未履行备案手续的,不得从事互联网信息服务,否则就属于违法行为。

实施对网站的登记和备案制度,对我国规范网络广告运营也能起到相当大的作用,对于网络违法广告,可以责令网络服务商(ISP)承担相应的责任。

我国对于传统广告,国家工商总局广告监管司是全国广告主管机关,各地工商局负责对其管辖范围内的广告进行监管。但是,由于互联网较之传统广告具有极强的超地域性,运用分辖区对其管理显然是难以到位的。所以,广告监管部门要改变传统的监管模式,建立适合网络经济特点的监管模式和机制,可以考虑构建一个垂直领导、内外结合的监管机制和架构,

做到上下成网、分级管理、区域协同、统一执行。这可以避免由于各地标准不一而使网络广告经营者规避广告监管，致使网络广告的监管成为虚设制度的问题。垂直是指可考虑将广告监管网络向上延伸至国家工商总局；内外结合是指广告监管机关的控制协调与广告行业组织、网络信息服务提供者（ICP、ISP）的自律相结合；上下成网是指进一步完善现有的广告监管体系，使其成为整体；分级管理就是相对集中与分别监管相结合，把主要发布地方性信息的地方网站，划由省及其授权的市广告监管机关监管；主要发布全国乃至世界信息的全国性网站、全国市场，则由国家工商总局监管；跨区协同和统一执行，指对涉及外地的网络广告案件，实施国家工商总局统一领导下的行政干预。同时，对网络服务商（ISP）也必须进行统一的监督管理，要求 ISP 建立有关网络广告登记名册，与广告监管司联机对网络广告实行监管。ISP 对其在接到通知后不对违法广告进行清除的行为应当承担不作为责任。

3. 提高网络广告监管技术和监管人员素质

对网络上种种行为的规范很多还需要借助于技术手段，因为仅仅有法律的禁止并不能完全解决问题，法律的适用在很多情况下还必须依靠较高的计算机和网络技术。因为网络广告中的不正当竞争都离不开对网络通信技术的运用，受技术因素的限制，用传统的方法对其进行监管难度很大，譬如制止垃圾邮件广告，一方面要有相关的法律，同时还要提高和改进技术，采取包括过滤软件的各种技术去阻击垃圾邮件广告。同时针对匿名邮件等要解决相关问题还需要查明邮件发送方，这也需要相关技术，网络广告纠纷中的取证也离不开技术的帮助。因此，只有不断提高网络监管技术，才能及时地发现并有效地制止网络上更多的和更隐秘的不正当竞争行为。

4. 政府管理和行业自律相结合

网络广告在前期的发展可谓处于"无政府状态"。因此，对网络广告进行政府监管，依靠国家来制定法律法规，是保障网络广告健康运行的必经之路。但是，倘若仅仅依靠政府来监管网络广告，由于技术和财政原因，不可能深入到网络广告的每一个环节。为了有效地规范网络广告，不仅要加强行政监管，而且要加强行业自律，特别是 ISP 和 ICP 自律。ISP 和 ICP 是网络运营和管理的最重要环节之一，离开了 ISP 和 CP 自律，政府监管只是空谈。因为在网络广告领域，ISP、ICP 起到了重要的作用，大多数网络广告通过他们发布，电子邮件服务也由他们提供。ISP、ICP 有固定的住所，且他们熟悉网络技术，加强对他们的管理，促使他们尽最大的注意义务，从而从技术上使违法广告在发布环节尽可能少地出现。对于电子邮件服务，规定 ISP、ICP 有保守用户信箱地址秘密，不让他人知晓的义务。同时，也可要求他们在收到邮箱用户的请求后，过滤某些垃圾邮件，这可使网络广告邮件和不请自来的垃圾邮件从技术上予以阻隔。

政府通过赋予 ISP、ICP 一定的职权，要求其负担起网络广告的监管责任。这样做，一方面弥补了政府监管可能造成的技术上的不足；另一方面，节约了政府的财政支出，不会增加政府的机构设置。此外，ISP、ICP 应该针对不同形式的网络广告制定一系列的自律规范，例如各个网站公开自己的网络广告政策、要求特殊行业的网络广告主提供相应的资格证明。

5. 国内监管与国际监管相结合

网络的天然全球性、无地域性给法律的适用带来了很大的难题，无论从立案管辖还是从法律的执行上而言均是如此。传统广告由于受国界的限制，一般由国内法管辖，即使发布跨国广告，也是由本国或者由他国法律管辖，一般不会发生法律适用上的冲突。而网络广告则不同，基于其超国界、无地域性，它的受众已扩展为全世界所有能直接或者间接接触到网络的人。从客观上看，由于一条网络广告可能涉及到多个国家，却又无法将其分割为几个部分，也就无法确定哪个国家与该网络广告联系更为密切。因此一旦各国存在立法差异（而这往往又是不可避免的），法律管辖与适用的国际性冲突也就不可避免了。即使一国依靠自己国家的管辖权规则和法律规则做出判决，能否得到别的国家的承认和执行也还是个问题。这就使得各国在对网络广告进行法律规制时，都束手无策。而从主观上看，有的广告经营者、广告发布者就是故意利用各国的差异、网络的超地域性，规避一国的法律，想尽办法发布某些网络广告。他们利用他国法律和本国法律的差异，有的虽然在本国内发布广告，却在国外注册域名，通过国外互联网服务提供商发布，有时又会反其道而行之，总的目的在于，哪国法律对其有利，就利用哪国法律，以规避不利于他们的法律。

故而，网络广告的问题已不再是一个国家内部的问题，需要世界各国的共同关注，更需要世界各国通力合作。正因为如此，在对网络广告进行监管时，不应人为地将其依照国家地域生硬地割裂开来，完全由各国法律进行独立调整，而应该加强与世界其他国家的交流与合作。在对一些共同的、基本的问题上达成共识后，通过制定统一实体法以及签订国际公约等方式予以解决。不过，必须要强调的是，由于各国、各民族的文化和经济利益有着巨大的差异，他们对网络的需求和发展期望也有很大不同，因此国际合作既不应该对本国利益放弃，也不应该将本国利益强加于他人。具体而言，首先，可以通过协商，将那些表现网络广告固有特性、保障全人类共同利益和世界各国能够普遍接受的法律规范，上升为国际统一实体法，从而避免各国法律的冲突；其次，为各国不能达成妥协的国内实体法律规范，制定统一明确的冲突规范，从而使网络上的行为者能够预见自己行为的后果，例如可以把"信息源"作为统一的连接点；最后，在无法达成统一实体法或冲突规范的领域，尽可能达成指导各国司法实践的原则，从而将网络上有关网络广告的法律冲突所带来的弊害降低到最低程度。

小　　结

虽然网络广告还存在这样或那样的问题，但仍然阻止不了网络广告快速发展之势，网络广告作为广告业的重要推动者，日益成为一种全新的广告宣传形式，显示出强大的生命力。目前，在信息现代化已是社会发展必然选择的形式下，发展网络广告已成为我国广告业的重点工作之一。与此相对应，如何做好对网络广告的监管工作，尤其是法律制度的建设已是迫在眉睫的事情。

网络广告是广告业利用信息技术所进行的一种创新，它已经并将继续对人们的生活及社会经济运行产生重要影响。网络广告的监管工作是保证网络广告健康发展的需要，更是发展我国广告业的需要，任重而道远。我国网络广告的监管工作，要求统筹搞好相关法律法规的建设工作，做好行业自律，发挥社会的监督作用，同时加强与国际的合作。

本章着重论述了网络广告现存的法律问题和相关的法律法规，提出了适合我国当前环境的监管措施。但是由于我国网络广告刚刚起步，人们还没有普遍接受这个新生事物，因此，很多可能存在的法律和监管问题，都不能及时地发现。这需要在以后的发展当中，随着网络广告的成熟和壮大，逐步解决，最终使网络广告为广告业和市场经济的发展做出一定的贡献。

【案例】剑指网络虚拟介质启用科技执法手段
——浙江省工商局提升网络广告监管效能纪实

近日，中国互联网协会 DCCI 互联网数据中心发布数据报告显示，2007 年上半年中国互联网个人用户互联网消费总额达 1618.11 亿元，每人每月平均互联网消费额达 186 元，而 2007 全年每人每月平均互联网消费额将达到 195.76 元。而在网络广告方面，互联网协会预计 2007 年全年中国网络广告市场整体规模（包含搜索引擎）达 103.35 亿元。有数据显示，网络广告在全国 1200 亿元广告总收入的份额中已经名列第四。

1. 以"网"管"网"，改变传统监管模式

随着网络越来越广泛地深入到人们的日常生活，虚假宣传、各类难以印证的广告词汇亦充斥而来，很难说到底是激活了还是麻痹了广大网民的视听神经。如果在百度搜索"癌症"这两个字，页面上立即跳出相关网页或信息 1380 万篇。诸如"超声刀治癌症不手术无痛苦""治疗癌症肿瘤的特效藏药"等药品内容更是五花八门，着实乱花渐欲迷人眼。同时，我国现行的《广告法》《反不正当竞争法》等相关法律、法规对网络广告缺乏相应的规定，给网络广告监管带来一定的难度，工商部门原有的监管方式已经难以适应网络经济时代的新形势。基层工商部门人员偏少、力量单薄，也使得对网络广告行为的监管，具有相当大的难度。

针对这一情况，浙江省工商局积极探索研究对策，在以往的网络广告监管中，工商部门必须搜集企业的各类信息，以一般的搜索引擎从互联网上逐一检索，把每一个项目内容与工商部门的经济户口数据进行人工比对，监测方式单一、程序繁杂、准确率低、工作量大、运作成本高、执法效率低，与当前的执法力量、监管效率很不适应。经过多方探讨，浙江省工商局明确了以"网"管"网"的监管思路。2005 年，由嘉兴市工商局开始试点，并于 2007 年 4 月在全省 11 个市地全部安装了网络广告智能监测软件，投入使用后取得了显著成效。例如，2005 年 8 月，南湖工商分局新丰工商所，利用该系统发现辖区内嘉兴市步云镇东胶合板厂在"阿里巴巴"网站上宣称自己为私营股份有限公司，将注册资金、年营业额、年出口额进行虚假扩大，对自己的商业信誉、经营状况作出了引人误解的宣传。该所立即展开调查，并迅速依据相关法规对其进行了行政处罚。可以说网上广告监测系统的全面应用使浙江网络广告监管进入了一个新的阶段。据统计，2007 年上半年，浙江共查处违法网络广告案件 424 起，同比增长 60%，罚没款 416 万元，比去年同期增长 99%。自从网上广告监测系统推广使用以来，浙江省各地工商部门对网络广告的监管力度大大加大，运用传统手段进行监管的局面得到了根本性的改变。

2. 完善与梳理，提供精准打击

数据的完善程度直接关系到监管的效果，"网上广告监测系统"的应用，是通过把搜索结果与现有的经济户口数据进行比对来实现的，所以经济户口基础数据的完善与否是发挥该系统功能的基础。如果数据不准，势必影响到软件的运行质量。为此，该局第一步做的就是修补经济户口，夯实基础数据。以嘉兴市工商局为例，各级信息中心集中力量，对全市 16 万多经济户口进行质量修补工作，使全市的数据差错从 43277 个下降到 784 个。通过修补，全市的数据差错率下降了 98.2%，基本实现经济户口底数清、数据准，从而为软件的应用奠定了良好的基础。

梳理敏感词汇、完善"规则库",是浙江省工商局为了保证监管效用的第二步。该系统设计应用之初,根据《广告法》及相关法律要求,浙江省工商局相关部门专门对企业网络广告宣传最敏感的"注册资金、法人代表、企业性质、敏感词汇、管理体系"等关键信息在规则库进行了设定,将"国际领先、第一、最、ISO管理体系认证、营业额、产值、经营品牌、经营模式"等词设置为关键字。在此基础上,为实现对本地企业在各地网站以及外地企业在本地网站发布的网络广告的双向监管,该局又深入研究一般广告和药品(医疗器械)、医疗、化妆品、保健食品、美容服务等五大类重点广告普遍违法的特点,梳理、归类、提炼出更为精确的一般广告及重点广告的个性、共性关键词,从而成功地将监管方式从以往的"大海捞针"式转化为"精确打击"式。

缩小并锁定监管目标和范围,有利于把有限的资源用到"刀刃"上,大大提升监管效能。为此,浙江省工商局把软件管理的权限集中放在各个市局信息中心,落实专人负责维护。各地的监察员负责辖区企业的广告监察,可经过一段时间的监察,将待监察企业划分为"问题企业"和"无问题确认企业",对疑问内容提交本单位领导审批。同时设定相对适度的搜索频度,节省资源。根据经济户口总量或自定的规则库或对特定广告的监管需要,经过反复试验,大致设定了最佳搜索间隔:全面搜索,设为20天一个周期;一般搜索,设为15天一个周期;特殊搜索,设为10天一个周期;单个行业搜索,则以7天为一个周期。

3. "四性"改变,体现监管"四化"优势

"网上广告监测系统"的应用,使得网络广告违法行为得到有效遏制,网络广告的监管方式也发生了四个转变:即被动变主动、临时变随时、分管变专管、人管变网管,归纳起来,主要体现在"四性"变"四化"上。

(1)改变监管模式的"人工性",实现网络广告监测"智能化"。以往工商机关在网络广告监管中往往是人工利用网上搜索软件,反复找寻不同企业网址,查找问题广告进行监管。而通过该系统的运用,现在只要轻点鼠标,就能方便、快捷地查找辖区企业在网上发布的相关广告信息。同时,根据搜索频率,由系统实现实时监管,并由系统自身对搜索到的各类信息自动和经济户口存档信息进行比对。而且仅需网络广告巡查员一人就能全部完成相关搜索办案工作,节约了有限的人力资源,监管效率得到最大限度的提高,真正实现了监管的"智能化"。

(2)改变监管对象的"片面性",实现网络广告查询"全面化"。按照以往对网络广告监管的方法,首先要确定监管对象,然后通过网上搜索引擎进行单一的搜索,产生的结果是搜索出与关键词相关的成千上万条信息,其中有用的信息往往只有数条,大部分是垃圾信息。自从应用该软件以来,只要辖区企业在网上发布任何广告信息,工商部门都可以实时接收到,调用经济户口信息,与网络搜索信息比对,形成网络广告监管信息后由系统自动进行处理,对辖区企业的网络广告监管实现了"全面化"的科学监管。

(3)改变监管方式的"主观性",实现网络广告搜索"精确化"。以往,违法广告的监测认定往往取决于办案人员自身的业务素质,缺乏统一的标准。现在利用规则库和企业分组等功能,执法人员对辖区企业网络广告的监管正在由以前的"盲人摸象"转变为"精确打击"。通过对规则库的设置,各单位可以按照自己的巡查计划,对辖区企业在某类网络广告宣传方面进行重点巡查,监管精确性大大提高。

(4)改变监管手段的"突击性",实现网络广告查处"全天化"。网络广告的虚拟性不同

于传统的广告,对网络广告的查处,以往主要采取专项检查和突击检查的方式,不能有效地对企业网络广告行为进行全程监控,造成网络广告监管处在一个不定时、不定人、不定责的"三不定"状态。有了该系统后,指定了本单位运用软件的监察员,落实了网络广告监管的责任人;由系统自动搜索结果,单位领导对监察员的工作进展了如指掌,便于监督;经监察员审查提交后,"待监查企业"将被视为"问题企业",有关领导可以指令办案人员及时查处,并掌握处理结果。这样,网络广告监管对内对外均实现了"全天化"。

(案例资料来源:http://www.cicn.com.cn/docroot/200707/24/kw02/24010107.htm)

习 题

思考题

1. 试述网络广告中现存的法律问题。
2. 网络广告的不正当竞争行为具有自己的特殊性,主要表现形式有哪些?
3. 我国现行的广告监管机关的机构设置包括哪几个层次?
4. 网络广告行政管辖权的确定应该按照哪几方面的原则处理?
5. 我国网络广告的监管应当遵循哪几项原则?
6. 加强对网络广告监管应该做好哪几个方面的工作?

附录 A 网络广告基本专业术语

广告受众	Ads Audience
广告效果	Ads Effectiveness
广告管理	Ads Management
广告浏览	Ads Views
网幅广告	Banner
按钮式广告	Button
中国互联网络信息中心	China Internet Network Center
点击次数	Clicks
点击率	Clicks Ratio
广告客户	Client
色彩模式	Color Model
网页内容定位网络广告	Content-Targeted Ads
千人点击成本	CPC（Cost Per Thousand Click-Through）
千人印象成本	CPM（Cost Per Thousand Impression）
千人行动成本	CPA（Cost Per Thousand Action）
直销邮件	Direct Mail
电子商务	E-commerce
电子邮件广告	E-mail Ads
广告曝光次数	Exposure
全屏式广告	Full Screen Ads
关键字广告	Key Word Ads
互联网内容提供商	ICP（Internet Content Provider）
互联网服务提供商	ISP（Internet Service Provider）
印象数	Impression
互动性	Interactivity
大尺寸的网络广告	Large Rectangle Ads
访客流量统计文件	Log File
图标式广告	Log
网络广告	Net AD/Internet AD/Online AD
网络广告策划	Online AD Plan
网络广告预算	Online AD Budget
在线互动游戏广告	Online Interactive Game Ads
网络视频广告	Online Video Ads
弹窗式广告	Pop-up Ads

推送式广告	Push Ads
富媒体广告	Rich Media
搜索引擎	Search Engine
搜索引擎广告	Search Engine Ads
垃圾邮件	Spam E-mail
广告主	Ad Sponsor
文本链接式广告	Text-link Ads
垂直式广告	Vertical Banner

附录 B 网络广告相关法律法规

B.1 互联网信息服务管理办法

中华人民共和国国务院令（第 292 号）

《互联网信息服务管理办法》已经 2000 年 9 月 20 日国务院第 31 次常务会议通过，现予公布施行。

总理　朱镕基
2000 年 9 月 25 日

互联网信息服务管理办法

第一条　为了规范互联网信息服务活动，促进互联网信息服务健康有序发展，制定本办法。

第二条　在中华人民共和国境内从事互联网信息服务活动，必须遵守本办法。本办法所称互联网信息服务，是指通过互联网向上网用户提供信息的服务活动。

第三条　互联网信息服务分为经营性和非经营性两类。

经营性互联网信息服务，是指通过互联网向上网用户有偿提供信息或者网页制作等服务活动。

非经营性互联网信息服务，是指通过互联网向上网用户无偿提供具有公开性、共享性信息的服务活动。

第四条　国家对经营性互联网信息服务实行许可制度；对非经营性互联网信息服务实行备案制度。

未取得许可或者未履行备案手续的，不得从事互联网信息服务。

第五条　从事新闻、出版、教育、医疗保健、药品和医疗器械等互联网信息服务，依照法律、行政法规以及国家有关规定须经有关主管部门审核同意的，在申请经营许可或者履行备案手续前，应当依法经有关主管部门审核同意。

第六条　从事经营性互联网信息服务，除应当符合《中华人民共和国电信条例》规定的要求外，还应当具备下列条件：

（一）有业务发展计划及相关技术方案；

（二）有健全的网络与信息安全保障措施，包括网站安全保障措施、信息安全保密管理制度、用户信息安全管理制度；

（三）服务项目属于本办法第五条规定范围的，已取得有关主管部门同意的文件。

第七条　从事经营性互联网信息服务，应当向省、自治区、直辖市电信管理机构或者国务院信息产业主管部门申请办理互联网信息服务增值电信业务经营许可证（以下简称经营许可证）。

省、自治区、直辖市电信管理机构或者国务院信息产业主管部门应当自收到申请之日起60日内审查完毕，做出批准或者不予批准的决定。予以批准的，颁发经营许可证；不予批准的，应当书面通知申请人并说明理由。

申请人取得经营许可证后，应当持经营许可证向企业登记机关办理登记手续。

第八条 从事非经营性互联网信息服务，应当向省、自治区、直辖市电信管理机构或者国务院信息产业主管部门办理备案手续。办理备案时，应当提交下列材料：

（一）主办单位和网站负责人的基本情况；

（二）网站网址和服务项目；

（三）服务项目属于本办法第五条规定范围的，已取得有关主管部门的同意文件。

省、自治区、直辖市电信管理机构对备案材料齐全的，应当予以备案并编号。

第九条 从事互联网信息服务，拟开办电子公告服务的，应当在申请经营性互联网信息服务许可或者办理非经营性互联网信息服务备案时，按照国家有关规定提出专项申请或者专项备案。

第十条 省、自治区、直辖市电信管理机构和国务院信息产业主管部门应当公布取得经营许可证或者已履行备案手续的互联网信息服务提供者名单。

第十一条 互联网信息服务提供者应当按照经许可或者备案的项目提供服务，不得超出经营许可或者备案的项目提供服务。

非经营性互联网信息服务提供者不得从事有偿服务。

互联网信息服务提供者变更服务项目、网站网址等事项的，应当提前30日向原审核、发证或者备案机关办理变更手续。

第十二条 互联网信息服务提供者应当在其网站主页的显著位置标明其经营许可证编号或者备案编号。

第十三条 互联网信息服务提供者应当向上网用户提供良好的服务，并保证所提供的信息内容合法。

第十四条 从事新闻、出版以及电子公告等服务项目的互联网信息服务提供者，应当记录提供的信息内容及其发布时间、互联网地址或者域名；互联网接入服务提供者应当记录上网用户的上网时间、用户账号、互联网地址或者域名、主叫电话号码等信息。

互联网信息服务提供者和互联网接入服务提供者的记录备份应当保存60日，并在国家有关机关依法查询时，予以提供。

第十五条 互联网信息服务提供者不得制作、复制、发布、传播含有下列内容的信息：

（一）反对宪法所确定的基本原则的；

（二）危害国家安全，泄露国家秘密，颠覆国家政权，破坏国家统一的；

（三）损害国家荣誉和利益的；

（四）煽动民族仇恨、民族歧视，破坏民族团结的；

（五）破坏国家宗教政策，宣扬邪教和封建迷信的；

（六）散布谣言，扰乱社会秩序，破坏社会稳定的；

（七）散布淫秽、色情、赌博、暴力、凶杀、恐怖或者教唆犯罪的；

(八) 侮辱或者诽谤他人, 侵害他人合法权益的;

(九) 含有法律、行政法规禁止的其他内容的。

第十六条 互联网信息服务提供者发现其网站传输的信息明显属于本办法第十五条所列内容之一的, 应当立即停止传输, 保存有关记录, 并向国家有关机关报告。

第十七条 经营性互联网信息服务提供者申请在境内境外上市或者同外商合资、合作, 应当事先经国务院信息产业主管部门审查同意; 其中, 外商投资的比例应当符合有关法律、行政法规的规定。

第十八条 国务院信息产业主管部门和省、自治区、直辖市电信管理机构, 依法对互联网信息服务实施监督管理。

新闻、出版、教育、卫生、药品监督管理、工商行政管理和公安、国家安全等有关主管部门, 在各自职责范围内依法对互联网信息内容实施监督管理。

第十九条 违反本办法的规定, 未取得经营许可证, 擅自从事经营性互联网信息服务, 或者超出许可的项目提供服务的, 由省、自治区、直辖市电信管理机构责令限期改正, 有违法所得的, 没收违法所得, 处违法所得 3 倍以上 5 倍以下的罚款; 没有违法所得或者违法所得不足 5 万元的, 处 10 万元以上 100 万元以下的罚款; 情节严重的, 责令关闭网站。

违反本办法的规定, 未履行备案手续, 擅自从事非经营性互联网信息服务, 或者超出备案的项目提供服务的, 由省、自治区、直辖市电信管理机构责令限期改正; 拒不改正的, 责令关闭网站。

第二十条 制作、复制、发布、传播本办法第十五条所列内容之一的信息, 构成犯罪的, 依法追究刑事责任; 尚不构成犯罪的, 由公安机关、国家安全机关依照《中华人民共和国治安管理处罚条例》《计算机信息网络国际联网安全保护管理办法》等有关法律、行政法规的规定予以处罚; 对经营性互联网信息服务提供者, 并由发证机关责令停业整顿直至吊销经营许可证, 通知企业登记机关。

对非经营性互联网信息服务提供者, 并由备案机关责令暂时关闭网站直至关闭网站。

第二十一条 未履行本办法第十四条规定的义务的, 由省、自治区、直辖市电信管理机构责令改正; 情节严重的, 责令停业整顿或者暂时关闭网站。

第二十二条 违反本办法的规定, 未在其网站主页上标明其经营许可证编号或者备案编号的, 由省、自治区、直辖市电信管理机构责令改正, 处 5000 元以上 5 万元以下的罚款。

第二十三条 违反本办法第十六条规定的义务的, 由省、自治区、直辖市电信管理机构责令改正; 情节严重的, 对经营性互联网信息服务提供者, 并由发证机关吊销经营许可证, 对非经营性互联网信息服务提供者, 并由备案机关责令关闭网站。

第二十四条 互联网信息服务提供者在其业务活动中, 违反其他法律、法规的, 由新闻、出版、教育、卫生、药品监督管理和工商行政管理等有关主管部门依照有关法律、法规的规定处罚。

第二十五条 电信管理机构和其他有关主管部门及其工作人员, 玩忽职守、滥用职权、徇私舞弊, 疏于对互联网信息服务的监督管理, 造成严重后果, 构成犯罪的, 依法追究刑事责任; 尚不构成犯罪的, 对直接负责的主管人员和其他直接责任人员依法给予降级、撤职直至开除的行政处分。

第二十六条 在本办法公布前从事互联网信息服务的, 应当自本办法公布之日起 60 日内依照本办法的有关规定补办有关手续。

第二十七条 本办法自公布之日起施行。

B.2 中国互联网行业自律公约

第一章 总则

第一条 遵照"积极发展、加强管理、趋利避害、为我所用"的基本方针,为建立我国互联网行业自律机制,规范行业从业者行为,依法促进和保障互联网行业健康发展,制定本公约。

第二条 本公约所称互联网行业是指从事互联网运行服务、应用服务、信息服务、网络产品和网络信息资源的开发、生产以及其他与互联网有关的科研、教育、服务等活动的行业的总称。

第三条 互联网行业自律的基本原则是爱国、守法、公平、诚信。

第四条 倡议全行业从业者加入本公约,从维护国家和全行业整体利益的高度出发,积极推进行业自律,创造良好的行业发展环境。

第五条 中国互联网协会作为本公约的执行机构,负责组织实施本公约。

第二章 自律条款

第六条 自觉遵守国家有关互联网发展和管理的法律、法规和政策,大力弘扬中华民族优秀文化传统和社会主义精神文明的道德准则,积极推动互联网行业的职业道德建设。

第七条 鼓励、支持开展合法、公平、有序的行业竞争,反对采用不正当手段进行行业内竞争。

第八条 自觉维护消费者的合法权益,保守用户信息秘密;不利用用户提供的信息从事任何与向用户作出的承诺无关的活动,不利用技术或其他优势侵犯消费者或用户的合法权益。

第九条 互联网信息服务者应自觉遵守国家有关互联网信息服务管理的规定,自觉履行互联网信息服务的自律义务:

(一)不制作、发布或传播危害国家安全、危害社会稳定、违反法律法规以及迷信、淫秽等有害信息,依法对用户在本网站上发布的信息进行监督,及时清除有害信息;

(二)不链接含有有害信息的网站,确保网络信息内容的合法、健康;

(三)制作、发布或传播网络信息,要遵守有关保护知识产权的法律、法规;

(四)引导广大用户文明使用网络,增强网络道德意识,自觉抵制有害信息的传播。

第十条 互联网接入服务提供者应对接入的境内外网站信息进行检查监督,拒绝接入发布有害信息的网站,消除有害信息对我国网络用户的不良影响。

第十一条 互联网上网场所经营者要采取有效措施,营造健康文明的上网环境,引导上网人员特别是青少年健康上网。

第十二条 互联网信息网络产品制作者要尊重他人的知识产权,反对制作含有有害信息和侵犯他人知识产权的产品。

第十三条 全行业从业者共同防范计算机恶意代码或破坏性程序在互联网上的传播,反对制作和传播对计算机网络及他人计算机信息系统具有恶意攻击能力的计算机程序，反对非法侵入或破坏他人计算机信息系统。

第十四条 加强沟通协作，研究、探讨我国互联网行业发展战略，对我国互联网行业的建设、发展和管理提出政策和立法建议。

第十五条 支持采取各种有效方式，开展互联网行业科研、生产及服务等领域的协作，共同创造良好的行业发展环境。

第十六条 鼓励企业、科研、教育机构等单位和个人大力开发具有自主知识产权的计算机软件、硬件和各类网络产品等，为我国互联网行业的进一步发展提供有力支持。

第十七条 积极参与国际合作和交流，参与同行业国际规则的制定，自觉遵守我国签署的国际规则。

第十八条 自觉接受社会各界对本行业的监督和批评，共同抵制和纠正行业不正之风。

第三章 公约的执行

第十九条 中国互联网协会负责组织实施本公约，负责向公约成员单位传递互联网行业管理的法规、政策及行业自律信息，及时向政府主管部门反映成员单位的意愿和要求，维护成员单位的正当利益，组织实施互联网行业自律，并对成员单位遵守本公约的情况进行督促检查。

第二十条 本公约成员单位应充分尊重并自觉履行本公约的各项自律原则。

第二十一条 公约成员之间发生争议时，争议各方应本着互谅互让的原则争取以协商的方式解决争议，也可以请求公约执行机构进行调解，自觉维护行业团结，维护行业整体利益。

第二十二条 本公约成员单位违反本公约的，任何其他成员单位均有权及时向公约执行机构进行检举，要求公约执行机构进行调查；公约执行机构也可以直接进行调查，并将调查结果向全体成员单位公布。

第二十三条 公约成员单位违反本公约，造成不良影响，经查证属实的，由公约执行机构视不同情况给予在公约成员单位内部通报或取消公约成员资格的处理。

第二十四条 本公约所有成员单位均有权对公约执行机构执行本公约的合法性和公正性进行监督，有权向执行机构的主管部门检举公约执行机构或其工作人员违反本公约的行为。

第二十五条 本公约执行机构及成员单位在实施和履行本公约过程中必须遵守国家有关法律、法规。

第四章 附则

第二十六条 本公约经公约发起单位法定代表人或其委托的代表签字后生效，并在生效后的30日内由中国互联网协会向社会公布。

第二十七条 本公约生效期间，经公约执行机构或本公约十分之一以上成员单位提议，并经三分之二以上成员单位同意，可以对本公约进行修改。

第二十八条 我国互联网行业从业者接受本公约的自律规则，均可以申请加入本公约；本公约成员单位也可以退出本公约，并通知公约执行机构；公约执行机构定期公布加入及退出本公约的单位名单。

第二十九条 本公约成员单位可以在本公约之下发起制订各分支行业的自律协议，经公约成员单位同意后,作为本公约的附件公布实施。

第三十条 本公约由中国互联网协会负责解释。

第三十一条 本公约自公布之日起施行。

中国互联网协会
2001 年 12 月 17 日

B.3 北京市网络广告管理暂行办法

第一条 为依法规范网络广告内容和广告活动,保护经营者和消费者的合法权益,依照《中华人民共和国广告法》(以下简称《广告法》)、《中华人民共和国广告管理条例》(以下简称《条例》)有关规定,制订本办法。

第二条 本办法所称网络广告,是指互联网信息服务提供者通过互联网在网站或网页上以旗帜、按钮、文字链接、电子邮件等形式发布的广告。互联网信息服务提供者包括经营性和非经性互联网信息服务提供者。

第三条 互联网信息服务提供者发布网络广告,应当遵守《广告法》《条例》和其他有关法律、法规、规章以及本办法的规定。

第四条 北京市工商行政管理局负责本市网络广告监督管理,并在 HD315 网站建立"网络广告管理中心"。区、县分局(含直属分局)负责对辖区内互联网信息服务提供者发布的网络广告进行监督管理。

第五条 本市行政区域内经营性互联网信息服务提供者为他人设计、制作、发布网络广告的应当到北京市工商行政管理局申请办理广告经营登记,取得《广告经营许可证》后到原注册登记机关办理企业法人经营范围的变更登记。

非经营性互联网信息服务提供者不得为他人设计、制作、发布网络广告。在网站发布自己的商品和服务的广告,其广告所推销商品或提供服务应当符合本企业经营范围。

第六条 经营性互联网信息服务提供者申请办理网络广告经营登记,应当符合下列条件:

(一)企业法人营业执照具有从事互联网信息服务的经营范围;

(二)在北京市工商行政管理局指定的网站(HD315)备案;

(三)具有相应的广告经营管理机构和取得从业资格的广告经营管理人员及广告审查人员;

(四)具有相应的网络广告设计、制作及管理技术和设备。

第七条 符合上述条件,申请办理网络广告经营许可证,应提交下列证明文件:

(一)在 HD315.gov.cn 网站上办理备案登记后,贴有备案标识的网站首页打印件;

(二)广告经营资格申请登记表(一式两份);

(三)营业执照复印件(加盖发照机关备案章);

(四)网站域名的注册证明(有效复印件);

(五)广告管理制度(承接、登记、审查、档案、财务)及广告监测措施;

(六)《广告专业岗位资格培训证书》两份(有效复印件);

(七)《广告审查员证》两份(有效复印件);

(八)广告价目表。

对文件齐备、符合规定的,北京市工商行政管理局自受理之日起七个工作日内核发《广告经营许可证》。

第八条 已取得《广告经营许可证》的广告经营单位和发布单位经营网络广告的，应根据上述规定办理备案登记和网站域名的注册登记。取得网络广告经营资格的互联网信息服务提供者，应当在其网站备案栏中注明《广告经营许可证》号码。

第九条 经营性互联网信息服务提供者设计、制作、发布网络广告应当依据法律、行政法规查验广告主的有关证明文件，核实网络广告内容。对内容不实或者证明文件不全的网络广告，不得设计、制作和发布。

第十条 经营性互联网信息服务提供者发布网络广告，应将制作完成并经过审查的网络广告上传至"网络广告管理中心"，同时附加网站注册得到的电子标识、企业所属审查员的代码，以及广告发布点的计划。"网络广告管理中心"将根据广告发布计划将该网络广告发送至目标网站，并于计划执行完毕后，将该广告的相关资料自动返还提交广告的网站。

对于已具有集中发布网络广告性质的网站或"网站联盟"性质的网络广告运作联合体，其广告发布部分的数据库应与"网络广告管理中心"实现联网。

第十一条 经营性互联网信息服务提供者应将发布的网络广告及相关资料保存留档一年，并不得隐匿、更改，在广告监督管理机关依法检查时予以提供。

第十二条 经营性互联网信息服务提供者的网络广告收入应当单独立账，并使用广告业专用发票。

第十三条 互联网信息服务提供者不得在网站上发布下列商品或服务的广告：

（一）烟草；

（二）性生活用品；

（三）法律、行政法规规定生产、销售的商品或者提供的服务，以及禁止发布广告的商品或者服务。

第十四条 互联网信息服务提供者在网站上发布药品、医疗器械、农药、兽药、医疗、种籽、种畜等商品的广告，以及法律、法规规定应当进行审查的其他广告，必须在发布前取得有关行政主管部门的审查批准文件，并严格按照审查批准文件的内容发布广告；审查批准文号应当列为广告内容同时发布。

第十五条 互联网信息服务提供者在网站上发布出国留学咨询、社会办学、经营性文艺演出、专利技术、职业中介等广告，应当按照有关法律、法规规定取得相关证明文件并按照出证的内容发布广告。

第十六条 互联网信息服务提供者应当将发布的广告与其他信息相区别，不得以新闻报道形式发布广告。

第十七条 本市各级工商行政管理机关广告监督管理部门应将网络列入重点广告监测范围，建立监测登记汇总制度。发现违法广告及时下载取证，保证网络广告监测及时到位。

第十八条 对取得广告发布资格的互联网信息服务提供者，北京市工商行政管理局将通过 HD315 网站向社会公告其名称、注册标识及广告经营许可证号，以供广大消费者认选，并方便消费者投诉、申诉、举报。

第十九条 违反本办法规定的，工商行政管理机关将依照《广告法》《条例》等法律、法规的规定进行处罚。

第二十条 外商投资的经营性互联网信息服务提供者申请办理网络广告登记的，参照设立外商投资广告企业的有关规定和本办法执行。

第二十一条　本办法由北京市工商行政管理局负责解释。

第二十二条　本办法自 2001 年 5 月 1 日起施行。

北京市工商行政管理局
2001 年 4 月 22 日

B.4　中国互联网协会反垃圾邮件规范

第一条【目的】　为了保护我国电子邮件用户的正当权益，促进电子邮件服务业的健康发展，推动互联网资源和信息系统的合理利用，中国互联网协会（以下简称协会）成员共同制定本规范。

第二条【适用】　协会成员开展电子邮件服务，适用本规范；其他主体根据自愿的原则，接受本规范的约束。

第三条【垃圾邮件】　本规范所称垃圾邮件，包括下述属性的电子邮件：

（一）收件人事先没有提出要求或者同意接收的广告、电子刊物、各种形式的宣传品等宣传性的电子邮件；

（二）收件人无法拒收的电子邮件；

（三）隐藏发件人身份、地址、标题等信息的电子邮件；

（四）含有虚假的信息源、发件人、路由等信息的电子邮件。

第四条【服务提供者】　本规范所称电子邮件服务提供者（以下简称服务提供者），包括依法为电子邮件用户发送、转发、接收电子邮件提供条件的电信业务经营者和互联网信息服务提供者。

第五条【共同原则】　协会及其成员在反垃圾邮件方面，坚持如下原则：

（一）信息共享原则。协会应当向协会成员提供反垃圾邮件方面的有关信息。协会成员有权及时取得和使用协会的有关信息，获得协会的帮助。

（二）行动一致原则。协会成员坚持行动一致的原则，共同抵制垃圾邮件，执行协会的各项决定。

第六条【协会义务】　反垃圾邮件是中国互联网协会的一项重要职能，在反垃圾邮件方面负有如下责任：

（一）在阻止和消除垃圾邮件的传播方面为服务提供者提供指导、帮助和培训；

（二）与其他国家和地区的反垃圾邮件组织进行沟通、联系和交流，协调协会成员与其他国家和地区的反垃圾邮件组织和服务提供者之间的关系，维护各协会成员的利益；

（三）建立垃圾邮件的投诉、举报和受理机制；

（四）建立反垃圾邮件协调机制，协助解决协会成员之间、协会成员与其他成员之间因垃圾邮件引起的纠纷；

（五）向协会成员定期公布传播垃圾邮件的服务提供者名单及其他相关信息，发布有关决定。

第七条【共同约定】　加入协会及接受本规范的服务提供者应采取如下措施，阻止和消除垃圾邮件的传播：

（一）建立垃圾邮件的信息收集、反馈及处理机制；

（二）记录传递电子邮件的服务提供者的名称、互联网地址或者域名、垃圾邮件发送者的情况等有关信息，并在协会或其指定的组织需要时，予以提供；

（三）在向用户提供电子邮件服务前，以明示的方式将电子邮件服务规则和使用规则提供给用户，并提示用户须对其发送电子邮件的行为承担法律责任；

（四）发现用户传播的电子邮件属于垃圾邮件的，通知服务提供者；发件人继续传播垃圾邮件的，对其予以警告；警告后发件人仍然传播垃圾邮件的，通告协会，由协会确定是否采取统一行动，停止为其提供服务；

（五）接到用户关于垃圾邮件的投诉或者申告，确证后，立即停止为该发件人提供邮件发送服务，情况严重的，通知协会，由协会确定是否采取统一行动，停止为其提供服务；

（六）对于协会公布的垃圾邮件服务提供者和垃圾邮件发送人，采取相应措施；

（七）鼓励使用垃圾邮件自动识别分类和过滤软件，为用户服务；

（八）协助协会及国家有关部门就垃圾邮件的传播情况进行调查和处理。

第八条【授权性承诺】 协会可以及时向社会公告发送、转发或者接收垃圾邮件的服务提供者，以便社会监督。

第九条【施行日期】 本规范自协会发布之日起施行。服务提供者自签署本规范之日起接受本规范的约束。

中国互联网协会
2003 年 2 月 25 日

B.5　互联网电子邮件服务管理办法

中华人民共和国信息产业部令（第 38 号）

《互联网电子邮件服务管理办法》已经 2005 年 11 月 7 日中华人民共和国信息产业部第十五次部务会议审议通过，现予公布，自 2006 年 3 月 30 日起施行。

部长：王旭东
2006 年 2 月 20 日

互联网电子邮件服务管理办法

第一条 为了规范互联网电子邮件服务，保障互联网电子邮件服务使用者的合法权利，根据《中华人民共和国电信条例》和《互联网信息服务管理办法》等法律、行政法规的规定，制定本办法。

第二条 在中华人民共和国境内提供互联网电子邮件服务以及为互联网电子邮件服务提供接入服务和发送互联网电子邮件，适用本办法。

本办法所称互联网电子邮件服务，是指设置互联网电子邮件服务器，为互联网用户发送、接收互联网电子邮件提供条件的行为。

第三条 公民使用互联网电子邮件服务的通信秘密受法律保护。除因国家安全或者追查刑事犯罪的需要，由公安机关或者检察机关依照法律规定的程序对通信内容进行检查外，任何组织或者个人不得以任何理由侵犯公民的通信秘密。

第四条 提供互联网电子邮件服务，应当事先取得增值电信业务经营许可或者依法履行非经营性互联网信息服务备案手续。未取得增值电信业务经营许可或者未履行非经营性互联网信息服务备案手续，任何组织或者个人不得在中华人民共和国境内开展互联网电子邮件服务。

第五条 互联网接入服务提供者等电信业务提供者，不得为未取得增值电信业务经营许可或者未履行非经营性互联网信息服务备案手续的组织或者个人开展互联网电子邮件服务提供接入服务。

第六条 国家对互联网电子邮件服务提供者的电子邮件服务器 IP 地址实行登记管理。互联网电子邮件服务提供者应当在电子邮件服务器开通前二十日将互联网电子邮件服务器所使用的 IP 地址向中华人民共和国信息产业部（以下简称"信息产业部"）或者省、自治区、直辖市通信管理局（以下简称"通信管理局"）登记。

互联网电子邮件服务提供者拟变更电子邮件服务器 IP 地址的，应当提前三十日办理变更手续。

第七条 互联网电子邮件服务提供者应当按照信息产业部制定的技术标准建设互联网电子邮件服务系统，关闭电子邮件服务器匿名转发功能，并加强电子邮件服务系统的安全管理，发现网络安全漏洞后应当及时采取安全防范措施。

第八条 互联网电子邮件服务提供者向用户提供服务，应当明确告知用户服务内容和使用规则。

第九条 互联网电子邮件服务提供者对用户的个人注册信息和互联网电子邮件地址，负有保密的义务。

互联网电子邮件服务提供者及其工作人员不得非法使用用户的个人注册信息资料和互联网电子邮件地址；未经用户同意，不得泄露用户的个人注册信息和互联网电子邮件地址，但法律、行政法规另有规定的除外。

第十条 互联网电子邮件服务提供者应当记录经其电子邮件服务器发送或者接收的互联网电子邮件的发送或者接收时间、发送者和接收者的互联网电子邮件地址及 IP 地址。上述记录应当保存六十日，并在国家有关机关依法查询时予以提供。

第十一条 任何组织或者个人不得制作、复制、发布、传播包含《中华人民共和国电信条例》第五十七条规定内容的互联网电子邮件。

任何组织或者个人不得利用互联网电子邮件从事《中华人民共和国电信条例》第五十八条禁止的危害网络安全和信息安全的活动。

第十二条 任何组织或者个人不得有下列行为：

（一）未经授权利用他人的计算机系统发送互联网电子邮件；

（二）将采用在线自动收集、字母或者数字任意组合等手段获得的他人的互联网电子邮件地址用于出售、共享、交换或者向通过上述方式获得的电子邮件地址发送互联网电子邮件。

第十三条 任何组织或者个人不得有下列发送或者委托发送互联网电子邮件的行为：

（一）故意隐匿或者伪造互联网电子邮件信封信息；

（二）未经互联网电子邮件接收者明确同意，向其发送包含商业广告内容的互联网电子邮件；

（三）发送包含商业广告内容的互联网电子邮件时，未在互联网电子邮件标题信息前部注明"广告"或者"AD"字样。

第十四条　互联网电子邮件接收者明确同意接收包含商业广告内容的互联网电子邮件后，拒绝继续接收的，互联网电子邮件发送者应当停止发送。双方另有约定的除外。

互联网电子邮件服务发送者发送包含商业广告内容的互联网电子邮件，应当向接收者提供拒绝继续接收的联系方式，包括发送者的电子邮件地址，并保证所提供的联系方式在30日内有效。

第十五条　互联网电子邮件服务提供者、为互联网电子邮件服务提供接入服务的电信业务提供者应当受理用户对互联网电子邮件的举报，并为用户提供便捷的举报方式。

第十六条　互联网电子邮件服务提供者、为互联网电子邮件服务提供接入服务的电信业务提供者应当按照下列要求处理用户举报：

（一）发现被举报的互联网电子邮件明显含有本办法第十一条第一款规定的禁止内容的，应当及时向国家有关机关报告；

（二）本条第（一）项规定之外的其他被举报的互联网电子邮件，应当向信息产业部委托中国互联网协会设立的互联网电子邮件举报受理中心（以下简称"互联网电子邮件举报受理中心"）报告；

（三）被举报的互联网电子邮件涉及本单位的，应当立即开展调查，采取合理有效的防范或处理措施，并将有关情况和调查结果及时向国家有关机关或者互联网电子邮件举报受理中心报告。

第十七条　互联网电子邮件举报受理中心依照信息产业部制定的工作制度和流程开展以下工作：

（一）受理有关互联网电子邮件的举报；

（二）协助信息产业部或者通信管理局认定被举报的互联网电子邮件是否违反本办法有关条款的规定，并协助追查相关责任人；

（三）协助国家有关机关追查违反本办法第十一条规定的相关责任人。

第十八条　互联网电子邮件服务提供者、为互联网电子邮件服务提供接入服务的电信业务提供者，应当积极配合国家有关机关和互联网电子邮件举报受理中心开展调查工作。

第十九条　违反本办法第四条规定，未取得增值电信业务经营许可或者未履行非经营性互联网信息服务备案手续开展互联网电子邮件服务的，依据《互联网信息服务管理办法》第十九条的规定处罚。

第二十条　违反本办法第五条规定的，由信息产业部或者通信管理局依据职权责令改正，并处一万元以下的罚款。

第二十一条　未履行本办法第六条、第七条、第八条、第十条规定义务的，由信息产业部或者通信管理局依据职权责令改正，并处五千元以上一万元以下的罚款。

第二十二条　违反本办法第九条规定的，由信息产业部或者通信管理局依据职权责令改正，并处一万元以下的罚款；有违法所得的，并处三万元以下的罚款。

第二十三条　违反本办法第十一条规定的，依据《中华人民共和国电信条例》第六十七条的规定处理。

互联网电子邮件服务提供者等电信业务提供者有本办法第十一条规定的禁止行为的，信息产业部或者通信管理局依据《中华人民共和国电信条例》第七十八条、《互联网信息服务管理办法》第二十条的规定处罚。

第二十四条 违反本办法第十二条、第十三条、第十四条规定的，由信息产业部或者通信管理局依据职权责令改正，并处一万元以下的罚款；有违法所得的，并处三万元以下的罚款。

第二十五条 违反本办法第十五条、第十六条和第十八条规定的，由信息产业部或者通信管理局依据职权予以警告，并处五千元以上一万元以下的罚款。

第二十六条 本办法所称互联网电子邮件地址是指由一个用户名与一个互联网域名共同构成的、可据此向互联网电子邮件用户发送电子邮件的全球唯一性的终点标识。

本办法所称互联网电子邮件信封信息是指附加在互联网电子邮件上，用于标识互联网电子邮件发送者、接收者和传递路由等反映互联网电子邮件来源、终点和传递过程的信息。

本办法所称互联网电子邮件标题信息是指附加在互联网电子邮件上，用于标识互联网电子邮件内容主题的信息。

第二十七条 本办法自 2006 年 3 月 30 日起施行。